THE GREAT JAPANESE

20の物語

Stories

初級

Beginner

―人物で学ぶ日本語―

Learn Japanese via Real Life Stories

石川智・米本和弘・森祐太

Satoru Ishikawa　Kazuhiro Yonemoto　Yuta Mori

The Great Japanese:20 Stories [Beginner]
—Learn Japanese via Real Life Stories—

First edition: January 2024

Kurosio Publishers
4-3, Nibancho, Chiyoda-ku, Tokyo 102-0084, Japan

ISBN 978-4-87424-962-8
Printed in Japan

はじめに

初級レベルは語彙と漢字、文法が限られているため、学習者の好奇心や興味に沿ったトピックの読解教材を見つけるのが難しいという問題があります。 また、初級レベルから、「読む・書く・聞く・話す」の四技能に加え、社会言語能力などを含めた、総合的な日本語能力を身につけることが必要とされているにもかかわらず、実際の初級レベルの授業では「聞く・話す」に重点が置かれる傾向があるように感じます。このような現状を踏まえ、本書は、初級レベルの学習者でも、知的好奇心を刺激しながら読める読解教材を目指しました。

『The Great Japanese 20の物語［初級］－人物で学ぶ日本語』は、初級半ば（約60時間～80時間）から初級後半レベルの学習者に向け、次の２つの目標が達成できるよう作成しました。まず、日本語能力試験におけるN4程度の単語や文法に加え、読解のスキルを身につけ、総合的な読解力を伸ばすことです。初級から中級に進むと、会話中心の授業から読解を中心にした授業に移行し、初級とは違うことに驚いてしまう学習者も少なくありません。ですから、本書では、学習者が精読や速読（長い文章を速く読んだり大意を理解したりするなど）を通して、中級レベルにスムーズに移行できる日本語能力を身につけていくことを目標にしています。

２つ目の目標は、日本の社会や文化などについて日本語で読んで、考え、そして、表現することです。日本の社会や文化についての知識を深めることは、言語習得とともに大切なことだと思います。また、日本の社会や文化を自国のそれと比較し、それらについて他者の考えを聞くことによって、他者や様々な異文化への理解を深められると考えます。さらに、この過程において、自分の考えが上手く表現できるようになることも目指しています。

コロナ禍で生まれた「ニューノーマル」やAIをはじめとしたIT技術の発達は、言語教育の分野にも多大な影響を与え、学習者が日本語を勉強する理由や目的もさらに多様化が進んでいます。本書はそのような学習者の興味の多様化も踏まえながら、日本社会や文化を様々な角度から学べるように、人物の分野やトピックを選びました。現代の社会問題を反映したトピックも扱っているため、初級前半の教科書に見られる日記や手紙などの短い読み物とは違い、学習者にとっては大きな挑戦かもしれません。しかし、学習者が興味を持てる内容を提供することによって、読解へのモチベーションを効果的に刺激できると考えています。

最後に、本書の刊行にあたっては、多くの皆様にご協力いただきました。英語の校閲をしてくださった髙田裕子さん、翻訳をしてくださった林子慧さん(中国語)、チャン・コン・ヤンさん(ベトナム語)、イラストレーターの村山宇希さん、執筆の様々な段階でコメントをくださった東京医科歯科大学の非常勤講師の皆さんにお礼を申し上げたいと思います。また、特に、中上級編、初中級編に引き続き、初級編の出版を快諾してくださったくろしお出版の岡野秀夫社長、そして編集をしてくださった市川麻里子さん、金髙浩子さんには大変お世話になりました。本書の上梓にあたり、ここに皆さんに感謝の意を表したいと思います。

2024年1月

石川智・米本和弘・森祐太

CONTENTS

この本について

この本の特長《とくちょう》 Features of this Book ／这本书的特点／ Giới thiệu về giáo trình này

◆ 言語《げんご》 Language ／语言／ Ngôn ngữ

・日本語能力試験《のうりょくしけん》（以下《いか》、JLPT）N4 レベルの単語《たんご》が読《よ》み物《もの》を読みながら勉強《べんきょう》できる。
・JLPT N4 レベルの文法《ぶんぽう》・表現《ひょうげん》78 個《こ》が、説明《せつめい》（日本語、英語《えいご》、中国語《ちゅうごくご》、ベトナム語）と例《れい》文《ぶん》を使《つか》って学習《がくしゅう》できる。
・内容質問《ないようしつもん》を使って、自分がどのぐらい読み物が分かったかを知ることができる。
・速《はや》く読んだり、詳《くわ》しく読んだり、様々《さまざま》な方法《ほうほう》で使用《しよう》できる。
・色々《いろいろ》な使《つか》い方《かた》ができる。（例《れい》：日本語の授業《じゅぎょう》、個人学習《こじんがくしゅう》、JLPT のための勉強など）
・音声《おんせい》などのウェブサイトにあるツールを使って学習《がくしゅう》できる。

・Allows you to study by reading texts that utilize vocabulary at the N4 level of the Japanese Language Proficiency Test (hereafter JLPT).
・Facilitates study by providing explanations (Japanese, English, Vietnamese & Chinese) and 78 examples of N4 level grammar, expressions and phrases.
・Allows you to see how well you understand the readings via questions on their content.
・Various approaches can be used, such as speed-reading, deep-reading, etc.
・Can be used in various ways, such as in Japanese classes, for individual study, prepping for the JLPT, etc.
・Allows you to study using the tools in the website such as audio files.

・在阅读文章的同时，可以学习日本语能力测试（以下，JLPT）N4 级别的词汇。
・可以通过内容说明（日语、英语、越南语、中文）以及例句来学习 JLPT N4 级别的语法及 78 个表现。
・通过内容提问了解自己对阅读内容的理解程度。
・可以使用多种方式阅读，比如速读、精读等。
・有多种用途。例如，日语课程、自学、JLPT 的学习等。
・可以使用音频等网络上有的工具进行学习。

・Học viên có thể vừa đọc vừa học những bài văn có những từ vựng trình độ N4 của kỳ thi năng lực Nhật ngữ (viết tắt, JLPT).
・Học viên có thể sử dụng những giải thích (tiếng Nhật, Anh, Việt, Trung) và ví dụ để học 78 mẫu ngữ pháp và các mẫu câu mức độ N4 kỳ thi JLPT.
・Có thể đánh giá được bản thân hiểu được ở mức độ nào thông qua sử dụng phần câu hỏi nội dung.
・Có thể sử dụng nhiều phương pháp như đọc lướt hay đọc chậm.
・Có thể sử dụng trong nhiều tình huống. Ví dụ như dùng trong giờ học, tự học, hay tài liệu ôn luyện JLPT ...
・Có thể học cùng với các công cụ trên website như dữ liệu âm thanh (audio) .v.v...

◆ 社会《しゃかい》・文化《ぶんか》 Society & Culture ／社会・文化／ Văn hóa xã hội

・様々《さまざま》な時代《じだい》、ジャンル（芸術《げいじゅつ》・学者《がくしゃ》・スポーツ・経営《けいえい》・文化《ぶんか》）の有名人《ゆうめいじん》について読むことで、日本語を話している人や社会《しゃかい》、文化に対《たい》して理解《りかい》を深《ふか》めることができる。
・自分の国と日本を比《くら》べたりして、社会の出来事《できごと》を深《ふか》く理解《りかい》したり、考《かんが》えたりできる。

・Students can deepen their understanding of people speaking Japanese, the society and culture of Japan by reading about famous people from a variety of modern fields (art, academia, sports, management, culture).
・Enables students to think about and understand what is going on in society more deeply by comparing Japan with their own country.

・通过阅读各种时代体裁（艺术，学者，体育，经营，文化）的名人轶事，可以加深对日本人及其社会和文化的了解。
・将自己的国家与日本进行比较，能够更深入地理解并思考一些社会事件。

・Vì đọc về những người nổi tiếng ở nhiều thời đại thể loại khác nhau (nghệ thuật, học giả, thể thao, kinh doanh, văn hóa) nên học viên có thể mở rộng tri thức về lĩnh văn hóa xã hội hay về những con người nói tiếng Nhật.
・Học viên có thể so sánh giữa Nhật Bản và đất nước của mình để hiểu sâu hay có những suy nghĩ về những sự kiện xã hội.

この本の構成《こうせい》 Organization of these Books ／这本书的结构／ Cấu trúc giáo trình này

この本には、「読《よ》み物《もの》」と「文法《ぶんぽう》・表現《ひょうげん》リスト」の本冊《ほんさつ》と、「模範解答《もはんかいとう》」と「単語《たんご》リスト」の別冊《べっさつ》があります。本冊《ほんさつ》には、5 つのジャンルの 25 人の「読《よ》み物《もの》」があり、最後《さいご》に「文法《ぶんぽう》・表現《ひょうげん》リスト」があります。

These books consist of a main book of "Readings" and "Grammar/Expression List" and a separate volume with "Model Answers" and "Vocabulary Lists". In the main book, there are "Readings" on 25 people 5 genres supplemented by a "Grammar/Expression List" at the end.

本书分为主书与别册，主书含"阅读"和"语法·表达表"，别册含"参考答案"和"单词表"。主书包含5种类型的25篇"阅读"，最后是"语法·表达表"。

Trong giáo trình này có phần chính gồm phần "bài đọc" và "danh sách mẫu ngữ pháp và mẫu câu", phần sách đính kèm gồm "đáp án mẫu" và "danh sách từ vựng". Ở phần sách chính có các bài đọc về 25 nhân vật thuộc 5 chủ đề, cuối cùng có phần "danh sách mẫu ngữ pháp và mẫu câu".

◆ 本冊《ほんさつ》の構成《こうせい》 Organization of the Main Book ／主书的结构／ Cấu trúc giáo trình này

○ 1 課《か》から 5 課《か》

日本語の文章《ぶんしょう》を読むために必要《ひつよう》な基本的《きほんてき》な 5 つのテクニックが勉強《べんきょう》できます。

○ 6 課《か》から 20 課《か》

学習者《がくしゅうしゃ》の興味関心《きょうみかんしん》や文章《ぶんしょう》の難易度《なんいど》などを考《かんが》え、どの課《か》からでも読むことができます。

○日本と関係《かんけい》の深《ふか》い外国の人

日本と関係《かんけい》の深《ふか》い外国の人たちを題材《だいざい》にした短《みじか》い読《よ》み物《もの》で、内容質問《ないようしつもん》などはありません。別《べつ》の視点《してん》から日本について学《まな》ぶことができます。

Lessons 1 to 5
Students can study the 5 basic techniques necessary for reading Japanese texts.

Lessons 6 to 20
Students can start reading from any lesson, in line with their interests and the difficulty level of the texts.

Foreigners with a Deep Relationship with Japan
These are short readings about non-Japanese people who developed a close relationship with Japan, but there are no supplementary materials, such as comprehension checks. These help students learn about Japan from different perspectives.

第 1 课至第 5 课
可以学习阅读日语文章的五种基本技巧。

第 6 课至第 20 课
学习者可以根据自己的兴趣和课文的难易程度，从任何一章节开始阅读。

与日本关系密切的外国人
与日本关系密切的外国人的简短文章中没有设置内容问题。可以从不同角度来了解日本。

Từ bài 1 đến bài 5
Học viên có thể học được 5 kỹ năng cơ bản cần thiết để đọc hiểu văn tiếng Nhật.

Từ bài 6 đến bài 20
Học viên có thể đọc bất cứ bài nào mà các bạn thấy quan tâm, thích thú hoặc cân nhắc về mức độ khó dễ của từng bài đọc.

Người nước ngoài có mối quan hệ mật thiết với Nhật Bản
Đây là những bài đọc ngắn không có câu hỏi về nội dung, lấy đề tài từ người nước ngoài có mối quan hệ mật thiết với Nhật Bản. Học viên có thể học về Nhật Bản nhìn từ khía cạnh khác.

◆ 各課《かくか》の構成《こうせい》 Structure of Each Lesson ／各课的结构／ Cấu trúc của từng bài

読《よ》み物《もの》 Readings ／文章／ Bài đọc

➡難《むずか》しさのレベル：難《むずか》しさのレベルは、漢字《かんじ》や単語《たんご》の量《りょう》と難《むずか》しさ、内容《ないよう》の難《むずか》しさ、文の複雑《ふくざつ》さなどを考《かんが》え、★～★★★で書いてあります。★が一番《いちばん》やさしく、★★★が一番難《いちばんむずか》しいです。

➡ふりがな：漢字《かんじ》のふりがなは、JLPT N4 レベル以上《いじょう》と思われる漢字には基本的《きほんてき》に全《すべ》て付《つ》けてあります。しかし、ふりがなが多《おお》すぎて読みにくくならないように、そして、漢字に慣《な》れるために、N4 レベルの漢字は各段落《かくだんらく》で最初《さいしょ》に出《で》てきた時だけ付《つ》けてあります。

➡ Level of Difficulty: The level is depicted on a scale from ★ to ★★★, in line with the number and difficulty of kanji and vocabulary, the difficulty of the content, and the complexity of sentences. ★ is the easiest and ★★★ is the most difficult.

→难度等级：考虑到日语汉字和单词的数量与难度、内容的难易度以及句子的复杂程度，本书按照★至★★★的等级来标记了难度。★为最简单，★★★为最困难。

→ Mức độ khó dễ: Mức độ khó dễ được phân chia theo ★～★★★ tùy theo số lượng và mức độ khó dễ của từ vựng và Hán tự, mức độ khó của nội dung, và độ phức tạp của câu văn. ★ là dễ nhất, ★★★ là khó nhất.

➡ Furigana: Furigana are in general provided for all kanji that are considered to be at the JLPT N4 level or above. However, to enhance readability by avoiding excessive furigana, and to help familiarize you with the kanji, N4 level kanji are only marked when they first appear in each paragraph.

→假名：JLPT N4 级别或以上级别的所有汉字基本上都标有假名。但是，为了避免假名过多而影响阅读，也为了让学习者习惯这些汉字，本书对 N4 级别的汉字只在每段首次出现时标注了假名。

→ Phiên âm cách đọc Hán tự: đối với tất cả những Hán tự được cho rằng có mức độ trên JLPT N4 đều có phiên âm Hán tự. Tuy nhiên, để không bị rối vì quá nhiều phiên âm và để các bạn làm quen với Hán tự, đối với những Hán tự có mức độ N4 sẽ chỉ phiên âm một lần ở lần xuất hiện đầu tiên.

特別《とくべつ》な言葉《ことば》や難《むずか》しい言葉《ことば》 Special and Difficult Words ／特殊词与难词／ Những từ ngữ khó và đặc biệt

読《よ》み物《もの》を読む前に「特別《とくべつ》な言葉《ことば》や難《むずか》しい言葉《ことば》」で意味《いみ》を確認《かくにん》しておくと、読み物が読みやすくなります。1 課《か》から 5 課《か》では右側《みぎがわ》のページに、6 課《か》から 20 課《か》では、読み物の後《あと》の四角《しかく》の中にいくつかの JLPT N3 以上《いじょう》の難《むずか》しい言葉《ことば》や、特別な言葉《ことば》が書いてあります。

Before looking at readings, checking the meanings in the "Special and Difficult Words" will help you read the text. In Lessons 1 to 5, these are on the right side of the page, while in Lessons 6 to 20, difficult and special words from JLPT N3 words and above are in a box at the end of each reading.

在阅读文章之前，确认"特殊词或难词"的意思后，会更易于阅读。在第 1 至第 5 课的右页，以及第 6 至第 20 课的文章后面的方格中，标注了一些 JLPT N3 及以上级别的难词或特殊词。

Trước khi đọc, nếu các bạn kiểm tra trước ý nghĩa ở phần "những từ ngữ khó và đặc biệt" thì chúng ta sẽ đọc hiểu dễ dàng hơn. Từ bài 1 đến bài 5 nằm ở trang bên phải, còn từ bài 6 đến bài 20 là những từ vựng khó và đặc biệt ở trình độ trên JLPT N3 nằm trong khung vuông sau mỗi bài đọc.

読《よ》む前《まえ》に Before Reading ／阅读前／ Trước khi đọc

読《よ》み物《もの》を読む前に質問《しつもん》について考《かんが》え、単語《たんご》の意味《いみ》や読み物の内容《ないよう》を理解《りかい》したりしておくといいでしょう。全課《ぜんか》を通《とお》して「読む前に 1」は読み物に出てくる単語《たんご》の練習《れんしゅう》です。1 課《か》から 5 課《か》では「読む前に 2」で読むテクニックを練習《れんしゅう》し、「読む前に 3」で内容《ないよう》について推測《すいそく》したり、内容《ないよう》に関係《かんけい》することについて考えたりします。6 課《か》から 20 課《か》では、「読む前に 2」で内容《ないよう》に関係《かんけい》することについて考えます。

Before starting a reading, you should think about the questions and understand meanings of vocabulary and the content. In all lessons, "Before Reading 1" is for practicing words that appear in the reading. "Before Reading 2" is for practicing reading techniques in Lessons 1 to 5, while "Before Reading 3" is for guessing at and thinking about the content of the reading. In Lessons 6 to 20, students should use "Before Reading 2" to think about things related to the content.

在阅读前可以先思考问题，试着理解单词的意思和阅读的内容。在整本书中，"阅读前"的部分是从文中出现的单词的练习。在第 1 课至第 5 课的"阅读前 2"中练习阅读的技巧，在"阅读前 3"中推测文章的内容并思考其相关的事物。在第 6 课至第 20 课的"阅读前 2"中思考与内容相关的事物。

Trước khi đọc bài, chúng ta nên suy nghĩ về những câu hỏi, tìm hiểu về ý nghĩa từ vựng và nội dung bài đọc. Tất cả các bài, phần「読む前に 1」(trước khi đọc 1) là phần luyện tập từ vựng có trong bài. Từ bài 1 đến bài 5 có phần「読む前に 2」(trước khi đọc 2) là phần luyện tập kỹ năng đọc, phần「読む前に 3」(trước khi đọc 3) là phần luyện tập suy nghĩ về nội dung bài đọc và những cái liên quan đến nội dung. Từ bài 6 đến bài 20, phần「読む前に 2」là phần luyện tập suy nghĩ về những cái liên quan đến nội dung.

内容質問《ないようしつもん》 Comprehension Checks ／内容问题／ Câu hỏi nội dung

読《よ》み物《もの》を読んだ後《あと》で、読み物の内容《ないよう》が理解《りかい》できたかどうかを確認《かくにん》することができます。1 課《か》から 5 課《か》では右側《みぎがわ》のページに、6 課《か》から 20 課《か》では読み物の後にあります。

These questions are for checking whether or not you have understood the content of the text you have read. They appear on the right side of readings in Lessons 1 to 5, and at the end of readings in Lessons 6 to 20.

可以检查在阅读后是否理解了所读内容。第 1 课至第 5 课在右侧页面，第 6 课至第 20 课在阅读后。

Học viên có thể tự kiểm tra được bản thân hiểu được nội dung bài đọc đến đâu sau mỗi bài. Từ bài 1 đến bài 5 nằm ở phần trang bên phải, còn từ bài 6 đến bài 20 thì nằm ở cuối bài đọc.

考《かんが》えをまとめよう　After Reading and Summarizing your Thoughts ／阅读后 / 总结你的想法／ Sau khi đọc/ tóm tắt suy nghĩ

読《よ》み物《もの》を読んだ後《あと》に、この問題《もんだい》を使《つか》って、さらに深《ふか》く考《かんが》えることができます。授業《じゅぎょう》でのディスカッションに使ったり、意見《いけん》を言《い》う練習《れんしゅう》をしたりできます。自分の話したいことを考えて、メモをしてから、話してみましょう。

These questions can be used after reading a text to think about it more deeply. They can also be used in discussions in class and for practicing expressing your opinions. Think about what you want to say, make notes and then try saying what you wish.

阅读后，可以利用这些问题进行更深入的思考。可以将它们用于课堂讨论或者练习发表自己的观点。 想想你想谈什么，做笔记后谈一谈。

Sau mỗi bài đọc có thể sử dụng những vấn đề này để suy nghĩ sâu hơn. Có thể dùng để thảo luận trong giờ học hoặc luyện tập trao đổi ý kiến. Các bạn hãy suy nghĩ, ghi chú lại và luyện tập nói thử xem.

文法《ぶんぽう》・表現《ひょうげん》リスト　Grammar/Expression List ／语法・表达表／ Danh sách mẫu ngữ pháp và mẫu câu

リストの番号《ばんごう》を見て、「文法《ぶんぽう》・表現《ひょうげん》リスト」から説明《せつめい》を探《さが》してください。なお、各課《かくか》の難易度《なんいど》を考慮《こうりょ》し、以下《いか》のようにリストを作成《さくせい》してあります。

１課《か》～５課《か》：全《すべ》ての文法《ぶんぽう》と表現《ひょうげん》

★の読《よ》み物《もの》　：77. 名詞修飾節《めいししゅうしょくせつ》と 6. こそあを除《のぞ》いた文法《ぶんぽう》と表現《ひょうげん》

★★の読み物　：★ に加《くわ》え、以下を除《のぞ》いた文法《ぶんぽう》と表現《ひょうげん》。1. ～後《あと》（に）、9. ～ことができる、21. それで、23. ～たい・たがる、24. 例《たと》えば、27. ～たり、～たりする、44. ～時、57. ～前に、78. 可能形《かのうけい》

★★★の読み物：★と★★に加《くわ》え、以下を除《のぞ》いた文法と表現《ひょうげん》。2. ～方《かた》、8. ～ことがある、13. ～し、20. ～そうだ（伝聞《でんぶん》）、33. ～てから

Look at the numbers in the list and find the related explanations in the "Grammar/Expression List." Note that the lists are created as follows, in line with the difficulty of each lesson.

Lessons 1 to 5: All Grammar and Expressions

★ Readings: Grammar and expressions, excluding noun modifiers and demonstratives

★★Readings: Grammar and expressions in addition to ★ but excluding the following: 1. ～後（に）、9. ～ことができる、21. それで、23. ～たい・たがる、24. 例えば、27. ～たり、～たりする、44. ～時、57. ～前に、78. 可能形

★★★ Readings: In addition to ★ and ★★, grammar and expressions excluding the following: 2. ～方、8. ～ことがある、13. ～し、20. ～そうだ（伝聞）、33. ～てから

查看列表中的数，在语法・表达表中找到解释。请注意，考虑到各部分的难易程度，表将如下编制。

第 1-5 课：所有的语法和表达

★的文章：不包括名词修饰语及指示词的语法和表达。

★★的文章：除去★的内容以及以下的语法与表达。1. ～後(に)、9. ～ことができる、21. それで、23. ～たい・たがる、24. 例えば、27. ～たり、～たりする、44. ～時、57. ～前に、78. 可能形

★★★的文章：除去★和★★的内容以及以下的语法与表达。2. ～方、8. ～ことがある、13. ～し、20. ～そうだ(伝聞)、33. ～てから

Xem số thứ tự trong danh sách và tìm phần giải thích trong phần "Danh sách mẫu ngữ pháp và mẫu câu". Ngoài ra, ban biên tập lập ra danh sách như dưới đây dựa trên mức độ khó dễ của từng bài.

Bài 1~ bài 5: toàn bộ ngữ pháp và mẫu câu

Những bài đọc ★ : những mẫu ngữ pháp hay mẫu câu không sử dụng bổ ngữ, định ngữ và đại từ chỉ định.

Những bài đọc ★★: cùng với những mẫu ngữ pháp, mẫu câu ★ , còn có những mẫu ngữ pháp hay mẫu câu ngoài những mẫu sau. 1. ～後(に)、9. ～ことができる、21. それで、23. ～たい・たがる、24. 例えば、27. ～たり、～たりする、44. ～時、57. ～前に、78. 可能形

Những bài đọc ★★★: cùng với những mẫu ngữ pháp, mẫu câu ★★ , còn có thêm những mẫu ngữ pháp hay mẫu câu ngoài những mẫu sau. 2. ～方、8. ～ことがある、13. ～し、20. ～そうだ(伝聞)、33. ～てから

◆ 文法《ぶんぽう》・表現《ひょうげん》リスト　Grammar/Expression List ／语法・表达表／ Bảng ngữ pháp và mẫu câu

JLPT N4 レベルでよく使《つか》われる文法《ぶんぽう》や表現《ひょうげん》が 78 個《こ》あります。日本語、英語《えいご》、中国語《ちゅうごくご》、ベトナム語の簡単《かんたん》な説明《せつめい》、そして、例文《れいぶん》もあります。

There are 78 grammar and expressions commonly used at Level JLPT N4, with explanations and sample sentences in Japanese, English, Chinese and Vietnamese.

有 78 个 JLPT N4 级别中常用的语法与表达。包含日语、英语、中文和越南语的简要说明及例句。

Những mẫu câu và mẫu ngữ pháp thường được sử dụng trong JLPT N4 khoảng 78 cái. Có phần giải thích đơn giản và các ví dụ bằng tiếng Nhật, Anh, Trung Quốc, Việt.

Translation/Explanation
翻译 / 说明
Phiên dịch/ Giải thích

Main text ／本文／ Bài đọc

Grammar pattern ／语法句型／ Mẫu ngữ pháp

1.	～後《あと》(に)	文　型	V past plain ＋後(に)；N ＋後(に)
本　文	大学を卒業《そつぎょう》して、通訳《つうやく》の仕事を始《はじ》めた後も、学《まな》ぶのをやめませんでした　5 松岡佑子 リハビリをした後も、舘野《たての》はピアノを弾《ひ》くのが難《むずか》しかったそうです　7 舘野泉		
翻訳 / 説明	after ／～之后／ Sau khi 前件《ぜんけん》の行為《こうい》や出来事《できごと》が終《お》わってから、後件《こうけん》の行為《こうい》や出来事《できごと》が起《お》こることを表《あらわ》す。 Indicates an action or an event takes place after the indicated action or event. 表示在前一行为或事件完成后，发生了后一行为或事件。 Diễn tả một hành động (sự kiện) xảy ra sau một hành động (sự kiện) khác.		
例　文	1. 家に帰った後に、宿題《しゅくだい》を先生に出すのを忘《わす》れたことに気がついた。 2. 明日《あした》、授業《じゅぎょう》の後に、いっしょに昼《ひる》ご飯《はん》を食べませんか。		

Example ／例句／ Ví dụ

◆ ウェブサイト　Website ／网站／ Website

このウェブサイト（https://greatjapanese.jimdofree.com）から音声《おんせい》（「読《よ》み物《もの》」「内容質問《ないようしつもん》」）と「読解《どっかい》・聴解《ちょうかい》チャレンジ」がダウンロードできます。「学習者《がくしゅうしゃ》の皆《みな》さまへ」を見ながら、ぜひ使《つか》ってみてください。

You can download audio ("Readings and Comprehension Checks") and "Reading and Listening Comprehension Challenges" from this website. Be sure to refer to "For Learners" while using them.

可以从本网站（粘贴 https://greatjapanese.jimdofree.com）下载音频（"文章"/"内容问题"）和"阅读与听力理解挑战"。查看"致各位学习者"的部分，尝试使用它们。

Học viên có thể download dữ liệu âm thanh ("bài đọc"/ "câu hỏi nội dung") và "thử thách nghe hiểu và đọc hiểu" từ website này (https://greatjapanese.jimdofree.com). Các bạn hãy xem phần "Gửi bạn học" và hãy sử dụng thử giáo trình này xem.

https://greatjapanese.jimdofree.com

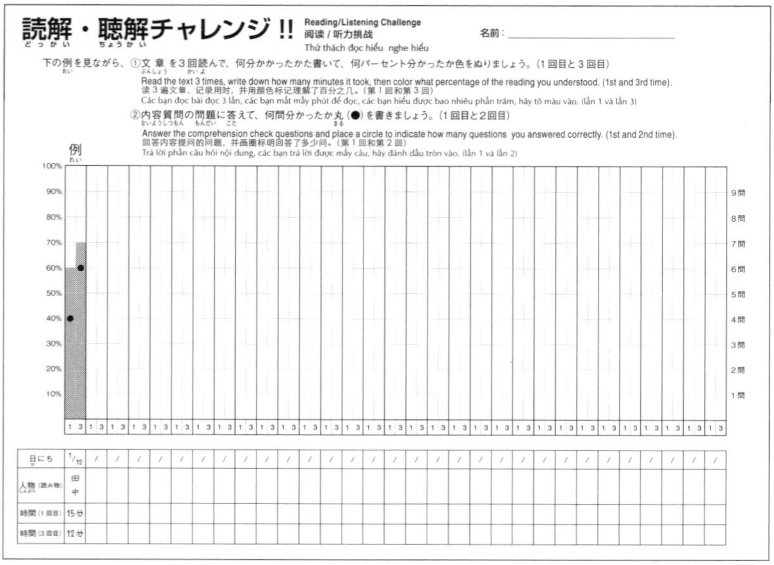

読解《どっかい》・聴解《ちょうかい》チャレンジ !!
Reading/Listening Challenge
阅读 / 听力挑战
Thử thách đọc hiểu nghe hiểu
名前：
下の例《れい》を見ながら、①文章《ぶんしょう》を3回《かい》読《よ》んで、何分かかったかた書いて、何パーセント分かったか色をぬりましょう。(1回目と3回目)
Read the text 3 times, write down how many minutes it took, then color what percentage of the reading you understood. (1st and 3rd time).
读 3 遍文章，记录用时，并用颜色标记理解了百分之几。(第 1 回和第 3 回)
Các bạn đọc bài đọc 3 lần, các bạn mất mấy phút để đọc, các bạn hiểu được bao nhiêu phần trăm, hãy tô màu vào. (lần 1 và lần 3)
②内容質問《ないようしつもん》の問題《もんだい》に答《こた》えて、何問分かったか丸《まる》(●)を書きましょう。(1回目と2回目)
Answer the comprehension check questions and place a circle to indicate how many questions you answered correctly. (1st and 2nd time).
回答内容提问的问题，并画圈标明回答了多少问。(第 1 回和第 2 回)
Trả lời phần câu hỏi nội dung, các bạn trả lời được mấy câu, hãy đánh dấu tròn vào. (lần 1 và lần 2)
例《れい》
100% 90% 80% 70% 60% 50% 40% 30% 20% 10%
9問 8問 7問 6問 5問 4問 3問 2問 1問
1 3
日《ひ》にち　1/12
人物《じんぶつ》(読み物)　田中
時間(1回目)　15分
時間(3回目)　12分

◆ 別冊《べっさつ》の構成《こうせい》 Structure of Supplemental Book ／别册的结构／ Cấu trúc của tập sách đính kèm

○ 模範解答《もはんかいとう》

○ 単語《たんご》リスト

太字《ふとじ》は JLPT N4 レベルの単語《たんご》、または N5 レベルでも学習者《がくしゅうしゃ》には難《むずか》しいと考《かんが》えられる単語《たんご》です。英語《えいご》、中国語《ちゅうごくご》、ベトナム語で意味《いみ》が付《つ》いています。

○ Model Answers

○ Vocabulary List

Words in bold are at the N4 level, or those considered difficult even to learners at the N5 level. Meanings are given in English, Chinese and Vietnamese.

○参考答案

○单词表

粗体字是为考虑到一些对 JLPT N4 级别，或是 N5 级别的单词感到困难的学习者设置的。词义中附有英语、中文和越南语。

○ Câu trả lời mẫu

○ Bảng từ vựng

Phần in đậm là những từ vựng trình độ JLPT N4, hoặc những từ trình độ N5 nhưng có thể khó hiểu đối với học viên. Có kèm theo phần giải thích tiếng Anh, tiếng Trung, tiếng Việt.

7：左手《ひだりて》のピアニスト（舘野泉《たてのいずみ》）

T	ピアニスト	N	pianist	钢琴家	nghệ sĩ piano
K	リハビリ	N	rehabilitation	康复训练	vật lý trị liệu
	ハンデ	N	handicap	障碍	khuyết tật
	落《お》ち込《こ》む	V	to feel down	失落	hụt hẫng; buồn
1	フィンランド	N	Finland	芬兰	Phần Lan
2	**世界中《せかいじゅう》**	N	all over the world （世界＝world）	全世界 （世界＝世界）	khắp thế giới （世界＝thế giới）
	他《ほか》	N	other	其他	khác

……… 学習者《がくしゅうしゃ》の皆様《みなさま》へ／ For Japanese Language Learners ………

■読むのが上手《じょうず》になるために／ For Improving your Reading

初級《しょきゅう》レベルでは話す練習《れんしゅう》が多《おお》いですが、総合的《そうごうてき》に日本語能力《のうりょく》を伸《の》ばすためには、初級《しょきゅう》レベルから読む練《れん》習《しゅう》をすることも大切《たいせつ》です。たくさん文章《ぶんしょう》を読むと読む力《ちから》がつきますが、この教科書《きょうかしょ》を次のように使《つか》って、読む時のポイントを知《し》って勉強《べんきょう》すると、読む力をもっと伸《の》ばすことができます。

Although the beginner level entails a lot of practice speaking, it is also important for your overall Japanese proficiency to practice reading from the very beginning. The more you read, the better you will become, but you can greatly improve your reading ability by using the textbook to study key points to aid your reading comprehension.

＜この本の勉強《べんきょう》の仕方《しかた》／ How to study this book ＞

1課《か》から5課《か》では、読むために必要《ひつよう》な基本的《きほんてき》な5つのテクニックが勉強《べんきょう》できます。ですから、まず、1課《か》から5課《か》を順番《じゅんばん》に勉強しましょう。そして、6課《か》から20課《か》は順番《じゅんばん》に読んでもいいですし、読みたい人物《じんぶつ》やトピックを選《えら》んで読んでもいいです。そして、難《むずか》しさのレベルを参考《さんこう》にして読む人物《じんぶつ》を決《き》めても構《かま》いません。

In lessons 1 to 5, you will study the 5 basic techniques necessary for reading well. To that end, study lessons 1 to 5 in order. Then, you can read lessons 6 to 20 in order, or you can read about the people you know about and topics that interest you most. You can also decide about who to read about based on the difficulty level of the readings.

1）1課《か》～5課《か》の勉強《べんきょう》の仕方《しかた》／ How to Study Lessons 1 to 5

①	「読む前に1：単語《たんご》の練習《れんしゅう》」で読《よ》み物《もの》に出てくる単語《たんご》の練習《れんしゅう》をしましょう。そして、次に「読む前に2：読むテクニックの練習《れんしゅう》」で読む時にポイントになるテクニックを勉強《べんきょう》しましょう。	Use “Before Reading 1: Practicing Vocabulary” to practice the vocabulary that appears in the reading. Then use “Before Reading 2: Practicing Reading Techniques” to study the techniques that are important when reading.
②	「読む前に3」でタイトルとキーワードから読《よ》み物《もの》の内容《ないよう》を考《かんが》えてみましょう。文法《ぶんぽう》のパターンがありますから、それを使《つか》って自分の意見《いけん》を話したり、書いたりしてみましょう。	Use “Before Reading 3” to think ahead about content of the reading given its title and key words. Then use the grammar patterns provided to discuss and/or write about your opinions.
③	読《よ》み物《もの》は一度《いちど》に最初《さいしょ》から最後《さいご》まで読まないでください。パートごとに分けて読みましょう。読み物の右側《みぎがわ》にそれぞれのパートの「難《むずか》しい単語《たんご》のリスト」と質問《しつもん》がありますから、そのパートを読む前に単語《たんご》の意味《いみ》と質問を確認《かくにん》しましょう。それが終《お》わったら、左側《ひだりがわ》の読み物を読んで質問に答《こた》えてください。質問に答えたら、次のパートの難《むずか》しい単《たん》語《ご》のリストと質問を読んで次のパートに進《すす》みましょう。	Do not read the text from beginning to end all at once. Instead, read it one part at a time. On the right side of each part, you will fine a “List of Difficult Words” and questions, so check out the meanings of the vocabulary and the questions before reading the part. Once you finish with that, read the text on the left and answer the questions. After answering them, read the list of difficult words and the questions for the next part and proceed to that part.
④	パートごとに読んで、内容《ないよう》が理解《りかい》できたら、次のページにある「読んだ後《あと》で1,2」に答《こた》えてみましょう。答えの例《れい》がありますから、例《れい》を見て自分の考《かんが》えを話したり、書いたりしてみましょう。	After reading and understanding the content of each part, try answering the questions in “After Reading 1, 2.” Sample answers are provided, so look them over and discuss and/or write your own thoughts.

致各位学习者／ Gửi bạn đọc!

■为了提高阅读能力／ Để giỏi đọc hiểu

虽然初级阶段有大量的口语练习，但从初级阶段开始进行阅读练习对提高日语综合能力也很重要。阅读大量文章可以提高阅读能力，但如果能按照以下方法使用本教材，并在阅读时掌握要点，就能进一步提高阅读能力。

Ở trình độ sơ cấp thì học viên thường luyện tập hội thoại nhiều nhưng để phát triển năng lực tiếng Nhật một cách toàn diện cần luyện đọc hiểu ngay từ trình độ sơ cấp. Đọc càng nhiều thì khả năng đọc hiểu càng phát triển nhưng nếu các bạn sử dụng giáo trình này theo cách dưới đây, học và biết được điểm quan trọng khi đọc thì khả năng đọc hiểu của các bạn càng phát triển hơn nữa.

＜如何学习本书／ Cách sử dụng giáo trình này ＞

在第 1 至第 5 课中，可以学习阅读所需的五种基本技巧。因此，先按顺序学习第 1 至 5 课。然后，可以按顺序阅读第 6 至 20 课，也可以从你阅读的人物或话题开始阅读。然后也可以根据难易程度决定阅读对象。

Từ bài 1 đến bài 5 học viên có thể trang bị được cho mình 5 kỹ năng cơ bản cần thiết cho đọc hiểu. Vì vậy, các bạn hãy bắt đầu học theo trình tự từ bài 1 đến bài 5. Sau đó, các bạn có thể đọc theo trình tự từ bài 6 đến bài 20 hoặc cũng có thể đọc những đề tài hay những nhân vật mà các bạn thích cũng được. Hoặc các bạn có thể chọn đọc dựa trên mức độ khó dễ của từng bài.

1）如何学习第 1–5 课／ Cách học từ bài 1 đến bài 5

①	在"阅读前 1：单词练习"中练习阅读材料中出现的单词。然后，在"阅读前 2：阅读技巧练习"中学习阅读时的关键技巧。	Các bạn hãy luyện tập từ vựng xuất hiện trong bài ở phần "trước khi đọc 1: luyện tập từ vựng". Sau đó các bạn học những kỹ năng quan trọng khi đọc hiểu ở phần "trước khi đọc 2: luyện tập kỹ năng đọc"
⬇		
②	根据"阅读前 3"中的标题和关键词思考要阅读的内容。可以使用一些语法模式来谈论和书写自己的观点。	Ở phần "trước khi đọc 3", các bạn hãy suy đoán nội dung bài đọc từ những từ khóa và tựa đề. Có những mẫu ngữ pháp, các bạn hãy sử dụng cái đó để nói và viết về ý kiến của mình.
⬇		
③	不要一次将阅读材料从头读到尾。分部分阅读。在阅读材料的右侧，可以看到每部分的"难词列表"和问题，因此在阅读该部分之前，请先查看词义和问题。完成后，阅读左侧的阅读材料并回答问题。回答完问题后，阅读下一部分的难词和问题列表，然后进入下一部分。	Ban đầu, các bạn hãy đọc một lượt từ đầu đến cuối bài đọc. Sau đó các bạn chia nhỏ ra thành từng phần rồi đọc. Bên phải bài đọc, ở từng phần có phần "danh sách từ vựng khó" và câu hỏi, trước khi đọc phần đó, các bạn hãy kiểm tra ý nghĩa từ vựng và những câu hỏi. Sau khi đã hoàn thành kiểm tra, hãy đọc phần bài đọc bên trái và trả lời câu hỏi. Sau khi đã trả lời câu hỏi, hãy tiếp tục kiểm tra ý nghĩa từ vựng khó và câu hỏi ở phần tiếp theo và cứ thế đọc tiếp.
⬇		
④	逐个部分阅读文章，理解内容后，在下一页回答"阅读后 1、2"。有答案示例，请查看示例并试着说出或写下想法。	Sau khi đã đọc và hiểu nội dung từng phần, hãy trả lời phần "sau khi đọc 1, 2" ở trang tiếp theo. Có phần trả lời mẫu, hãy tham khảo câu trả lời mẫu và luyện tập nói, viết suy nghĩ của mình.

2）6課《か》～20課《か》の勉強《べんきょう》の仕方《しかた》／How to Study Lessons 6 to 20

6課《か》から20課《か》では、自分が好きな人物《じんぶつ》から選《えら》んで読むことができます。次のように勉強《べんきょう》すると読《よ》み物《もの》が理解《りかい》しやすくなりますから、次のステップで読んでみましょう。

From lesson 6 onwards, you can choose the person you are interested in to read about. Studying the readings as follows will help make them easier to understand, so read them in the following steps.

① 読む前に	① Before Reading
a.タイトル、その人物《じんぶつ》の職業《しょくぎょう》、キーワードを読んで、どんなことが書《か》いてあるか想像《そうぞう》してみましょう。 b.次に「読む前に1」で単語《たんご》の練習《れんしゅう》、「読む前に2」で内容《ないよう》について考《かんが》えてみましょう。「読む前に1」と「読む前に2」が終《お》わったら、別冊《べっさつ》の「単語《たんご》リスト」を見て、読み物の中の単語《たんご》の意味《いみ》や漢字《かんじ》の読《よ》み方《かた》を確認《かくにん》しましょう。太字《ふとじ》の単語《たんご》は日本語能力試験《のうりょくしけん》（JLPT）N4レベルの単語《たんご》です。今は、単語《たんご》の意味がわかればいいので、単語《たんご》を全部《ぜんぶ》覚《おぼ》えなくてもいいです。	a. Read the title, the person's occupation and key words and then imagine what is likely to appear in the text. b. Look at the "Vocabulary List" in the supplementary book to check the meanings and kanji readings of unfamiliar words. Vocabulary in bold are words at the N4 level of the JLPT, so pay special attention to them. For now, it's fine if you understand their meanings, so no need to memorize them. c. Next, practice the words with "Before Reading 1" and use "Before Reading 2" to think about the content.

⬇

② 読んでいる時	② While Reading
準備《じゅんび》ができたら、読んでみましょう。わからない単《たん》語《ご》や文法《ぶんぽう》があっても、そこで止《と》まらないで、最後《さいご》まで読み進《すす》めましょう。	When you're ready, go ahead and start reading. Read right to the end, avoiding stopping when you come across words or grammar you don't know.

⬇

③ 読んだ後《あと》で	③ After Reading
a.読み終《お》わったら、「内容質問《ないようしつもん》1、2」に答《こた》えてみましょう。 b.「内容《ないよう》質問1、2」に答《こた》えたら、もう一度《いちど》読みましょう。今度《こんど》は、わからない単語《たんご》や文法《ぶんぽう》があったら、「単語《たんご》リスト」「文法《ぶんぽう》・表現《ひょうげん》リスト」で意《い》味《み》をチェックしましょう。太字《ふとじ》の単語《たんご》はN4レベルの単語《たんご》ですから、覚《おぼ》えるようにしましょう。 c.最後《さいご》に「単語《たんご》リスト」「文法《ぶんぽう》・表現《ひょうげん》リスト」を使《つか》わないで、もう一度はじめから最後《さいご》まで読んで、自分が答《こた》えた「内容《ないよう》質問1、2」の答えが正《ただ》しいかどうか確認《かくにん》しましょう。 d.「考《かんが》えをまとめよう」を読んで、自分の考《かんが》えを話したり、書いたりしてみましょう。その時、なるべく本文《ほんぶん》で使われた単語《たんご》や文法《ぶんぽう》を使ってみましょう。	a. After finishing the reading, answer the questions in "Comprehension Checks 1, 2." b. After answering "Comprehension Checks 1, 2," read the text again. This time, use the Vocabulary List and/or Grammar/Expression List in the supplemental book to check the meaning of any words or grammar you do not know. c. Finally, read the text again from beginning to end without using the Vocabulary List or Grammar/Expression List. Make sure your answers to Comprehensions Checks 1, 2 are correct. d. Read "Summarizing your Thoughts" and talk and/or write about your thoughts. When doing so, use that vocabulary and grammar used in the text as much as possible.

2）如何学习第 6-20 课／ Cách học từ bài 6 đến bài 20

从第 6 课开始，你可以自选一个喜欢的人物进行阅读。学习以下步骤，能帮助你更好地理解阅读内容，在下个步骤中试着读一读。

Từ bài 6 trở đi, các bạn hãy chọn đọc nhân vật mà các bạn thích. Các bạn hãy học theo cách dưới đây thì việc đọc hiểu sẽ dễ dàng hơn. Hãy đọc theo các bước dưới đây nhé.

① 阅读前	① Trước khi đọc
a. 阅读标题、人物的职业和关键词，想象一下其中的内容。 b. 接着思考一下“阅读前 1”中单词的练习，“阅读前 2”的内容。完成 " 阅读前 1 " 和 " 阅读前 2 " 后，查看别册的 " 单词表 "，检查阅读材料中单词的意思及汉字的读音。粗体的单词指的是日语能力考试（JLPT）N4 级别的单词。现在，知道了单词的意思就可以，不必记住所有单词。	a. Hãy dự đoán xem bài đọc viết gì dựa vào tựa đề, nghề nghiệp của nhân vật đó, và các từ khóa. b.Tiếp theo, hãy luyện tập từ vựng ở phần "trước khi đọc 1", và suy nghĩ về nội dung ở phần "trước khi đọc 2". Sau khi đã làm xong phần "trước khi đọc 1" và "trước khi đọc 2", hãy xem phần "danh sách từ vựng" ở tập sách đính kèm để kiểm tra ý nghĩa từ vựng và cách đọc Hán tự trong bài. Ý nghĩa những từ được in đậm là những từ vựng có mức độ N4 trong kỳ thi năng lực tiếng Nhật (JLPT). Ở giai đoạn này, chỉ cần hiểu ý nghĩa của từ vựng, không cần phải nhớ tất cả.

⬇

② 阅读时	② Trong khi đọc
准备好就读吧。即便有不懂的单词或语法，也不要就此打住，继续读下去，直到读完。	Các bạn hãy bắt đầu đọc thử sau khi đã chuẩn bị xong. Nếu có từ vựng và ngữ pháp mới đi chăng nữa cũng không dừng lại ở đó mà tiếp tục đọc cho đến hết.

⬇

③ 阅读后	③ Sau khi đọc
a. 读完后，回答 " 内容问题 1，2"。 b. 回答完 " 内容问题 1, 2" 后，再次阅读这本书。这次，如果发现任何不熟悉的单词或语法，请查看别册的 " 单词表 " 和 " 语法・表达表 " 中的意思。粗体的单词指的是日语能力考试（JLPT）N4 级别的单词，请记住它们。 c. 最后，在不使用 " 单词表 " 或 " 语法・表达列表 " 的情况下，从头到尾再读一遍，确认自己在 " 内容问题 1，2" 中的回答正确与否。 d. 阅读 " 总结你的想法 " 部分，谈谈或写写你的想法。在写作时，尽量使用课文中的词语和语法。	a. Hãy trả lời "câu hỏi nội dung 1, 2" sau khi đọc xong. b. Sau khi đã trả lời xong phần “câu hỏi nội dung 1, 2” hay đọc lại một lần nữa. Lần này, nếu như có những mẫu ngữ pháp hoặc những từ vựng không hiểu hãy kiểm tra phần ý nghĩa ở “danh sách từ vựng” và “danh sách mẫu ngữ pháp và mẫu câu” trong tập sách đính kèm.Những từ in đậm là những từ vựng ở mức độ N4, hãy cố gắng học thuộc. c. Cuối cùng không sử dụng “danh sách từ vựng” và “Danh sách mẫu ngữ pháp và mẫu câu” mà đọc lại một lần nữa từ đầu đến cuối, sau đó kiểm tra xem câu trả lời của mình ở phần “câu hỏi nội dung 1, 2” đúng hay chưa. d. Hãy đọc phần “tóm tắt suy nghĩ” sau đó luyện nói hoặc viết về suy nghĩ của mình. Khi đó, hãy cố gắng sử dụng những từ vựng và mẫu ngữ pháp đã xuất hiện trong bài.

■聞くのが上手《じょうず》になるために／To Become a Better Listener

この本は聞く力《ちから》を伸《の》ばすために使《つか》うこともできます。次のように勉強《べんきょう》してみましょう。

You can use this book to improve your listening as well. Use it to study as follows.

① 聞く前に	① Before Listening
「6課《か》～20課《か》の勉強《べんきょう》の仕方《しかた》」の「読む前に」と同《おな》じです。	The same as "Before Reading" in "How to Study Lessons 6 to 20."

⬇

② 聞いている時	② While Listening
教科書《きょうかしょ》を見ないで、音声《おんせい》を聞いてみましょう。わからないことがあっても、音声《おんせい》を止《と》めずに最後《さいご》まで聞きましょう。	Listen all the way to end, without stopping the audio when there is something you don't understand.

⬇

③ 聞いた後《あと》で	③ After Listening
a.「内容質問《ないようしつもん》1、2」に答《こた》えてみましょう。そして、もう一度《いちど》、教科書《きょうかしょ》を見ながら音声《おんせい》を聞いてみましょう。わからない単語《たんご》や文法《ぶんぽう》は、「単語《たんご》リスト」「文法《ぶんぽう》・表現《ひょうげん》リスト」で意味《いみ》を確認《かくにん》してみましょう。 b.教科書《きょうかしょ》を見ないで、もう一度音声《おんせい》を聞いて、内容《ないよう》が聞《き》き取《と》れるかどうか確認《かくにん》してみましょう。そして、「内容《ないよう》質問1、2」の答えが正《ただ》しいかどうかも確認《かくにん》してみましょう。 c.最後《さいご》に「考《かんが》えをまとめよう」に答えてみましょう。	a. Try answering the "Comprehension Checks 1, 2." Then listen to the audio again while following along with the textbook. Check the meanings of words or grammar you don't know with the Vocabulary List and Grammar/Expression List in the supplementary book. b. Listen again without looking at the textbook and see if you can catch the content just by listening. Then check your answers to the Comprehension Checks 1, 2. c. Give your answers to "Summarizing your Thoughts."

教師の方々へ

本書は学習者の知的好奇心を刺激するような様々なジャンルと社会問題を網羅しております。本書はそれぞれの教育機関や学習者のニーズ、また、ご使用になる教師の皆様のアイデアによって、様々な使い方をしていただくことができます。本書を有効に活用していただくために、下記のようなご使用方法をご提案しております。

◆ 1課から5課の使い方：

1課から5課では読むために必要な基本的なテクニックを紹介しているため、6課以降を使用する前に順番に使用することをお勧めしております。詳しくは「読むのが上手になるために」(p.12)をご参照下さい。

◆ 精読としての使い方：

本書は通常の精読のための読解教材としてご使用いただけます。巻末の「文法・表現リスト」を使用して文法を導入し、読む準備として「読む前に1」で語彙を確認した後で、「読む前に2」で読み物に関連する事柄について話し合っておきます。そして、読む作業を行い、「内容質問1」「内容質問2」で理解を確認して、「考えをまとめよう」で意見の交換をします。

◆ 速読としての使い方：

初級の段階からでも、精読だけでなく、分からない文法や語彙があっても読み進める力を養成す

■为了提高听力技能／Để giỏi nghe hiểu

本书还可用于培养听力技能。试着学习以下内容。

Giáo trình này cũng có thể được sử dụng để nâng cao năng lực nghe hiểu. Hãy học theo những bước dưới đây.

① 听之前	① Trước khi nghe
与“学习第 6-20 课的方法”中“阅读前”的部分一样。	Giống với phần "trước khi đọc" của "cách học từ bài 6 đến bài 20"

⬇

② 听之时	② Trong khi nghe
先不要看教材，听音频。即便有没有听明白的地方，也不要中途停止音频，听到最后。	Hãy thử nghe âm thanh mà không xem giáo trình. Dù có chỗ không hiểu đi chăng nữa cũng đừng dừng âm thanh lại mà hãy nghe cho đến cùng.

⬇

③ 听之后	③ Sau khi nghe
a. 回答"内容问题 1，2"。然后边看课本边再听一遍音频。如果存在不理解的某个单词或语法，请查看别册的"单词表"和"语法·表达列表"中的意思。 b. 不看课本，再听一遍音频，看看能否听懂内容。然后确认自己在"内容问题 1，2"中的回答正确与否。 c. 最后，试着回答"总结你的想法"中的问题。	a. Hãy thử trả lời phần “câu hỏi nội dung 1, 2”. Sau đó hãy nghe lại một lần nữa, vừa nghe vừa xem giáo trình. Những mẫu ngữ pháp và từ vựng không hiểu, hãy kiểm tra ở phần“danh sách từ vựng” và “danh sách mẫu ngữ pháp và mẫu câu” trong tập sách đính kèm. b. Hãy nghe lại một lần nữa nhưng không xem giáo trình, kiểm tra xem mình có nghe hiểu được nội dung không? Ngoài ra, kiểm tra xem phần trả lời “câu hỏi nội dung 1, 2” đã đúng hay chưa. c. Cuối cùng hãy trả lời thử phần "tóm tắt suy nghĩ".

ることが重要になります。そのための速読の練習としても本書をご使用いただけます。まだ速読に慣れていない学習者の場合は、１課から５課のように、段落ごとに制限時間を設けて速読をさせ、内容確認を行うとよいでしょう。

◆ディスカッショントピックや会話などの補助教材としての使い方：
現在ご使用になっている教科書の内容をさらに深めるためや、ディスカッションのトピックを提供する読み物として、本書をご使用になることもできます。ディスカッションを通して、さらに深く日本理解及び異文化理解を促すことができます。実際の読む作業は授業中ではなく、学習者が個別に授業外で行い、授業時間中には「内容質問」で内容の確認を行った後で、「考えをまとめよう」を用い、会話の練習を主に行うことも可能です。

◆多読としての使い方：
読解能力を高めるために、近年、多読の重要性が指摘されております。本書は学習者自身が興味のある読み物を選び、自主的に読み進めるという多読の教材としてもご使用いただけます。多読の詳しい進め方につきましては、NPO 多言語多読のウェブサイト（https://tadoku.org/）などをご参照下さい。

◆聴解としての使い方：
本書は読解や会話の練習だけではなく、聴解能力を伸ばすためにも使用できます。精読や速読と同じように、細かい内容まで理解したり、必要な情報だけを聞き取ったりといった練習が可能です。詳しい使い方については「聞くのが上手になるために」（p.16）をご参照下さい。

1 世界《せかい》で一番有名《いちばんゆうめい》な富士山《ふじさん》の絵《え》

The World's Most Famous Painting of Mt. Fuji　世界上最有名的富士山图　Tranh núi Phú Sĩ nổi tiếng nhất thế giới

葛飾北斎《かつしかほくさい》　**浮世絵師《うきよえし》（1760 年～1849 年）**　ジャンル　芸術《げいじゅつ》

Katsushika Hokusai　*Ukiyoe* artist　浮世绘画师　họa sĩ tranh Phù Thế (Ukiyo-e)

読む前に 1 単語《たんご》の練習《れんしゅう》

単語《たんご》リストを使《つか》って、次の□の言葉《ことば》の意味《いみ》を調《しら》べましょう。そして、a～d を（　）の中に入れて、文を完成《かんせい》しましょう。

First, use the vocabulary list to find out the meaning of the words in (　). Then, complete the sentences using these words using a to d.
利用单词表，找出下面□中单词的意思。然后将a～d填入（　）中，完成句子。
Sử dụng bảng từ vựng và tìm ra ý nghĩa những từ trong khung □, sau đó hoàn thành các câu bên dưới sử dụng các từ a ~ d.

a. 続《つづ》け	b. 選《えら》び	c. 生《う》まれ	d. 描《か》い

1）弟《おとうと》が（　　）た時、とてもうれしかったです。
2）映画《えいが》の雑誌《ざっし》が今年のいい映画 50 本を（　　）ました。
3）姉《あね》は絵《え》を（　　）たり、本を読んだりするのが好きだ。
4）私の家は 50 年前から、本屋《ほんや》の仕事を（　　）ています。

読む前に 2 読むテクニックの練習《れんしゅう》

次の文の「その」「それ」(指示詞《しじし》) に注意《ちゅうい》して、次の□の言葉《ことば》を（　）の中に入れて、文を完成《かんせい》しましょう。

Please pay attention to "Sono, Sore"(demonstratives) and fill in the (　) using the words in the following □ to complete the sentence.
注意下文中的"その""それ"（指示词），并将□中的词填入（　）里，完成句子。
Chú ý đến những từ "Sono, Sore" (đại từ chỉ định) trong những câu sau, sau đó dùng những từ trong khung □ điền vào ngoặc đơn (　) để hoàn thành câu.

[例] 昨日《きのう》、カフェで友達《ともだち》とコーヒーを飲みました。**そこ**は、静《しず》かじゃなかったです。

（ b ）は、あまり静《しず》かじゃなかったです。

a. 昨日《きのう》	b. カフェ	c. 友達《ともだち》

1）昨日《きのう》、パーティーに行きました。たくさんの人がいて、一人の日本人に会いました。**その**人は親切《しんせつ》で、とてもおもしろい人でした。

（　　）は、親切で、おもしろい人でした。

a. たくさんの人	b. 日本人	c. 一人

2）どうして日本語は外国で人気《にんき》があると思いますか。**それ**は、外国で日本のアニメが好きな人が多《おお》いからです。

（　　）は、外国で日本のアニメが好きな人が多《おお》いからです。

a. どうして日本語があるの	b. 日本語が外国で人気があるの	c. 外国で人気があるの

3）おばあさんは35歳《さい》の時に仕事を始《はじ》めて、60歳《さい》でやめました。そして、85歳《さい》の時、病気《びょうき》になって死《し》にましたが、**その**時までおばあさんは元気に運動《うんどう》していました。

（　　　）時までおばあさんは元気に運動していました。

a. 仕事を始める　　b. 仕事をやめる　　c. 病気で死ぬ

読む前に 3

1. タイトルとキーワードを読みましょう。タイトルとキーワードから、この読《よ》み物《もの》の内容《ないよう》を考《かんが》えてみましょう。次の文法《ぶんぽう》のパターンを使《つか》って自分の考えを言ってみましょう。

Read the title and key words. Then, guess the content of this reading from the title and key words. Try to state your thoughts using the following grammar patterns.

阅读标题和关键词。根据标题和关键词，思考这篇文章的内容。用以下的语法形式来谈谈你的想法。

Hãy đọc tựa đề và từ khóa (key words). Từ phần tựa đề và từ khóa hãy đoán nội dung của bài đọc. Sử dụng mẫu ngữ pháp dưới đây để nói về những suy nghĩ của bản thân.

Pattern a. この読み物は［　　］についての読み物だと思います。

b. この読み物には［　　］のことが書いてあると思います。

［例］ a. この読み物は［富士山《ふじさん》］についての読み物だと思います。

b. この読み物には［有名《ゆうめい》な富士山《ふじさん》の絵《え》］のことが書いてあると思います。

2. みなさんは世界《せかい》の中のすごい人に誰《だれ》を選《えら》びますか。それはどうしてですか。次の文法《ぶんぽう》のパターンを使《つか》って自分の考《かんが》えを言ってみましょう。

Who would you select as the greatest person of all time? Why? Please explain your thoughts using the following grammar pattern.

你会选择谁作为世界上最了不起的人？为什么？用以下语法形式来谈谈你的想法。

Các bạn sẽ chọn ai là người vĩ đại nhất trên thế giới? Lý do tại sao? Sử dụng mẫu ngữ pháp dưới đây để nói về những suy nghĩ của bản thân.

Pattern ［person］は、［reason］から、すごい人だと思います。

［例］ ［シェークスピア］は、［とてもいい本を書いた］から、すごい人だと思います。

3. みなさんは、富士山《ふじさん》についてどんなことを知っていますか。知っていることを話してみましょう。それから、浮世絵《うきよえ》についてどんなことを知っていますか。

What do you know about Mt. Fuji and ukiyoe? Please talk about what you know.

关于富士山，你都知道哪些呢？谈谈你所知的。其次，你对浮世绘了解多少？

Các bạn biết gì về núi Phú Sĩ và tranh Phù Thế (Ukiyo-e). Hãy nói những điều các bạn biết.

読む時のポイント！

この読《よ》み物《もの》には、葛飾北斎《かつしかほくさい》が世界《せかい》に与《あた》えた影響《えいきょう》と北斎《ほくさい》の絵《え》に対《たい》する態度《たいど》について書いてあります。この2つのポイントに注意《ちゅうい》して読みましょう。

This reading is about the influence of Katsushika Hokusai on the world and his attitude towards paintings. Pay attention to these two points.

这篇文章描述了葛饰北斋对世界的影响以及对于他对画的态度。阅读时请注意这两点。

Bài đọc này viết về tầm ảnh hưởng của Katsushika Hokusai với thế giới và thái độ của người họa sĩ này đối với tranh Hokusai. Các bạn đọc và chú ý hai điểm này.

世界《せかい》で一番有名《いちばんゆうめい》な富士山《ふじさん》の絵《え》

葛飾北斎《かつしかほくさい》 キーワード：浮世絵《うきよえ》／影響《えいきょう》／学《まな》ぶ気持《きも》ち

葛飾北斎『冨嶽三十六景　神奈川沖浪裏』
東京国立博物館所蔵

1-1

[1]

1998年にアメリカの雑誌《ざっし》『ライフ』が、この1,000年の間《あいだ》の世界《せかい》のすごい人、100人を選《えら》びました。その中に一人の日本人がいます。誰《だれ》だと思いますか。マンガやアニメの作者《さくしゃ》でしょうか。いいえ、『ライフ』が選《えら》んだのは、葛飾北斎《かつしかほくさい》でした。北斎《ほくさい》は江戸時代《えどじだい》の浮世絵《うきよえ》の画家《がか》です。北斎《ほくさい》の名前は知らないかもしれませんが、たぶんみなさんも大きい青《あお》い波《なみ》の間に富士山《ふじさん》が見える浮世絵《うきよえ》を見たことがあるでしょう。日本語ではこの浮世絵《うきよえ》を『神奈川沖浪裏《かながわおきなみうら》』と言いますが、英語《えいご》では"The Great Wave"と言います。そして、これは北斎《ほくさい》の浮世絵《うきよえ》です。

1-2

[2]

北斎《ほくさい》は1760年に江戸《えど》（今の東京）で生《う》まれました。小さい時から絵《え》が好きだったから、北斎《ほくさい》は色々《いろいろ》な所《ところ》で浮世絵《うきよえ》や外国の絵《え》の勉強《べんきょう》をして、画家《がか》になりました。そして、浮世絵《うきよえ》を描《か》いたり、絵《え》の描《か》き方《かた》の本『北斎漫画《ほくさいまんが》』を描《か》いたりしました。

では、どうして『ライフ』は北斎《ほくさい》を選《えら》んだと思いますか。それは、北斎《ほくさい》の浮世絵《うきよえ》が、ヨーロッパの人々《ひとびと》に大きい影響《えいきょう》を与《あた》えているからです。例《たと》えば、ゴッホやセザンヌは北斎《ほくさい》の浮世絵《うきよえ》を見て、自分たちの絵《え》のアイデアを見つけました。それから、作曲家《さっきょくか》のドビュッシーは北斎《ほくさい》の『神奈川沖浪裏《かながわおきなみうら》』の浮世絵《うきよえ》からクラシック音楽《おんがく》の『海《うみ》』を作りました。

1-3

[3]

昔《むかし》はいい病院《びょういん》や薬《くすり》がなかったから、早《はや》く死《し》ぬ人が多《おお》かったです。でも、北斎《ほくさい》はこの有名《ゆうめい》な富士山《ふじさん》の浮世絵《うきよえ》を72歳《さい》の時に描《か》きました。そして、北斎《ほくさい》は90歳《さい》で死ぬまで絵《え》を描《か》いていました。本当《ほんとう》にいい絵《え》を描《か》くために、あと5年いると言って、死にました。北斎《ほくさい》は最後《さいご》まで仕事を続《つづ》けて、ずっと勉強《べんきょう》を忘《わす》れなかったから、本当《ほんとう》にすごいと思います。北斎《ほくさい》の生《い》き方《かた》は、今の私たちに一生《いっしょう》、勉強は大切《たいせつ》だと言っているのかなと思います。

学《まな》ぶ：to learn; to study　すごい：wonderful　選《えら》ぶ：to select　作者《さくしゃ》：author
江戸時代《えどじだい》：*Edo* Period（1603-1868）　画家《がか》：painter　波《なみ》：wave

1. 「その中に」（2行目《ぎょうめ》）の「その」は何ですか。a～cの中から選《えら》びましょう。

What does その refer to in その中に (line 2)? Choose the most appropriate answer from a to c.
"その中に"（第2行）的"その"是指什么？从a～c中选择。
「その」 trong 「その中」(hàng 2) nói về điều gì?. Hãy chọn câu trả lời thích hợp nhất từ a~c.

a. 雑誌《ざっし》『ライフ』　b. 世界《せかい》　c. 100人

2. 正《ただ》しければ○を違《ちが》っていれば×をしましょう。

If the statement is true, write ○. If it's false, write ×.
正确的画○，错误的画×。
Nếu đúng ghi ○, nếu sai ghi ×.

a)（　　）雑誌《ざっし》『ライフ』は二人の日本人を選《えら》びました。
b)（　　）北斎《ほくさい》は有名《ゆうめい》な浮世絵《うきよえ》の画家《がか》です。

絵《え》：painting; drawing　（～に）影響《えいきょう》を与《あた》える：to influence; to exert influence　ゴッホ：（Vincent）van Gogh
セザンヌ：（Paul）Cezanne　作曲家《さっきょくか》：composer　ドビュッシー：（Claude）Debussy
クラシック音楽《おんがく》：classical music

正《ただ》しければ○を違《ちが》っていれば×をしましょう。

a)（　　）北斎《ほくさい》の両親《りょうしん》は、北斎《ほくさい》に絵《え》を教《おし》えました。
b)（　　）北斎《ほくさい》の浮世絵《うきよえ》はヨーロッパの画家《がか》に影響《えいきょう》を与《あた》えました。

あと5年：another 5 years　ずっと：always　一生《いっしょう》：one's lifetime

正《ただ》しければ○を違《ちが》っていれば×をしましょう。

a)（　　）北斎《ほくさい》は、『神奈川沖浪裏《かながわおきなみうら》』を72歳《さい》の時に描《か》きました。
b)（　　）北斎《ほくさい》は、95歳《さい》まで絵《え》を描《か》いていました。

読んだ後で 1

みなさんの国で世界《せかい》に影響《えいきょう》を与《あた》えた人がいますか。その人は世界にどんな影響《えいきょう》を与《あた》えましたか。

Has anyone from your home country had an influence on the world? How did they do so?
在你的国家里，谁对世界产生过影响？ 他/她对世界产生了什么样的影响？
Ở đất nước bạn, có người nào gây tầm ảnh hưởng đến thế giới không? Họ ảnh hưởng đến thế giới như thế nào?

[例] ノーベルは世界に影響《えいきょう》を与《あた》えました。それは、ダイナマイトを作ったからです。

読んだ後で 2

みなさんは、何を仕事にしたいと思いますか。そして、その仕事を死《し》ぬまでしたいと思いますか。

What kind of occupation do you wish to pursue? And, do you want to continue to work in that occupation until you die?
你想要从事什么样的工作呢？你有想过从事这份工作直到自己生命的尽头吗。
Các bạn muốn làm công việc gì? Và các bạn có muốn làm những công việc ấy cho đến lúc chết không?

[例] 私は医者《いしゃ》を仕事にしたいと思います。でも、死ぬまで仕事をしたいと思いません。65歳《さい》ぐらいで、仕事をやめるつもりです。

文法《ぶんぽう》・表現《ひょうげん》リスト

- □ その中に一人の日本人が／これは北斎《ほくさい》の浮世絵《うきよえ》です →6
- □『ライフ』が選《えら》んだのは →53
- □ 名前は知らないかもしれません →5
- □ 青《あお》い波《なみ》の間に富士山《ふじさん》が見える →4
- □ 富士山《ふじさん》が見える浮世絵《うきよえ》／早《はや》く死《し》ぬ人が多《おお》かった →77
- □ 画家《がか》になりました →51
- □ 絵《え》の描《か》き方《かた》／北斎《ほくさい》の生《い》き方《かた》は →2
- □ 浮世絵《うきよえ》を描《か》いたり、
絵《え》の描《か》き方《かた》の本『北斎漫画《ほくさいまんが》』を描《か》いたりしました →27
- □ 例《たと》えば、ゴッホやセザンヌは北斎《ほくさい》の →24
- □ 90歳《さい》で死ぬまで／北斎《ほくさい》は最後《さいご》まで仕事を続《つづ》けて →60
- □ 絵《え》を描《か》くために →25
- □ 言っているのかなと思います →3

アーネスト・フェノロサ

Ernest Fenollosa

哲学者《てつがくしゃ》／東洋美術史家《とうようびじゅつしか》（1853年～1908年）

Philosopher 哲学家 triết gia ／ East Asian art historian 东洋美术史学家 Nhà sử gia nghệ thuật Đông Dương

1-4

明治《めいじ》のはじめ、日本の政府《せいふ》は日本はアメリカやヨーロッパより遅《おく》れていると思いました。だから、たくさんの外国人を日本の大学の先生として呼《よ》んで、日本より進《すす》んでいる国から色々《いろいろ》なことを学《まな》んで、日本を強《つよ》い国にしたいと思いました。アメリカ生《う》まれのフェノロサも25歳《さい》の時、大学の哲学《てつがく》の先生として日本に来ました。

そのころ、日本人は、アメリカやヨーロッパの物《もの》の方《ほう》が日本の物よりいいと思っていましたから、浮世絵《うきよえ》など日本の古い美術品《びじゅつひん》をぜんぜん大切《たいせつ》にしていませんでした。けれど、フェノロサは、日本の古い美術品《びじゅつひん》を見て、とてもすばらしいと思いました。だから、古い美術品《びじゅつひん》をたくさん集《あつ》めたり、調査《ちょうさ》したりしました。そして、日本が好きになったフェノロサは、能《のう》を習《なら》ったり、宗教《しゅうきょう》をキリスト教《きょう》から仏教《ぶっきょう》に変《か》えたりしました。

フェノロサは哲学《てつがく》の先生でしたが、哲学《てつがく》を教《おし》えるより日本の美術品《びじゅつひん》がすばらしいことを教えるほうが大切《たいせつ》だと思って、日本人に日本の美術品《びじゅつひん》のすばらしさをたくさん教えました。そして、アメリカに帰った後も、日本の美術《びじゅつ》の仕事をしました。日本にアメリカやヨーロッパの考《かんが》え方《かた》を教えに来たフェノロサですが、彼自身《かれじしん》が日本に来て変《か》わってしまったというのは、おもしろいですね。

哲学者《てつがくしゃ》：Philosopher
東洋美術史家《とうようびじゅつしか》：East Asian art historian
明治《めいじ》：*Meiji* Era（1868-1912）
政府《せいふ》：government
（～に）遅《おく》れる：to be behind
呼《よ》ぶ：to summon; to invite
（～が）進《すす》む：to advance
学《まな》ぶ：to learn
哲学《てつがく》：philosophy
美術品《びじゅつひん》：artwork
集《あつ》める：to collect
調査《ちょうさ》する：to research
能《のう》：*Noh* play
宗教《しゅうきょう》：religion
キリスト教《きょう》：Christianity
仏教《ぶっきょう》：Buddhism
変《か》える：to change
すばらしさ：excellence
美術《びじゅつ》：art
彼自身《かれじしん》：himself
（～が）変《か》わる：to change

2 日本人が大好きな映画《えいが》シリーズ

The Most Popular Movie Series in Japan　日本人非常喜爱的电影系列　Loạt phim được người Nhật ưa thích

渥《あつ》美《み》清《きよし》（車寅《くるまとら》次《じ》郎《ろう》）　俳優《はいゆう》／コメディアン（1928年～1996年）

Atsumi Kiyoshi / Kuruma Torajiro　Actor / Comedian　演员/喜剧艺人　diễn viên/ diễn viên hài

ジャンル　文化《ぶんか》

読む前に 1　単語《たんご》の練習《れんしゅう》

単語《たんご》リストを使《つか》って、次の□の言葉《ことば》の意味《いみ》を調《しら》べましょう。そして、a～dを（　）の中に入れて、文を完成《かんせい》しましょう。

First, use the vocabulary list to find out the meaning of the words in (　). Then, complete the sentences using these words using a to d.

利用单词表，找出下面□中单词的意思。然后将a～d填入（　）中，完成句子。

Sử dụng bảng từ vựng và tìm ra ý nghĩa những từ trong khung □, sau đó hoàn thành các câu bên dưới sử dụng các từ a ~ d.

a. 自由《じゆう》	b. 人気《にんき》	c. 大切《たいせつ》にして	d. 笑《わら》って

1）この映画《えいが》はコメディだから、映画を見てみんな（　　　）います。

2）アニメ『となりのトトロ』は外国でも（　　　）のある映画です。

3）私の姉《あね》は（　　　）が好きだから、みんなといっしょに旅行《りょこう》するのが好きじゃない。

4）あの服《ふく》の会社は、カジュアルな服のイメージを（　　　）いる。

読む前に 2　読むテクニックの練習《れんしゅう》

次の質問《しつもん》に答《こた》えてください。文を読む時は、難《むずか》しい言葉《ことば》やわからない文法《ぶんぽう》は飛《と》ばして、質問の答えだけを見つけましょう。

Answer the following questions. When you read the script, skip difficult or unknown words and grammar, and try to find the answer to these questions.

请回答下面的问题。阅读时，跳过难懂的词语或语法去找出问题的答案。

Hãy trả lời những câu hỏi dưới đây. Khi đọc hiểu, không cần quan tâm những từ khó và mẫu ngữ pháp không hiểu, chúng ta hãy tập trung tìm câu trả lời cho những câu hỏi này.

1）2020年に、日本に住んでいる人は何人でしたか。

1945年に日本に住んでいる人は8300万人ぐらいでした。それが、1966年には1億《おく》人になって、2020年には1億《おく》2000万人ぐらいになりました。けれど、2060年の日本の人口《じんこう》は8600万人ぐらいで、1945年ごろと同《おな》じ人口になってしまいます。

2）お父さんは何を大切《たいせつ》にしていますか。

私の父は、貿易《ぼうえき》の会社に勤《つと》めていて、世界《せかい》の色々《いろいろ》な国に行って、日本の物《もの》を売る仕事をしています。父は、自由《じゆう》が好きで、とても元気な人です。でも、家族《かぞく》をとても大切にしていますから、私は父が大好きです。

3）この人はどんな生《い》き方《かた》が好きですか。

私は日本で生《う》まれましたが、私が子どもの時、父はフランスで仕事がありましたから、家族《かぞく》でフランスに行きました。だから、フランスの学校で勉強《べんきょう》しました。フランスでは、家族やまわりの人の考《かんが》えではなくて、自分の考え方を大切《たいせつ》にしているので、私もその生き方がいいと思います。

読む前に 3

1. タイトルとキーワードを読みましょう。タイトルとキーワードから、この読《よ》み物《もの》の内容《ないよう》を考《かんが》えてみましょう。次の文法《ぶんぽう》のパターンを使《つか》って自分の考えを言ってみましょう。

Read the title and key words. Then, guess the content of this reading from the title and key words. Try to state your thoughts using the following grammar patterns.
阅读标题和关键词。根据标题和关键词，思考这篇文章的内容。用以下语法形式来谈谈你的想法。
Hãy đọc tựa đề và từ khóa (key words). Từ phần tựa đề và từ khóa hãy đoán nội dung của bài đọc. Sử dụng mẫu ngữ pháp dưới đây để nói về những suy nghĩ của bản thân.

Pattern a. この読み物は［　　］についての読み物だと思います。
b. この読み物には［　　］のことが書いてあると思います。

［例］ a. この読み物は［日本で人気《にんき》がある映画《えいが》］についての読み物だと思います。
b. この読み物には［日本の映画］のことが書いてあると思います。

2. みなさんは、『男はつらいよ』はどんな映画《えいが》だと思いますか。タイトルからストーリーを想像《そうぞう》してみましょう。

Guess what the story of the movie “Otoko wa Tsuraiyo (It’s Tough Being a Man)” is about based on the title.
你觉得《寅次郎的故事》是什么样的电影？试着从题目去想象一下故事的内容。
Các bạn nghĩ phim "Otoko wa tsurai yo" (Làm đàn ông thật khổ) là phim như thế nào? Hãy đoán nội dung từ tựa đề của phim.

［例］ よわい男の人のストーリーだと思います。

3. みなさんの国には、人気《にんき》がある映画《えいが》の主人公《しゅじんこう》（main character）がいますか。その人は、どんな人で、どうして人気がありますか。次の文法《ぶんぽう》のパターンを使《つか》って自分の考《かんが》えを言ってみましょう。

Are there any popular movie characters in your home country? What kind of person is s/he and why is this person so popular? Use the following grammar patterns to state your ideas.
在你的国家里有十分受欢迎的电影主角吗。他/她是一个什么样的人，受欢迎的理由是什么呢。用下面的语法形式来谈谈你的想法。
Ở đất nước bạn, có diễn viên chính nào nổi tiếng không? Diễn viên đó là người thế nào? Tại sao lại nổi tiếng? Sử dụng mẫu ngữ pháp dưới đây để nói về những suy nghĩ của bản thân.

Pattern a. ［reason］から、［person］という主人公《しゅじんこう》は人気があると思います。
b. ［person］という主人公《しゅじんこう》は、［reason］から人気があります。

［例］ a. ［かっこいい］から、［スーパーマン］という主人公《しゅじんこう》は人気があると思います。
b. ［スーパーマン］という主人公《しゅじんこう》は、［かっこいい］から人気があります。

読む時のポイント！

この読《よ》み物《もの》には、俳優《はいゆう》の渥美清《あつみきよし》と映画《えいが》の主人公《しゅじんこう》の車寅次郎《くるまとらじろう》について書いてあります。この二人の性格《せいかく》や考《かんが》え方《かた》に注意《ちゅうい》して読みましょう。

This reading is about two people, the actor Atsumi Kiyoshi and the movie’s main character Kuruma Torajiro. Pay attention to their personalities and ways of thinking.
这是一篇关于演员渥美清和电影主人公车寅次郎的文章。阅读时，请注意这两个人的性格和思维方式。
Bài đọc này viết về nghệ sĩ Atsumi Kiyoshi và diễn viên chính trong ngành điện ảnh Kuruma Torajiro. Đọc và chú ý đến tính cách và cách suy nghĩ của hai nhân vật này.

日本人が大好きな映画《えいが》シリーズ

渥美清《あつみきよし》(車寅次郎《くるまとらじろう》)　キーワード：主人公《しゅじんこう》／生《い》き方《かた》／自由《じゆう》／失恋《しつれん》

2-1

[1]　映画《えいが》『男はつらいよ』を見たことがありますか。日本ではとても有名《ゆうめい》な映画シリーズで、全部《ぜんぶ》で48本の映画があります。山田洋次監督《やまだようじかんとく》が1969年から1995年までの26年間に作りました。日本に住んでいる人は1億《おく》2000万人ぐらいですが、8000万人ぐらいの人がこの映画シリーズを見ましたから、とても人気《にんき》がある映画シリーズです。

2-2

[2]　映画《えいが》の主人公《しゅじんこう》の名前は車寅次郎《くるまとらじろう》（寅《とら》さん）です。寅《とら》さんにはやさしくて明《あか》るい妹《いもうと》が一人います。妹は、東京の柴又《しばまた》に住んでいます。でも寅《とら》さんは色々《いろいろ》な所《ところ》を旅行《りょこう》して、物《もの》を売る仕事をしています。寅《とら》さんは自由《じゆう》が好きで、やさしい人ですが、すぐけんかをします。この映画はいつも寅《とら》さんが長い旅行から柴又《しばまた》に帰って来て、物語《ものがたり》が始《はじ》まります。そして、寅《とら》さんは、色々な女の人を好きになりますが、彼《かれ》は好きだと言えません。最後《さいご》は、いつも寅《とら》さんが失恋《しつれん》をします。悲《かな》しい寅《とら》さんは、また旅行に出ます。いつも同《おな》じ物語ですが、多《おお》くの人はこの映画で、笑《わら》ったり泣《な》いたりしました。

2-3

[3]　映画《えいが》で寅《とら》さんになった俳優《はいゆう》は、渥美清《あつみきよし》でした。渥美《あつみ》はコメディアンやテレビドラマで俳優《はいゆう》の仕事をしていました。渥美《あつみ》は寅《とら》さんのイメージを大切《たいせつ》にしていて、それを壊《こわ》したくないから、自分のプライベートをぜんぜん見せませんでした。だから、たくさんの人が渥美《あつみ》を本当《ほんとう》に寅《とら》さんだと思いました。

2-4

[4]　残念《ざんねん》ですが、1996年に渥美《あつみ》が死《し》んで、このシリーズは終《お》わりました。でも、まだこの映画《えいが》をおもしろいと思う若《わか》い人がたくさんいるみたいです。この映画を作った山田監督《やまだかんとく》は、若《わか》い人が自分の気持《きも》ちを大切《たいせつ》にしたり、自分も自由《じゆう》に生《い》きる寅《とら》さんのような生《い》き方《かた》をしたいと感《かん》じたからだろうと思っています。

つらい：hard; brutal　山田洋次《やまだようじ》：Yamada Yoji (movie director)　監督《かんとく》：director　～億《おく》：one hundred million

正《ただ》しければ◯を違《ちが》っていれば×をしましょう。

If the statement is true, write ○. If it's false, write ×.
正确的画○，错误的画×。
Nếu đúng ghi ○, nếu sai ghi ×.

a)（　　　）『男はつらいよ』はシリーズで、48 本の映画《えいが》があります。

b)（　　　）1 億《おく》 2000 万人の人がこの映画シリーズを見ました。

主人公《しゅじんこう》：main character　柴又《しばまた》：Name of place in Tokyo　（～と）けんかをする：to fight; to have a fight
物語《ものがたり》：story　最後《さいご》：the last　失恋《しつれん》をする：to be broken-hearted; to lose in love
同《おな》じ：same; similar　泣《な》く：to cry

正《ただ》しければ◯を違《ちが》っていれば×をしましょう。

a)（　　　）寅《とら》さんは妹《いもうと》がいます。

b)（　　　）寅《とら》さんはやさしくて、自由《じゆう》が好きです。

c)（　　　）寅《とら》さんは好きな女の人に好きだと言いますが、いつも失恋《しつれん》をします。

俳優《はいゆう》：actor; actress　コメディアン：comedian　イメージ：image
壊《こわ》す：to destroy　プライベート：private　見せる：to show

正《ただ》しければ◯を違《ちが》っていれば×をしましょう。

a)（　　　）渥美《あつみ》は、寅《とら》さんのイメージが大切《たいせつ》だと思いました。

b)（　　　）渥美《あつみ》は自分のプライベートについてよく話していました。

気持《きも》ち：feeling　生《い》きる：to live

正《ただ》しければ◯を違《ちが》っていれば×をしましょう。

a)（　　　）今もこの映画《えいが》シリーズは続《つづ》いています。

b)（　　　）今の若《わか》い人はみんな、この映画シリーズが好きじゃないです。

読んだ後で 1

みなさんの国で人気《にんき》がある映画《えいが》(シリーズ)がありますか。それは、どうしてですか。

Are there any popular movies (series) in your home country? Why is that movie or series popular?
你的国家里有受欢迎的电影（系列）吗。受欢迎的理由是什么?
Ở đất nước các bạn có những (bộ) phim nào được yêu thích? Tại sao những phim đó được ưa thích?

[例] かっこいいので、私の国の人は 007 シリーズが好きです。

読んだ後で 2

みなさんは、将来《しょうらい》どんな生《い》き方《かた》(生活《せいかつ》)をしたいと思いますか。また、みなさんの国の若《わか》い人はどんな生き方が好きだと思いますか。

What kind of way of life (living) do you want to have in your future? Also, what kind of way of life (living) do young people prefer in your country?
你所希望的将来的生活方式是什么? 你觉得你的国家里的年轻人都喜欢什么样的生活方式?
Tương lai các bạn muốn sống cuộc sống như thế nào? Còn những người trẻ ở đất nước các bạn họ thích cách sống như thế nào?

[例] お金持ちになって、楽《たの》しい生活《せいかつ》をしたいと思います。
私の国の若《わか》い人は、自分の好きなことをする生き方が好きだと思います。

文法《ぶんぽう》・表現《ひょうげん》リスト

- □ 見たことがありますか →8
- □ 日本に住んでいる人は／人気《にんき》がある映画シリーズ →77
- □ 色々《いろいろ》な女の人を好きになります／映画《えいが》で寅《とら》さんになった →51
- □ 言えません →78
- □ 笑《わら》ったり泣《な》いたりしました →27
- □ それを壊《こわ》したくないから／この映画《えいが》をおもしろいと思う →6
- □ まだこの映画《えいが》をおもしろいと思う →58
- □ 若《わか》い人がたくさんいるみたいです →62
- □ 寅《とら》さんのような →69
- □ 寅《とら》さんのような生《い》き方《かた》を →2
- □ 生《い》き方《かた》をしたい →23
- □ 感《かん》じたからだろう →28

鑑真《がんじん》

Jianzhen

僧侶《そうりょ》（688年～763年）

Monk　僧侣，和尚　nhà sư

2-5

鑑真《がんじん》は中国の有名《ゆうめい》な僧侶《そうりょ》です。753年に日本へ仏教《ぶっきょう》について教《おし》えに来ました。その時、もう日本にお寺《てら》はありましたが、仏教《ぶっきょう》の正《ただ》しいルールがありませんでした。それで、日本の人は「誰《だれ》か日本に来て、仏教《ぶっきょう》のルールを教えてください」と鑑真《がんじん》に手紙《てがみ》を書きました。

鑑真《がんじん》はたくさん弟子《でし》がいましたから、まず、弟子《でし》に「誰《だれ》か日本に行きたいですか」と聞きました。でも、誰《だれ》も「行きたいです」と言いませんでした。みんな日本は遠《とお》いので、行くのは危《あぶ》ないと思ったからです。それを見て、鑑真《がんじん》は「じゃあ、私が行きます」と言いました。

今、中国から日本まで飛行機《ひこうき》で2、3時間ぐらいです。でも、鑑真《がんじん》が来た時は、船《ふね》だったので、危《あぶ》なくて、時間ももっとかかりました。鑑真《がんじん》は最初《さいしょ》、743年に日本に行こうと思いましたが、失敗《しっぱい》しました。その後《あと》も嵐《あらし》などで4回失敗《かいしっぱい》しました。5回目《かいめ》の失敗《しっぱい》の時に、鑑真《がんじん》は病気《びょうき》になって、目が見えなくなりました。でも、あきらめませんでした。

そして、鑑真《がんじん》が66歳《さい》の時、6回目《かいめ》のチャレンジで日本に来ることができました。鑑真《がんじん》が日本に持って来たのは、仏教《ぶっきょう》のルールだけではありません。仏教《ぶっきょう》や書道《しょどう》の本や薬《くすり》、日本になかった食《た》べ物《もの》（砂糖《さとう》など）も持って来ました。だから、鑑真《がんじん》の影響《えいきょう》はとても大きかったです。そして、鑑真《がんじん》は10年後の763年に日本で亡《な》くなりました。

僧侶《そうりょ》：monk
仏教《ぶっきょう》：Buddhism
正《ただ》しい：proper; correct
ルール：rule
弟子《でし》：disciple
最初《さいしょ》：the first; the beginning
失敗《しっぱい》する：to fail
嵐《あらし》：strom
(～が)見える：can see
あきらめる：to give up
チャレンジ：challenge
書道《しょどう》：calligraphy
影響《えいきょう》：impact; influence

3 好きな言葉《ことば》

My Favorite Words　喜欢的词　Những từ bản thân ưa thích

相田《あいだ》みつを　**書家《しょか》／詩人《しじん》（1924年～1991年）**　ジャンル　芸術《げいじゅつ》

Aida Mitsuo　Calligrapher/Poet　书法家/诗人　Nhà văn/ nhà thơ

読む前に 1 単語《たんご》の練習《れんしゅう》

単語《たんご》リストを使《つか》って、次の□の言葉《ことば》の意味《いみ》を調《しら》べましょう。そして、a～dを（　）の中に入れて、文を完成《かんせい》しましょう。

First, use the vocabulary list to find out the meaning of the words in (　). Then, complete the sentences using these words using a to d.
利用单词表，找出下面□中单词的意思。然后将a～d填入（　）中，完成句子。
Sử dụng bảng từ vựng và tìm ra ý nghĩa những từ trong khung □, sau đó hoàn thành các câu bên dưới sử dụng các từ a ~ d.

a. 言葉《ことば》	b. 昔《むかし》	c. 作品《さくひん》	d. 気持《きも》ち

1）母は（　　　）、本屋《ほんや》でアルバイトをしていたと言っていた。
2）「空手《からて》」や「すし」は日本の（　　　）です。
3）映画《えいが》が好きなので、映画を見る時たいてい楽《たの》しい（　　　）になります。
4）ゴッホ（van Gogh）が死《し》ぬ前は、ゴッホの（　　　）は、ぜんぜん売れなかった。

読む前に 2 読むテクニックの練習《れんしゅう》

まわりの言葉《ことば》から下線《かせん》の言葉《ことば》の意味《いみ》を考《かんが》えてみましょう。

Guess the meaning of the underlined words from the context.
根据前后的词来思考一下划线中词语的含义。
Đoán ý nghĩa những từ được gạch chân dựa vào ngữ cảnh.

1）姉《あね》はデザイナーで、きれいなお菓子《かし》の袋《ふくろ》をデザインしています。
a. bag/ 包 /túi xách　b. taste/ 味道 /hương vị
c. toy/ 玩具 /đồ chơi　d. shape/ 形状 /hình dạng

2）彼《かれ》はお金はないが、正直《しょうじき》でやさしい人なので、彼《かれ》と結婚《けっこん》したいと思う。
a. rich/ 富有的 /giàu có　b. cold/ 冷的 /lạnh
c. poor/ 贫穷的 /nghèo　d. honest/ 诚实的 /thành thật

3）あの会社は新しいプロジェクトでつまずいて、自分の会社のビルを売ってしまった。
a. plan/ 计划 /lên kế hoạch　b. buy/ 买 /mua
c. fail/ 失败 /thất bại　d. success/ 成功 /thành công

読む前に 3

1. タイトルとキーワードを読みましょう。タイトルとキーワードから、この読《よ》み物《もの》の内容《ないよう》を考《かんが》えてみましょう。次の文法《ぶんぽう》のパターンを使《つか》って自分の考えを言ってみましょう。

Read the title and key words. Then, guess the content of this reading from the title and key words. Try to state your thoughts using the following grammar patterns.

阅读标题和关键词。根据标题和关键词，思考这篇文章的内容。用以下语法形式来谈谈你的想法。

Hãy đọc tựa đề và từ khóa (key words). Từ phần tựa đề và từ khóa hãy đoán nội dung của bài đọc. Sử dụng mẫu ngữ pháp dưới đây để nói về những suy nghĩ của bản thân.

Pattern a. この読み物は［　］についての読み物だと思います。

b. この読み物には［　］のことが書いてあると思います。

［例］ a. この読み物は［日本の書道《しょどう》］についての読み物だと思います。

b. この読み物には［日本の有名《ゆうめい》な書道《しょどう》の人］のことが書いてあると思います。

2. みなさんは日本の詩《し》について、どんなことを知っていますか。知っていることを話しましょう。

What kind of things do you know about Japanese poems? Tell about what you know.

你有了解过日本的诗歌吗？谈谈你所知的。

Các bạn biết gì về thơ Nhật Bản. Hãy nói những điều các bạn biết.

3. みなさんは詩《し》が好きですか。好きじゃないですか。それはどうしてですか。

Do you like or dislike poems? Why?

你喜欢诗歌吗？喜欢，或者不喜欢的理由是什么？

Các bạn thích hay không thích thơ Nhật Bản. Tại sao?

Pattern 私は、［　］は［reason］ので、好きです／好きじゃないです。

［例］ a. 私は、［詩《し》］は［とてもきれいだと思う］ので、好きです。

b. 私は、［詩《し》］は［つまらないと思う］ので、好きじゃないです。

読む時のポイント！

この読《よ》み物《もの》には相田《あいだ》みつをの性格《せいかく》と仕事について書いてあります。相田《あいだ》の性格《せいかく》と仕事の関係《かんけい》について注意《ちゅうい》して読みましょう。

This reading is about Aida's personality and his profession. Pay attention to the relationship between his personality and his profession.

这篇文章介绍了相田光男的性格与作品。阅读时，请注意结合他的性格与其作品间的关系。

Bài đọc này viết về tính cách và công việc của Aida Mitsu. Đọc và chú ý mối quan hệ giữa tính cách và công việc của Aida.

好きな言葉《ことば》

相田《あいだ》みつを　キーワード：詩《し》／書家《しょか》／禅《ぜん》／作品《さくひん》／自分の気持《きも》ち

3-1

[1] みなさんは好きな言葉《ことば》がありますか。それはどんな言葉《ことば》ですか。有名《ゆうめい》な人の言葉《ことば》ですか。昔《むかし》の古い言葉《ことば》ですか。日本人は「ありがとう」や「努力《どりょく》」などの言葉《ことば》が好きですが、「つまづいたっていいじゃないか　にんげんだもの」（＝[私たちは] 人間《にんげん》だから、つまずいてもいいんですよ）という言葉《ことば》が好きな人もいます。書家《しょか》で詩人《しじん》の相田《あいだ》みつをがこの言葉《ことば》（詩《し》）を作りました。彼《かれ》は、他《ほか》にもたくさん短《みじか》い詩《し》を作りました。

3-2

[2] 相田《あいだ》は1924年に生《う》まれました。彼《かれ》の家はお金がなくて、生活《せいかつ》は大変《たいへん》でした。彼《かれ》はおもしろい子どもで、わからないことがあった時、何度《なんど》も質問《しつもん》をしました。学校の先生や相田《あいだ》と話している人は彼《かれ》がすごく質問するので、困《こま》りました。それを見て、彼《かれ》は人といっしょに仕事はできないと思いました。相田《あいだ》は書道《しょどう》が上手《じょうず》で、書家《しょか》の仕事は一人でするから、これがいいと思って書家《しょか》になりました。

3-3

[3] 1954年に相田《あいだ》は結婚《けっこん》して、子どもも生《う》まれました。けれど、彼《かれ》の書道《しょどう》の作品《さくひん》は売れませんでした。でも、彼《かれ》は書家《しょか》の仕事だけをしたかったので、アルバイトで、レストランのメニューやお菓子《かし》の袋《ふくろ》を書道《しょどう》でデザインして、生活《せいかつ》のお金を作りました。そのころ、相田《あいだ》は禅《ぜん》のお坊《ぼう》さんに会って、その人から人生《じんせい》について習《なら》いました。そして、自分についてよく見ることが大切《たいせつ》だとわかりました。それから、彼《かれ》は正直《しょうじき》な気持《きも》ちで詩《し》を作って、書道《しょどう》の作品《さくひん》にしました。

3-4

[4] 1984年ごろ、相田《あいだ》の書道《しょどう》で書いた詩《し》の作品《さくひん》をすばらしいと思った人が、他《ほか》の人にも見せたいと思って、彼《かれ》の作品《さくひん》を本にしました。そして、それを多《おお》くの人が読んで、やっと相田《あいだ》は有名《ゆうめい》になりました。相田《あいだ》は自分の仕事に厳《きび》しい人で、同《おな》じ作品《さくひん》をたくさん書いて、一番《いちばん》いい作品《さくひん》だけを売って、他《ほか》の作品《さくひん》は捨《す》てました。今、東京の「相田《あいだ》みつを美術館《びじゅつかん》」で作品《さくひん》を見ることができますから、ぜひこの美術館《びじゅつかん》に行ってみてください。

努力《どりょく》：effort; hard work　つまづ（ず）く：to fail; to trip; to stumble　人間《にんげん》：human; human being
書家《しょか》：calligrapher　詩人《しじん》：poet　詩《し》：poem　他《ほか》：other

正《ただ》しければ○を違《ちが》っていれば×をしましょう。

If the statement is true, write ○. If it's false, write ×.
正确的画○，错误的画×。
Nếu đúng ghi ○, nếu sai ghi ×

a)（　　）「つまづいたっていいじゃないか　にんげんだもの」という詩《し》は、相田《あいだ》が作りました。

b)（　　）相田《あいだ》の詩《し》はとても長いです。

（～が）生《う》まれる：to be born　質問《しつもん》：question　困《こま》る：to be troubled; to have a difficulty

1. 「何度《なんど》も」（8行目《ぎょうめ》）の意味《いみ》は何だと思いますか。a ～ d の中から選《えら》びましょう。

What is the meaning of 何度も (line 8)? Choose the most appropriate answer from a to d.
你认为"何度も"（第8行）是什么意思？从a～d中选择。
Các bạn nghĩ cụm từ「何度も」(hàng thứ 8) có nghĩa là gì? Chọn câu trả lời đúng từ a ~ d.

a. 少し　b. たくさん　c. ぜんぜん　d. 1回《かい》

2. 正《ただ》しければ○を違《ちが》っていれば×をしましょう。

（　　）相田《あいだ》の学校の先生は、相田《あいだ》に他《ほか》の人といっしょに仕事をしてはいけないと言いました。

袋《ふくろ》：bag; sack　デザインする：to design　禅《ぜん》：*Zen*(Buddhism)　お坊《ぼう》さん：Buddhist monk
人生《じんせい》：life　正直《しょうじき》(な)：honest

正《ただ》しければ○を違《ちが》っていれば×をしましょう。

a)（　　）相田《あいだ》の作品《さくひん》ははじめからとても人気《にんき》がありました。

b)（　　）相田《あいだ》は自分の正直《しょうじき》な気持《きも》ちを詩《し》に書いて、書道《しょどう》の作品《さくひん》を作りました。

すばらしい：wonderful　見せる：to show　本にする：to publish (a book)
やっと：at last　厳《きび》しい：strict; stern; harsh　捨《す》てる：to throw away

正《ただ》しければ○を違《ちが》っていれば×をしましょう。

a)（　　）相田《あいだ》は自分で本を作って売りました。

b)（　　）相田《あいだ》は一番《いちばん》いい作品《さくひん》は売りませんでした。

読んだ後で 1

相田《あいだ》の「つまづいたっていいじゃないか　にんげんだもの」を読んで、どう思いますか。みなさんはどんな言葉《ことば》(詩《し》)が好きですか。それは、どうしてですか。

What do you think about Aida's "つまづいたっていいじゃないか　にんげんだもの"? What kind of word, saying, or poem do you like and why?

关于相田的"つまづいたっていいじゃないか　にんげんだもの"这句话,你怎么看?你喜欢什么样的诗?为什么?

Các bạn nghĩ gì về câu「Vấp ngã thì cũng được chứ có sao, con người mà」của Aida. Các bạn thích từ ngữ, câu nói, câu thơ như thế nào? Vì sao lại thích?

[例] 相田《あいだ》の言葉《ことば》で、気持《きも》ちがリラックスできると思います。
「愛《あい》」は一番大切《いちばんたいせつ》な気持ちだから、「愛《あい》」という言葉《ことば》が好きです。

読んだ後で 2

相田《あいだ》は自分の仕事に厳《きび》しかったです。みなさんは自分に厳《きび》しいと思いますか。それは、どうしてですか。

Aida was very strict about his own work. Do you think you are very strict about yourself and why?

相田对自己的工作十分严格。你觉得你对自己严格吗?为什么?

Aida rất nghiêm khắc với bản thân công việc của mình. Các bạn có nghiêm khắc với bản thân không?

[例] 私は勉強《べんきょう》があまり好きじゃないので毎日勉強しません。だから自分に厳《きび》しくないと思います。

文法《ぶんぽう》・表現《ひょうげん》リスト

- □ それはどんな言葉《ことば》ですか／
  この言葉《ことば》（詩《し》）を作りました → 6
- □ つまずいてもいい → 41
- □ てもいいんです → 74
- □ つまずいてもいいんですよ）という言葉《ことば》が好き → 43
- □ わからないことがあった時 → 44
- □ お金がなくて、生活《せいかつ》は大変《たいへん》でした → 30
- □ 相田《あいだ》と話している人は／
  詩《し》の作品《さくひん》をすばらしいと思った人が → 77
- □ 書家《しょか》になりました／有名《ゆうめい》になりました → 51
- □ 作品《さくひん》は売れませんでした → 78
- □ 書家《しょか》の仕事だけをしたかった／見せたいと思って → 23
- □ 書道《しょどう》の作品《さくひん》にしました／本にしました → 16
- □ 見ることができます → 9

ルース・ベネディクト

Ruth Benedict

日本文化《ぶんか》研究者《けんきゅうしゃ》／学者《がくしゃ》（1887年～1948年）

Japanese culture researcher 日本文化研究者 nhà nghiên cứu văn hóa Nhật Bản ／ scholar 学者 học giả

3-5

みなさんは『菊《きく》と刀《かたな》』という本を読んだことがありますか。この本は、アメリカで最初《さいしょ》に日本人と日本の文化《ぶんか》について説明《せつめい》した本で、とても有名《ゆうめい》です。第《だい》二次世界大戦《にじせかいたいせん》で日本とアメリカが戦争《せんそう》をしていた時に、ルース・ベネディクトというアメリカ人の研究者《けんきゅうしゃ》がこの本を書きました。戦争《せんそう》をしていたので、ベネディクトは日本に行かないで、この本を書かなければいけませんでした。それから彼女《かのじょ》は、日本語が話せなかったそうですが、たくさん日本についての本を読んだり、映画《えいが》を見たりして、研究しました。

『菊《きく》と刀《かたな》』の中で、ベネディクトは日本の文化《ぶんか》を「恥《はじ》の文化《ぶんか》」と呼《よ》びました。「恥《はじ》」は「恥《は》ずかしい」という気持《きも》ちです。例《たと》えば、日本では、他《ほか》の人が見ている時、道《みち》にゴミを捨《す》てる人はあまりいません。でも、誰《だれ》も見ていない時は、ゴミを捨《す》てる人がいます。これは「日本では『他《ほか》の人が自分をどう思っているか』が大切《たいせつ》で、他《ほか》の人の前で『恥《は》ずかしい』と感《かん》じることや間違《まちが》ったことをしないからだ」と、ベネディクトは説明《せつめい》しています。もちろん、この考《かんが》えには賛成《さんせい》している人も反対《はんたい》している人もいます。しかし、この本のおかげで、外国の人々は日本人や日本の文化《ぶんか》についてもっと深《ふか》く考えるようになりました。

ところで、日本の「恥《はじ》の文化《ぶんか》」と違《ちが》って、ベネディクトは欧米《おうべい》の文化《ぶんか》を「罪《つみ》の文化《ぶんか》」と言っています。どうしてだと思いますか。知《し》りたい人はぜひ『菊《きく》と刀《かたな》』を読んでみてください。

日本文化《ぶんか》研究者《けんきゅうしゃ》：Japanese Culture researcher	『菊《きく》と刀《かたな》』：“The Chrysanthemum and the Sword”	
説明《せつめい》する：to explain	第二次世界大戦《だいにじせかいたいせん》：World War II	戦争《せんそう》：war
恥《はじ》：shame	他《ほか》：other	大切《たいせつ》(な)：important
感《かん》じる：to feel	間違《まちが》う：to make a mistake	(～に)賛成《さんせい》する：to agree
(～に)反対《はんたい》する：to disagree	～おかげで：thanks to someone/thihg	罪《つみ》：guilt

4 初《はじ》めての女性《じょせい》ジャーナリスト

The First Female Journalist　首位女性记者　Nhà báo nữ đầu tiên

羽仁《はに》もと子　ジャーナリスト／教育者《きょういくしゃ》（1873年～1957年）

Hani Motoko　Journalist/Educator　记者/教育者　Nhà báo/ nhà giáo dục

ジャンル　文化《ぶんか》

読む前に 1　単語《たんご》の練習《れんしゅう》

単語《たんご》リストを使《つか》って、次の□の言葉《ことば》の意味《いみ》を調《しら》べましょう。そして、a～dを（　　）の中に入れて、文を完成《かんせい》しましょう。

First, use the vocabulary list to find out the meaning of the words in (　). Then, complete the sentences using these words using a to d.
利用单词表，找出下面□中单词的意思。然后将a～d填入（　）中，完成句子。
Sử dụng bảng từ vựng và tìm ra ý nghĩa những từ trong khung □, sau đó hoàn thành các câu bên dưới sử dụng các từ a ~ d.

a. 女性《じょせい》	b. 初《はじ》めて	c. できる	d. 教育《きょういく》

1）父は、まんがは子どもの（　　　）によくないと言った。

2）海《うみ》から遠《とお》い町に住んでいたので、（　　　）海を見たのは、10歳《さい》ぐらいの時でした。

3）このアルバイトはやさしいから、高校生でも（　　　）と思います。

4）医者《いしゃ》は男の仕事で、（　　　）の仕事じゃないと考《かんが》える人が多《おお》かった。

読む前に 2　読むテクニックの練習《れんしゅう》

日本語では、よく主語《しゅご》や目的語《もくてきご》などを省略《しょうりゃく》します。次の下線《かせん》の中で、省略《しょうりゃく》されている言葉《ことば》は何ですか。

The subjects and/or objects are often omitted from sentences in Japanese. What is omitted from the underlined part?
在日语中，经常会省略主语和宾语。下划线中，被省略的词是什么？
Trong tiếng Nhật, người ta thường lược bỏ chủ ngữ hay tân ngữ. Từ nào được bỏ trong những phần gạch chân dưới đây?

[例] 昨日《きのう》もカレーライスを食べたから、<u>今晩《こんばん》は食べませんでした</u>。
Q：今晩《こんばん》は**何を**食べませんでしたか。
→今晩《こんばん》は**カレーライスを**食べませんでした。

1）友達《ともだち》は、日本語は難《むずか》しいと言っていました。私も日本語は難《むずか》しいと思います。でも、日本語が好きだから、<u>来年も日本語を勉強《べんきょう》すると思います</u>。
Q：**誰《だれ》が**来年も日本語を勉強すると思いますか。

2）すしとラーメンは人気《にんき》のある食《た》べ物《もの》で、私も大好きな食べ物です。昨日《きのう》、スーパーですしを買って一人で食べました。でも、あまりおいしくなかったです。だから、<u>来週《らいしゅう》はおいしい店《みせ》に食べに行きます</u>。
Q：来週はおいしい店に**何を**食べに行きますか。

3） 兄《あに》は旅行《りょこう》が好きで、よく旅行に行きます。夏休《なつやす》みにベトナムやシンガポールに行きました。私もいっしょに行きたかったですが、お金がなかったので、行きませんでした。

Q：**誰《だれ》が**お金がなかったですか。**どこに**行きませんでしたか。

読む前に 3

1. タイトルとキーワードを読みましょう。タイトルとキーワードから、この読《よ》み物《もの》の内容《ないよう》を考《かんが》えてみましょう。次の文法《ぶんぽう》のパターンを使《つか》って自分の考えを言ってみましょう。

Read the title and key words. Then, guess the content of this reading from the title and key words. Try to state your thoughts using the following grammar patterns.

阅读标题和关键词。根据标题和关键词，思考这篇文章的内容。用以下语法形式来谈谈你的想法。

Hãy đọc tựa đề và từ khóa (key words). Từ phần tựa đề và từ khóa hãy đoán nội dung của bài đọc. Sử dụng mẫu ngữ pháp dưới đây để nói về những suy nghĩ của bản thân.

Pattern a. この読み物は［　］についての読み物だと思います。

b. この読み物には［　］のことが書いてあると思います。

［例］ a. この読み物は［ジャーナリスト］についての読み物だと思います。

b. この読み物には［女の人の仕事］のことが書いてあると思います。

2. ジャーナリストは何をしますか。みなさんの国で有名《ゆうめい》なジャーナリストは誰《だれ》ですか。男性《だんせい》のジャーナリストと女性《じょせい》のジャーナリストとどちらの方《ほう》がたくさんいると思いますか。

What does a journalist do? In your country, who is a famous journalist? Are there more male or female journalists?

记者是做什么的？你的国家里有名的记者有谁？你觉得是男记者多还是女记者多？

Nhà báo là những người làm công việc gì? Ở đất nước các bạn, ai là nhà báo nổi tiếng? Các bạn nghĩ nhà báo nữ và nhà báo nam thì ai nhiều hơn?

Pattern ジャーナリストは、［　］と思います。そして、私の国では～

［例］ ジャーナリストは、［新聞にニュースを書く］と思います。そして、私の国では～

Pattern 私の国では［gender］の方がたくさんいると思います。それは、［reason］からです。

［例］ 私の国では［男性《だんせい》］の方がたくさんいると思います。それは、［ジャーナリストの仕事は大変《たいへん》だ］からです。

3. みなさんの国に有名《ゆうめい》な／おもしろい学校がありますか。それはどんな学校ですか。

Are there any famous or unique schools in your country? If so, what kind of school(s) are they?

你的国家里有有名的或有趣的学校吗？是什么样的学校呢？

Ở đất nước các bạn có những trường nào nổi tiếng/ thú vị? Đó là trường như thế nào?

読む時のポイント！

この読《よ》み物《もの》は、２段落目《だんらくめ》から羽仁《はに》もと子の生《う》まれてからの出来事《できごと》を時系列《じけいれつ》で書いてあります。時間の流《なが》れを考《かんが》えながら読みましょう。

The section from the second paragraph is about Hani Motoko's life and is written in chronological order from her birth. As you read it, please keep the time sequence in mind.

这篇文章中，从第2段开始，以时间轴的形式介绍了羽仁もと子生平的事。请随着时间的流逝，边思考边阅读。

Ở bài đọc này, từ đoạn thứ hai trở đi viết về cuộc đời của cô Hani Motoko từ khi sinh ra đến lúc lớn lên. Các bạn đọc bài và suy nghĩ theo trình tự thời gian.

初《はじ》めての女性《じょせい》ジャーナリスト

羽仁《はに》もと子　キーワード：ジャーナリスト／女性《じょせい》／雑誌《ざっし》／教育《きょういく》

4-1

[1] 今から100年ぐらい前の日本では、多《おお》くの人が女性《じょせい》は男性《だんせい》と同《おな》じ仕事はできないと思っていた。だから、医者《いしゃ》や政治家《せいじか》は男性《だんせい》の仕事で、看護師《かんごし》などは女性《じょせい》の仕事だと思っていた。そして、ジャーナリストは男性《だんせい》の仕事だった。そんな時代《じだい》に、日本で初《はじ》めて女性《じょせい》のジャーナリストになったのが、羽仁《はに》もと子だ。

4-2

[2] もと子は、1873年に青森県《あおもりけん》で生《う》まれた。子どものころから頭《あたま》がよくて、いつも試験《しけん》は100点《てん》だった。彼女《かのじょ》はもっと勉強《べんきょう》したいと思ったので、東京の学校に入ったが、学費《がくひ》が高くて、雑誌《ざっし》の会社でアルバイトをしなければならなかった。もと子は卒業《そつぎょう》すると、青森《あおもり》で小学校の先生になって結婚《けっこん》した。けれど、すぐ別《わか》れて、また東京に行って、一人で新しい生活《せいかつ》を始《はじ》めた。

4-3

[3] もと子は文章《ぶんしょう》を書くのが好きで、新聞社《しんぶんしゃ》の校正《こうせい》の仕事がしたかった。新聞社《しんぶんしゃ》の人は、校正《こうせい》は男性《だんせい》の仕事だと言ったが、校正《こうせい》の試験《しけん》を受《う》けた。その試験で一《いち》番《ばん》だったもと子はその新聞社《しんぶんしゃ》で校正《こうせい》の仕事を始《はじ》めた。新聞社《しんぶんしゃ》の男性《だんせい》は、まだ彼《かの》女《じょ》にはいい仕事ができないと考《かんが》えていたが、もと子の本当《ほんとう》の力《ちから》がだんだんわかって、彼女《かのじょ》は26歳《さい》の時に初《はじ》めて新聞の記事《きじ》を書いた。これが日本で女性《じょせい》が書いた初《はじ》めての記事《きじ》になった。

4-4

[4] その後《あと》、もと子は同《おな》じ新聞社《しんぶんしゃ》の男性《だんせい》と結婚《けっこん》したが、その会社のルールでは、夫婦《ふうふ》はいっしょに働《はたら》いてはいけなかった。だから、二人はここをやめて、結婚《けっこん》している女性《じょせい》が読むための雑誌《ざっし》の会社を作った。その雑誌《ざっし》の中で彼女《かのじょ》は体《からだ》にいい物《もの》を食べたり上手《じょうず》にお金を使《つか》ったりすることが子どもの教育《きょういく》にいいと考《かんが》えて記事《きじ》を書いた。そして、学校も作って、子どもたちに毎日の生活《せいかつ》の大切《たいせつ》さを教《おし》えた。今は、女性《じょせい》も男性《だんせい》と同じ仕事ができるが、まだ昔《むかし》と同じ考えの人もいる。そして、世界《せかい》には女性《じょせい》が男性《だんせい》と同じ仕事をしてはいけない所《ところ》もある。もと子は、今の世界をどう思うだろうか。

同じ《おな》：same; similar　政治家《せいじか》：politician　看護師《かんごし》：nurse　時代《じだい》：era; period

次の質問《しつもん》に答《こた》えましょう。

Please answer the following questions.
回答下面的问题。
Trả lời những câu hỏi sau.

a)　100年前の日本で男性《だんせい》と女性《じょせい》は同《おな》じ仕事ができましたか。

b)　誰《だれ》が看護師《かんごし》は女性《じょせい》の仕事だと思っていましたか。

青森県《あおもりけん》：*Aomori* prefecture　学費《がくひ》：tuition　卒業《そつぎょう》する：to graduate　(〜と)別《わか》れる：to break up; to separate

正《ただ》しければ◯を違《ちが》っていれば×をしましょう。

If the statement is true, write ○. If it's false, write ×.
正确的画○，错误的画×。
Nếu đúng ghi ○, nếu sai ghi ×.

a)　(　　　)　もと子はもっと勉強《べんきょう》したかったので、青森《あおもり》の学校で勉強しました。

b)　(　　　)　学費《がくひ》が高かったので、雑誌《ざっし》の会社でアルバイトをしました。

文章《ぶんしょう》：writing　新聞社《しんぶんしゃ》：newspaper company　校正《こうせい》：proofreading　力《ちから》：ability; power
だんだん：gradually　記事《きじ》：article

次の文の中でこの段落《だんらく》の大意《たいい》として一番《いちばん》いいのはどれですか。

Choose the most appropriate summary of this paragraph from a. to c.
下文中，最符合这个段落的大意的是哪一个。
Câu nào trong những câu sau làm đại ý cho đoạn văn này?

a)　新聞社《しんぶんしゃ》の試験《しけん》でもと子は一番《いちばん》で、新聞社《しんぶんしゃ》に入って、初《はじ》めて女性《じょせい》で記事《きじ》を書いた。

b)　新聞社《しんぶんしゃ》の試験でもと子は一番《いちばん》だったが、記事《きじ》を書くのは男性《だんせい》の方《ほう》が上手《じょうず》だった。

c)　新聞社《しんぶんしゃ》の試験はよくなかったが、もと子は記事《きじ》を上手に書いたので、会社に入れた。

ルール：rule　夫婦《ふうふ》：married couple; husband and wife　やめる：to quit　教育《きょういく》：education　世界《せかい》：world

正《ただ》しければ◯を違《ちが》っていれば×をしましょう。

a)　(　　　)　もと子の会社は夫《おっと》と妻《つま》が同《おな》じ会社で仕事をしてはいけませんでした。

b)　(　　　)　もと子は、おいしい食《た》べ物《もの》を食べる生活《せいかつ》が子どもには大切《たいせつ》だと思っていました。

読んだ後で 1

みなさんの国や住んでいた所《ところ》では、100年前に男性《だんせい》と女性《じょせい》は同《おな》じ仕事ができましたか。今は、どうですか。

Could male and females do the same type of jobs 100 years ago in your country or where you are now living? How about now?
你的国家或者在你居住的地方，100年前，男性和女性能从事相同的工作吗？现在呢？
Ở đất nước hoặc ở nơi bạn đang sống, 100 năm trước nam và nữ có thể cùng làm một công việc không? Bây giờ thì như thế nào?

[例] 私の国では100年前は女性《じょせい》は男性《だんせい》と同じ仕事ができなかったと思います。
今は女性《じょせい》も男性《だんせい》と同じ仕事ができますが、女性《じょせい》が少ない仕事もあります。

読んだ後で 2

もと子は「体《からだ》にいい物《もの》を食べたり上手《じょうず》にお金を使《つか》ったりすることが子どもの教育《きょういく》にいいと考《かんが》え」ましたが、みなさんは子どもの教育《きょういく》にどんなことが大切《たいせつ》だと思いますか。

Motoko thought "体にいい物を食べたり上手にお金を使ったりすることが子どもの教育にいい". What kind of things are important for children's education?
もと子认为"体にいい物を食べたり上手にお金を使ったりすることが子どもの教育にいい"，你认为儿童教育中最重要的是什么？
Motoko suy nghĩ "việc ăn những thứ tốt cho cơ thể và dùng tiền một cách khôn khéo là tốt cho giáo dục trẻ nhỏ". Các bạn nghĩ điều gì là cần thiết trong giáo dục trẻ nhỏ?

[例] 私は勉強《べんきょう》は大切だから、安《やす》い学費《がくひ》で学校に行けることが大切だと思います。

文法《ぶんぽう》・表現《ひょうげん》リスト

- □ 同《おな》じ仕事はできない／いい仕事ができないと考《かんが》えて → 78
- □ ジャーナリストになった／先生になって → 51
- □ ジャーナリストになったのが → 53
- □ もっと勉強《べんきょう》したいと思った／校正《こうせい》の仕事がしたかった → 23
- □ アルバイトをしなければならなかった → 49
- □ もと子は卒業《そつぎょう》すると → 42
- □ その試験で一番《いちばん》だった／これが日本で女性《じょせい》が → 6
- □ 試験で一番《いちばん》だったもと子は／日本で女性《じょせい》が書いた初《はじ》めての記事《きじ》に → 77
- □ その後《あと》、もと子は → 1
- □ 働《はたら》いてはいけなかった／同じ仕事をしてはいけない → 35
- □ 女性《じょせい》が読むための雑誌《ざっし》 → 25
- □ 体《からだ》にいい物《もの》を食べたり上手《じょうず》にお金を使《つか》ったりすることが → 27
- □ 大切《たいせつ》さを教《おし》えた → 12
- □ 今の世界をどう思うだろうか → 28

フィリップ・フランツ・フォン・シーボルト

Philipp Franz von Siebold

医者《いしゃ》／日本研究者《けんきゅうしゃ》（1796年〜1866年）

Doctor 医生 bác sĩ／Reseacher on Japan 日本研究者 nhà nghiên cứu

4-5

シーボルトは1796年にドイツで生《う》まれました。お父さんもおじいさんも有《ゆう》名《めい》な医者《いしゃ》で、シーボルトも大学で医学《いがく》を勉強《べんきょう》して、医者になりました。

日本に興味《きょうみ》があったシーボルトはいつか日本に行ってみたいと思っていました。しかし、その時、ヨーロッパの国の中で、日本はオランダとだけ貿易《ぼうえき》をしていましたから、日本に行くチャンスがあるオランダに引《ひ》っ越《こ》しました。そして、1823年、シーボルトが27歳《さい》の時、日本に行くことができました。

シーボルトは日本で医者《いしゃ》として働《はたら》きながら、長崎《ながさき》で「鳴滝塾《なるたきじゅく》」という学校を始《はじ》めました。そこで日本人にヨーロッパの医学《いがく》を教《おし》えて、たくさんの医者を育《そだ》てました。それから、日本の植物《しょくぶつ》や動物《どうぶつ》、地理《ちり》など、日本について色々《いろいろ》な研《けん》究《きゅう》をしました。

日本からオランダに帰ったシーボルトは、自分の研究《けんきゅう》について本を書いて、発表《はっぴょう》しました。それから、オランダのライデンという町に日本博物館《はくぶつかん》を作って、ヨーロッパに日本の文化《ぶんか》を広《ひろ》めました。シーボルトは日本研究をした外国人のパイオニアと言われていて、日本の医学《いがく》だけではなく、ヨーロッパの日本研究に大きい影響《えいきょう》を与《あた》えました。ライデン大学は、世界《せかい》で一番《いちばん》古い日本研究の学科《がっか》がある大学で、今でもたくさんの学生がそこで日本語と日本文化《ぶんか》を勉強《べんきょう》しています。

日本研究者《けんきゅうしゃ》：researcher on Japan
医学《いがく》：medical science
（〜に）興味《きょうみ》がある：to be interested in
オランダ：Holland
（〜と）貿易《ぼうえき》をする：to trade
育《そだ》てる：to train (a person); to raise
植物《しょくぶつ》：plant
地理《ちり》：geography
発表《はっぴょう》する：to present; to publish
博物館《はくぶつかん》：museum
広《ひろ》める：to spread; to popularize
パイオニア：pioneer
（〜に）影響《えいきょう》を与《あた》える：to have an influence
学科《がっか》：Department

5 『ハリー・ポッター』がくれた奇跡《きせき》

The Miracle of the Harry Potter Book　《哈利・波特》赠与我的奇迹　Kỳ tích mà "Harry Potter" mang lại

松岡佑子《まつおかゆうこ》　**翻訳家《ほんやくか》／実業家《じつぎょうか》（1943年〜）**　ジャンル　文化《ぶんか》

Matsuoka Yuko　Translator/Business person　翻译家/实业家　Dịch giả/ Doanh nhân

読む前に 1 単語《たんご》の練習《れんしゅう》

単語《たんご》リストを使《つか》って、次の□の言葉《ことば》の意味《いみ》を調《しら》べましょう。そして、a〜dを（　）の中に入れて、文を完成《かんせい》しましょう。

First, use the vocabulary list to find out the meaning of the words in (　). Then, complete the sentences using these words using a to d.
利用单词表，找出下面□中单词的意思。然后将a〜d填入（　）中，完成句子。
Sử dụng bảng từ vựng và tìm ra ý nghĩa những từ trong khung □, sau đó hoàn thành các câu bên dưới sử dụng các từ a ~ d.

a. 翻訳《ほんやく》する	b. 出す	c. 役《やく》に立《た》つ	d. あきらめる

1）この本は漢字《かんじ》を勉強《べんきょう》するのに（　　　）そうです。

2）「よろしくお願《ねが》いします」という日本語は、外国語に（　　　）のが難《むずか》しいです。

3）あまりお金がないから、休みに旅行《りょこう》するのを（　　　）つもりです。

4）将来《しょうらい》の夢《ゆめ》は自分で本を書いて、（　　　）ことです。

読む前に 2 読むテクニックの練習《れんしゅう》

名詞修飾《めいししゅうしょく》の練習《れんしゅう》をしましょう。□の名詞《めいし》を修飾《しゅうしょく》している部分《ぶぶん》に下線《かせん》を引《ひ》いてください。

Let's practice noun modifying clauses. Please underline the part that modifies the noun in the □.
练习名词修饰。划出□中修饰名词的部分。
Chúng ta hãy luyện tập cách tạo cụm bổ nghĩa cho danh từ. Gạch chân những phần bổ nghĩa cho danh từ trong ngoặc □.

[例] これは私がよく行く[レストラン]です。

1）あそこですしを食べている[人]の名前は、けんさんです。

2）日本語を話したり書いたりする[の]は楽《たの》しいです。

3）昨日《きのう》の晩《ばん》ご飯《はん》は友達《ともだち》が作った[パスタ]を食べました。

4）私は日本のアニメについて書いてある[本]を読みました。

5）友達《ともだち》は私に先週《せんしゅう》見た[映画《えいが》]はおもしろかったと言いました。

読む前に 3

1. タイトルとキーワードを読みましょう。タイトルとキーワードから、この読《よ》み物《もの》の内容《ないよう》を考《かんが》えてみましょう。次の文法《ぶんぽう》のパターンを使《つか》って自分の考えを言ってみましょう。

Read the title and key words. Then, guess the content of this reading from the title and key words. Try to state your thoughts using the following grammar patterns.

阅读标题和关键词。根据标题和关键词，思考这篇文章的内容。用以下语法形式来谈谈你的想法。

Hãy đọc tựa đề và từ khóa (key words). Từ phần tựa đề và từ khóa hãy đoán nội dung của bài đọc. Sử dụng mẫu ngữ pháp dưới đây để nói về những suy nghĩ của bản thân.

Pattern この読み物は［　］についての読み物だと思います。

この読み物には［　］のことが書いてあると思います。

［例］ a. この読み物は［ハリー・ポッター］についての読み物だと思います。

b. この読み物には［ハリー・ポッターを翻訳《ほんやく》した人］のことが書いてあると思います。

2. みなさんは『ハリー・ポッター』を読んだことがありますか。どのキャラクターが好きですか。どうしてですか。

Have you read the “Harry Potter” series? Which character do you like and why?

你有读过《哈利·波特》吗？你喜欢哪一个角色？为什么？

Các bạn đã từng đọc truyện "Harry Potter" chưa? Các bạn thích nhân vật nào nhất? Tại sao?

Pattern 私は［character］が好きです。［reason］からです。

［例］ 私は［ハーマイオニー］が好きです。［かわいくて、頭《あたま》がいい］からです。

3. みなさんは、新しいことや難《むずか》しいことにチャレンジをするのが好きですか。例《たと》えば、どんなチャレンジをしたことがありますか。

Do you like to take on new or difficult challenges? What kind of challenges have you taken on before?

你喜欢挑战新事物或者难事吗？例如，你有挑战过什么吗？

Các bạn có thích thử thách những điều mới mẻ hoặc những cái khó không? Ví dụ các bạn đã từng thử thách mình ở những điều gì?

読む時のポイント！

この読《よ》み物《もの》は、松岡佑子《まつおかゆうこ》の性格《せいかく》と、彼女《かのじょ》の夫《おっと》の夢《ゆめ》がテーマになっています。その２つが『ハリー・ポッター』の翻訳《ほんやく》とどのように関係《かんけい》しているか注目《ちゅうもく》しながら読みましょう。

The main themes of this reading are Matsuoka Yuko’s personality and the dream her husband had. As you read, pay attention to how these two themes relate to the translation of “Harry Potter.”

这篇文章记叙了松冈佑子的性格以及她丈夫的梦想。阅读时，请注意这两者与《哈利·波特》译本的关系。

Bài đọc này viết về tính cách của Matsuoka Yuko, và giấc mơ của chồng cô ta. Khi các bạn đọc, các bạn hãy chú ý mối liên quan hai vấn đề này với việc biên dịch "Harry Potter".

『ハリー・ポッター』がくれた奇跡《きせき》

松岡佑子《まつおかゆうこ》　キーワード：翻訳《ほんやく》／熱《あつ》い気持《きも》ち／奇跡《きせき》

5-1

[1] みなさんは世界《せかい》で人気《にんき》がある『ハリー・ポッター』を読んだことがありますか。この本は79の言語《げんご》の翻訳《ほんやく》があって、日本語は松岡佑子《まつおかゆうこ》という人が翻訳《ほんやく》しました。では、松岡《まつおか》はどんな人で、どうしてこの本を翻訳《ほんやく》することになったのでしょうか。

松岡《まつおか》は子どもの時から勉強《べんきょう》が大好きでした。あまり友達《ともだち》と遊《あそ》ばないで、一日《いちにち》中《じゅう》勉強する子どもでした。そして、難《むずか》しいこともあきらめないで、新しいチャレンジを続《つづ》ける性格《せいかく》でした。だから、大学を卒業《そつぎょう》して、通訳《つうやく》の仕事を始《はじ》めた後も、学《まな》ぶのをやめませんでした。

5-2

[2] 松岡《まつおか》は大学の時に会った人と結婚《けっこん》をしました。彼女《かのじょ》の夫《おっと》は一人で出版社《しゅっぱんしゃ》を経《けい》営《えい》して、「ベストセラーになる本を出して、社会《しゃかい》の役《やく》に立《た》ちたい」という夢《ゆめ》がありました。しかし、松岡《まつおか》が54歳《さい》の時に、夫《おっと》は病気《びょうき》で死《し》んでしまいました。松《まつ》岡《おか》は夫《おっと》の夢《ゆめ》をかなえたいと思って、一人で夫《おっと》の出版社《しゅっぱんしゃ》を続《つづ》けました。そんな時、イギリス人の友達《ともだち》が『ハリー・ポッター』を教《おし》えてくれました。この本を読んだ後、松岡《まつおか》は日本のみんなにも読んでほしいから、絶対《ぜったい》に自分で翻訳《ほんやく》したいと思いました。だから、作者《さくしゃ》のJ・K・ローリングに自分の熱《あつ》い気持《きも》ちを書いた手《て》紙《がみ》を出しました。この気持ちが伝《つた》わって、この本を翻訳《ほんやく》する仕事をもらうことができました。松岡《まつおか》はこれを奇跡《きせき》だと思いました。

5-3

[3] その時まで松岡《まつおか》はあまり本を翻訳《ほんやく》したことがなかったから、『ハリー・ポッター』の翻訳《ほんやく》は大変《たいへん》でした。でも、今までに会《あ》ったたくさんの人が松岡《まつおか》の仕事を手伝《てつだ》ってくれました。そして、松岡《まつおか》が59歳《さい》の時、最初《さいしょ》の『ハリー・ポッター』を翻訳《ほんやく》して、日本でベストセラーになりました。そして、この本のおかげで、本が好きじゃなかったたくさんの日本の子どもが本を読むようになりました。松岡《まつおか》は夫《おっと》の夢《ゆめ》をかなえることができたと思いました。松岡《まつおか》は熱《あつ》い気持《きも》ちと夢《ゆめ》があったら、誰《だれ》にでも奇跡《きせき》が起《お》こるチャンスがあると信《しん》じています。

言語《げんご》：language　一日中《いちにちじゅう》：all day long　続《つづ》ける：to continue　性格《せいかく》：personality　通訳《つうやく》：interpretation

1. 下の名詞《めいし》を修飾《しゅうしょく》しているところは、どこから始《はじ》まるでしょうか。
Where does the modifying clause start for the following nouns?
文中是从何处开始修饰以下名词的?
Phần bổ ngữ cho danh từ bên dưới bắt đầu từ đâu?

a.『ハリー・ポッター』（1行目《ぎょうめ》）　b. 子ども（6行目）　c. 性格《せいかく》（7行目）

2. 正《ただ》しければ○を違《ちが》っていれば×をしましょう。
If the statement is true, write ○. If it's false, write ×.
正确的画○，错误的画×。
Nếu đúng ghi ○, nếu sai ghi ×.

a)（　　）松岡《まつおか》は子どもの時、あまり友達《ともだち》と遊《あそ》びませんでした。
b)（　　）松岡《まつおか》は仕事を始《はじ》めた後も、勉強《べんきょう》を続《つづ》けました。

夫《おっと》：(your own) husband　出版社《しゅっぱんしゃ》：publishing company　経営《けいえい》する：to run (a business)
夢《ゆめ》をかなえる：to make a dream come true　絶対《ぜったい》に：absolutely　作者《さくしゃ》：author
(～が)伝《つた》わる：to be passed along　奇跡《きせき》：miracle

1. 下の名詞《めいし》を修飾《しゅうしょく》しているところは、どこから始《はじ》まるでしょうか。

a. 人（9行目《ぎょうめ》）　b. 手紙《てがみ》（15-16行目）

2. 正《ただ》しければ○を違《ちが》っていれば×をしましょう。

a)（　　）松岡《まつおか》の夫《おっと》は死《し》ぬ前に夢《ゆめ》をかなえることができました。
b)（　　）夫《おっと》が死んだ後、松岡《まつおか》は夫《おっと》の出版社《しゅっぱんしゃ》を経営《けいえい》しました。

今までに：up to now　～おかげで：thanks to someone/thing　(～が)起《お》こる：to occur; to happen

1. 下の名詞《めいし》を修飾《しゅうしょく》しているところは、どこから始《はじ》まるでしょうか。

a. 人（19行目《ぎょうめ》）　b. 子ども（22行目）

2. 正《ただ》しければ○を違《ちが》っていれば×をしましょう。

a)（　　）大変《たいへん》でしたが、松岡《まつおか》は一人で『ハリー・ポッター』を翻訳《ほんやく》しました。
b)（　　）『ハリー・ポッター』のおかげで、日本では本を読む子どもが多《おお》くなりました。

読んだ後で 1

松岡《まつおか》は『ハリー・ポッター』の翻訳《ほんやく》の仕事ができたのは奇跡《きせき》だと思いました。みなさんは何か奇跡《きせき》だと思ったことがありますか。それはどんなことでしたか。

Matsuoka thought it was a miracle that she could get a job translating "Harry Potter." Has anything you thought was a miracle ever occurred to you? If so, what was it?

松冈认为她能得到翻译《哈利·波特》这份工作是个奇迹。你有没有把什么事当作过奇迹呢？是什么样的事？

Matsuoka nghĩ việc biên dịch tác phẩm "Harry Potter" là một kỳ tích. Đối với các bạn, có những việc gì mà các bạn cho rằng đó là một kỳ tích không? Cụ thể là việc như thế nào?

[例] 私は高校の時、あまり勉強《べんきょう》しませんでしたが、大学に入れました。これは奇跡《きせき》だと思いました。

読んだ後で 2

松岡《まつおか》の夫《おっと》はいつも「社会《しゃかい》の役《やく》に立《た》ちたい」と考《かんが》えていました。みなさんは将来《しょうらい》、どうやって社会の役《やく》に立《た》ちたいと思いますか。

Matsuoka's previous husband who passed away always thought he wanted to contribute to society. How would you like to contribute to society in the future?

松冈的丈夫一直都想为社会做出贡献。将来，你想如何贡献社会呢？

Chồng của Matsuoka thì luôn nghĩ làm việc gì đó "cống hiến cho xã hội". Các bạn nghĩ trong lương lai các bạn sẽ cống hiến cho xã hội bằng cách nào?

[例] お年寄《としよ》りや病気《びょうき》で困《こま》っている人を助《たす》けたいので、医者《いしゃ》になって社会の役《やく》に立《た》ちたいと思います。

文法《ぶんぽう》・表現《ひょうげん》リスト

- □ 世界《せかい》で人気《にんき》がある『ハリー・ポッター』／一日中《いちにちじゅう》勉強する子ども → 77
- □ 読んだことがありますか／翻訳《ほんやく》したことがなかった → 8
- □ この本は 79 の言語《げんご》の翻訳《ほんやく》が／この本を翻訳《ほんやく》することに → 6
- □ 松岡佑子《まつおかゆうこ》という人 → 43
- □ 翻訳《ほんやく》することになった → 11
- □ 友達《ともだち》と遊《あそ》ばないで／あきらめないで → 46
- □ 通訳《つうやく》の仕事を始《はじ》めた後／この本を読んだ後 → 1
- □ 死《し》んでしまいました → 34
- □ 社会《しゃかい》の役《やく》に立《た》ちたい／夢《ゆめ》をかなえたい → 23
- □ 教《おし》えてくれました／仕事を手伝《てつだ》ってくれました → 31
- □ 日本のみんなにも読んでほしい → 36
- □ 仕事をもらうことができました／夢《ゆめ》をかなえることができた → 9
- □ ベストセラーになりました → 51
- □ 本を読むようになりました → 70
- □ 夢《ゆめ》があったら → 26

ロバート・キャンベル

Robert Campbell

日本文学研究者《ぶんがくけんきゅうしゃ》／TV コメンテーター（1957 年～）

Japanese literature researcher　日本文学研究者　nhà nghiên cứu văn hóa Nhật Bản ／ TV commentator
电视评论家　bình luận viên truyền hình

5-5

ロバート・キャンベルは日本で有名《ゆうめい》なアメリカ人の一人です。2023 年現在《げんざい》、キャンベルは日本の大学で日本文学《ぶんがく》を教《おし》えながら、ニュースのコメンテーターの仕事などをしています。

2018 年 8 月に日本のある政治家《せいじか》が「LGBTQ+ の人は子どもを作らないので、生産性《せいさんせい》がない。だから、国は LGBTQ+ の人をサポートしなくてもいい」と言ったので、大きい問題《もんだい》になりました。キャンベルは、それについて意見《いけん》を言うために、まず自分のセクシュアリティをオープンにしなければいけないと考《かんが》えました。だから、ブログに、ゲイであること、それから、アメリカでパートナーと結婚《けっこん》していることを書きました。キャンベルのこのブログは大きい反響《はんきょう》を呼《よ》んで、たくさんの人が日本の LGBTQ+ の問題について考えるきっかけになりました。

最近《さいきん》、日本でもセクシュアリティをオープンにする有名人《ゆうめいじん》、LGBTQ+ についての映画《えいが》やドラマ、LGBTQ+ のイベントや活動《かつどう》が増《ふ》えてきました。でも、日本では、LGBTQ+ のカップルはまだ結婚《けっこん》ができない（2023 年現在《げんざい》）し、LGBTQ+ への理解《りかい》もあまり進《すす》んでいません。キャンベルは将来《しょうらい》、日本にいるみんなが自分のセクシュアリティについて安心《あんしん》して話せる社会《しゃかい》になってほしいと思っています。

日本文学研究者《ぶんがくけんきゅうしゃ》：Japanese literature researcher	TV コメンテーター：TV commentator
現在《げんざい》：as of now　政治家《せいじか》：politician	生産性《せいさんせい》：productivity　意見《いけん》：opinion
セクシュアリティ：sexuality　ブログ：blog	反響《はんきょう》を呼《よ》ぶ：to evoke a response
きっかけ：trigger　活動《かつどう》：activity	(～が) 増《ふ》える：to increase
理解《りかい》：understanding　(～が) 進《すす》む：to advance	安心《あんしん》する：to feel secure; to feel relieved

6 消《き》えた絵《え》のメッセージ

ジャンル	芸術《げいじゅつ》
難《むずか》しさ	★

The Message of the Missing Painting　消失的画的讯息　Thông điệp từ bức tranh bị mất

岡本太郎《おかもとたろう》
Okamoto Taro

画家《がか》（1911年～1996年）
Painter　画家　họa sĩ

キーワード　絵《え》／戦争《せんそう》／原爆《げんばく》

6-1

渋谷《しぶや》は若《わか》い人に人気《にんき》がある東京の町です。デパートや映画館《えいがかん》などがたくさんあって、いつも人がたくさんいます。その渋谷《しぶや》の駅《えき》の中に、縦《たて》が5.5メートル、横《よこ》が30メートルのとても大きい絵《え》があります。『明日《あす》の神話《しんわ》』という絵《え》です。この絵《え》は岡本太郎《おかもとたろう》によって描《か》かれました。

岡本《おかもと》は子どもの時から絵《え》を描《か》くのが好きでした。だから、芸術《げいじゅつ》大学に入りました。しかし、半年で大学をやめて、1929年、18歳《さい》の時に家族《かぞく》といっしょにパリに行きました。そして、10年ぐらいパリに住みました。パリで岡本《おかもと》は色々《いろいろ》な勉強《べんきょう》をしながら、絵《え》を描《か》く理由《りゆう》について考《かんが》えていました。ある日、岡《おか》本《もと》は美術館《びじゅつかん》でピカソの絵《え》を見て、とてもびっくりしました。ピカソはみんながいいと思う絵《え》を描《か》かないで、自分がいいと思う絵《え》を描《か》いていたからです。そして、岡本《おかもと》はピカソよりいい絵《え》が描《か》きたいと思いました。

1939年にフランスとドイツの戦争《せんそう》が始《はじ》まりました。岡本《おかもと》はもっとパリにいたいと思いましたが、日本に帰らなければいけませんでした。その時、日本も中国やアメリカと戦争《せんそう》をしていたので、岡本《おかもと》も1942年から4年ぐらい戦争《せんそう》のために中国に行かせられました。岡本《おかもと》は、その時の生活《せいかつ》はとても大変《たいへん》だったと言っていました。そして、戦争《せんそう》が終《お》わって、日本に帰ると、岡本《おかもと》の家は焼《や》けてありませんでした。

このような経験《けいけん》から、岡本《おかもと》は原爆《げんばく》や戦争《せんそう》の絵《え》をたくさん描《か》きました。『明日《あす》の神話《しんわ》』も原爆《げんばく》の絵《え》です。その絵《え》を見たら、こわい絵《え》だと思うかもしれません。でも、この岡本《おかもと》の絵《え》のメッセージは「戦争《せんそう》はこわい。戦争《せんそう》はしないほうがいい」というメッセージだけではありません。「私たちはもっといい明日《あした》を作ることができる」という明《あか》るいメッセージもあります。

実《じつ》は、この絵《え》は1968年から1969年にメキシコの新しいホテルのために描《か》かれました。しかし、このホテルは完成《かんせい》しませんでした。そして、絵《え》はどこにあるかわからなくなりました。35年後の2003年、メキシコでその絵《え》は発見《はっけん》されて、日本に運《はこ》ばれました。今、この絵《え》は若《わか》い人がたくさんいる渋谷《しぶや》にあります。若《わか》い人は『明日《あす》の神話《しんわ》』を見て、どう思っているでしょうか。渋谷《しぶや》に行ったら、ぜひ見に行ってみてください。

画家《がか》：painter　原爆《げんばく》：atomic bomb　渋谷《しぶや》：Name of district of Tokyo
明日《あす》の神話《しんわ》："Myth of Tomorrow" (Title of painting)　芸術大学《げいじゅつだいがく》：art school
ピカソ：(Pablo) Picasso (artist)　完成《かんせい》する：to be completed

読む前に 1 単語《たんご》の練習《れんしゅう》

次のa～fを（　　）の中に入れて、文を完成《かんせい》しましょう。

a. 戦争《せんそう》　b. 理由《りゆう》　c. びっくりした　d. 発見《はっけん》した　e. 運《はこ》んだ　f. ぜひ

1) 1928年にイギリスの医者《いしゃ》がペニシリン (Penicillin) を（　　　）。
2) 重《おも》い荷物《にもつ》があったので、車で（　　　）。
3) おじいさんに（　　　）に行った時の話を聞きました。
4) 子どもがけんかをしていたので、（　　　）を聞いた。
5) 昨日《きのう》、家の近《ちか》くのコンビニで先生に会って（　　　）。
6) 今度《こんど》（　　　）私の家にご飯《はん》を食べに来てください。

読む前に 2

1) みなさんは好きな画家《がか》がいますか。どうしてその画家《がか》が好きですか。
2) インターネットで『明日《あす》の神話《しんわ》』の写真《しゃしん》を見つけてください。この絵《え》には、どんなメッセージがあると思いますか。

6-2

内容質問《ないようしつもん》 1 正《ただ》しければ○を違《ちが》っていれば×をしましょう。

1）（　　）　『明日《あす》の神話《しんわ》』は今、渋谷《しぶや》の駅《えき》の中にある。

2）（　　）　岡本《おかもと》は大学を卒業《そつぎょう》してから、パリに行った。

3）（　　）　ピカソはみんながいいと思う絵《え》を描《か》いていた。

4）（　　）　戦争《せんそう》で岡本《おかもと》の家は焼《や》けてしまった。

5）（　　）　岡本《おかもと》が死《し》んだ後、『明日《あす》の神話《しんわ》』が発見《はっけん》された。

内容質問《ないようしつもん》 2 次の質問《しつもん》に答《こた》えましょう。

1）　どうして岡本《おかもと》は「びっくりしました」（9行目《ぎょうめ》）か。

a. ピカソの絵《え》がとても大きかったからです。

b. ピカソは自分がいいと思う絵《え》を描《か》いていたからです。

c. ピカソの絵《え》がとても上手《じょうず》だったからです。

d. ピカソが戦争《せんそう》の絵《え》を描《か》いていたからです。

2）「その時」（13行目《ぎょうめ》）はいつを指《さ》して（to refer）いますか。

a. 岡本《おかもと》がピカソの絵《え》を見た時

b. 岡本《おかもと》が日本に帰った時

c. 岡本《おかもと》が中国に行った時

d. 岡本《おかもと》が戦争《せんそう》や原爆《げんばく》の絵《え》を描《か》いた時

3）「渋谷《しぶや》」（26行目《ぎょうめ》）を修飾《しゅうしょく》して（to modify）いるところは、どこから始《はじ》まりますか。

a. 今～

b. この絵《え》は～

c. 若《わか》い人が～

d. たくさん～

4）『明日《あす》の神話《しんわ》』のメッセージは、どんなメッセージですか。

a. 戦争《せんそう》はこわくて、大変《たいへん》だから、行かないほうがいい。

b. 戦争《せんそう》に行かされた人は早《はや》く日本に帰りたかった。

c. 戦争《せんそう》はしないほうがいいし、私たちはもっといい明日《あした》を作ることができる。

d. もっといい明日を作りたいから、戦争《せんそう》をしなければいけない。

考《かんが》えをまとめよう

1）もう一度《いちど》『明日《あす》の神話《しんわ》』の写真《しゃしん》を見てください。絵《え》のどこに「戦争《せんそう》はこわい」「もっといい明日《あした》を作ることができる」というメッセージがあると思いますか。

2）みなさんは好きなアート作品《さくひん》（artwork）がありますか。その作品《さくひん》には、どんなメッセージがありますか。（例《れい》：自由《じゆう》の女神《めがみ》（Statue of Liberty）には、「アメリカは自由《じゆう》の国だ」というメッセージがあります。）

話す前に、あなたの意見《いけん》や考《かんが》えをメモしよう。

・

・

・

・

文法《ぶんぽう》・表現《ひょうげん》リスト

- □『明日《あす》の神話《しんわ》』という絵《え》／戦争《せんそう》はしないほうがいい」というメッセージ →43
- □この絵《え》は岡本太郎《おかもとたろう》によって描《か》かれました／新しいホテルのために描《か》かれました →73
- □岡本《おかもと》は子どもの時から →44
- □パリで岡本《おかもと》は色々《いろいろ》な勉強《べんきょう》をしながら、 →47
- □ピカソの絵《え》を見て、とてもびっくりしました →30
- □みんながいいと思う絵《え》を描《か》かないで、 →46
- □ピカソよりいい絵《え》が描《か》きたいと思いました／岡本《おかもと》はもっとパリにいたいと思いましたが、 →23
- □日本に帰らなければいけませんでした →49
- □４年ぐらい戦争《せんそう》のために中国に行かせられました →17
- □日本に帰ると、岡本《おかもと》の家は焼《や》けてありませんでした →42
- □このような経験《けいけん》から、岡本《おかもと》は →69
- □その絵《え》を見たら、こわい絵《え》だと思う／渋谷《しぶや》に行ったら、ぜひ見に行って →26
- □こわい絵《え》だと思うかもしれません →5
- □私たちはもっといい明日《あした》を作ることができる →9
- □新しいホテルのために描《か》かれました →25
- □絵《え》はどこにあるかわからなくなりました →76
- □ぜひ見に行ってみてください →37

7 左《ひだり》手《て》のピアニスト

ジャンル　芸術《げいじゅつ》
難《むずか》しさ　★

Left Hand Pianist　左手钢琴家　Nghệ sĩ piano tay trái

舘野泉《たてのいずみ》　ピアニスト（1936年～　）

Tateno Izumi　Pianist　钢琴家　nghệ sĩ piano

キーワード　**病気《びょうき》／リハビリ／ハンデ／落《お》ち込《こ》む**

7-1

舘野泉《たてのいずみ》は有名《ゆうめい》なピアニストで、今、日本とフィンランドを行ったり、来たりしています。世界中《せかいじゅう》にたくさんピアニストがいますが、舘野《たての》は他《ほか》のピアニストと少し違《ちが》います。何が違《ちが》うと思いますか。日本にもフィンランドにも家があることでしょうか。おじいさんになっても、ピアノを続《つづ》けていることでしょうか。いいえ、どちらも違《ちが》います。実《じつ》は、舘野《たての》は左手《ひだりて》だけでピアノを弾《ひ》きます。

舘野《たての》は東京で生《う》まれましたが、28歳《さい》からフィンランドに住んでいます。CDを100枚以上《まいいじょう》出して、世界中《せかいじゅう》にたくさんのファンがいます。舘野《たての》は2002年、65歳《さい》の時、脳《のう》の病気《びょうき》で倒《たお》れました。最初《さいしょ》は体《からだ》の右側《みぎがわ》がぜんぜん動《うご》きませんでした。だから、上手《じょうず》に話したり、歩《ある》いたりできませんでした。その後《あと》、リハビリをして、少しだけ右手《みぎて》が動くようになりました。でも、それまで簡単《かんたん》にできたことが難《むずか》しくなりました。今も200メートル歩くのも大変《たいへん》です。

リハビリをした後も、舘野《たての》はピアノを弾《ひ》くのが難《むずか》しかったそうです。「左手《ひだりて》がオリンピック選手《せんしゅ》で、右手は赤《あか》ちゃんだった」と言《い》っています。舘野《たての》は落《お》ち込《こ》みました。いくら音楽《おんがく》を聞いたり、楽譜《がくふ》を見たりしても、楽《たの》しくなかったです。でも、自分でピアノを弾《ひ》きたいと感《かん》じていました。実《じつ》は、その時もうラヴェルの『左手のためのピアノ協奏曲《きょうそうきょく》』など、左手だけを使《つか》うピアノの曲《きょく》はありましたが、舘野《たての》はその曲《きょく》は弾《ひ》きたくないと思っていました。その時は、ピアノは両手《りょうて》で弾《ひ》かなければいけないと考《かんが》えていたからです。しかし、ある日、息子《むすこ》がピアノの上に置《お》いた楽譜《がくふ》を見た時、この考《かんが》え方《かた》が変《か》わりました。それは左手だけを使うピアノの曲《きょく》でした。その楽譜《がくふ》を見た時、急《きゅう》に左手の曲《きょく》が弾《ひ》きたいと思ったそうです。そして、その2日後に、作曲家《さっきょくか》に左手の曲《きょく》を作ってほしいと連絡《れんらく》しました。

舘野《たての》は今、もう両手《りょうて》でピアノが弾《ひ》けなくなったと考《かんが》えていません。左手だけでピアノが弾《ひ》けるようになったと考えています。左手の音楽《おんがく》はハンデがある人の音楽ではありません。また、舘野《たての》は１本の手で弾《ひ》く曲《きょく》も、２本の手で弾《ひ》く曲《きょく》も、３本の手で弾《ひ》く曲《きょく》も全部《ぜんぶ》音楽だと言っています。今、舘野《たての》には不便《ふべん》なこともありますが、ピアノを弾《ひ》くことができるのがとても幸《しあわ》せだそうです。

ピアニスト：pianist　リハビリ：rehabilitation　ハンデ：handicap　落《お》ち込《こ》む：to feel down
脳《のう》：brain　楽譜《がくふ》：musical score　ラヴェル：Joseph-Maurice Ravel (composer)
左手のためのピアノ協奏曲《きょうそうきょく》："Piano Concerto for the Left Hand"(Title of piece)　曲《きょく》：piece of music; song
作曲家《さっきょくか》：composer

読む前に 1 単語《たんご》の練習《れんしゅう》　次のａ～ｆを（　　）の中に入れて、文を完成《かんせい》しましょう。

a. 倒《たお》れて	b. 動《うご》いて	c. 赤《あか》ちゃん	d. 変《か》わって	e. 連絡《れんらく》して	f. 不便《ふべん》

1）ぜんぜん寝《ね》なかったので、朝、（　　　）、学校に来られませんでした。
2）授業《じゅぎょう》を休む時は、メールで（　　　）ください。
3）この時計《とけい》はとても古いので、今は（　　　）いません。
4）友達《ともだち》から（　　　）が生《う》まれたとメールが来ました。
5）ひさしぶりに友達《ともだち》に会ったが、ぜんぜん（　　　）いなかった。
6）この町は少し（　　　）ですが、静《しず》かでいいです。

読む前に 2

1）みなさんはどんな時、どんな音楽《おんがく》を聞きますか。それはどうしてですか。
2）最近《さいきん》、何か落《お》ち込《こ》んだことがありましたか。落《お》ち込《こ》んだ時、何をしますか。

7-2

内容質問《ないようしつもん》 1 正《ただ》しければ○を違《ちが》っていれば×をしましょう。

1)（　　）　舘野《たての》は病気《びょうき》になったので、フィンランドに行った。

2)（　　）　舘野《たての》は今、歩《ある》いたり、話したりするのは、大変《たいへん》じゃない。

3)（　　）　舘野《たての》は病気の後もピアノを弾《ひ》きたいと思っていた。

4)（　　）　舘野《たての》は左手《ひだりて》のピアノの曲《きょく》をぜんぜん知らなかった。

5)（　　）　今も日本には左手だけで弾《ひ》くピアノの曲《きょく》がぜんぜんない。

内容質問《ないようしつもん》 2 次の質問《しつもん》に答《こた》えましょう。

1)　「それまで」（10行目《ぎょうめ》）の「それ」はいつを指《さ》して（to refer）いますか。

a. 舘野《たての》がフィンランドに来た時

b. 舘野《たての》が生《う》まれた時

c. 舘野《たての》がCDを出した時

d. 舘野《たての》が病気《びょうき》で倒《たお》れた時

2)　どうして舘野《たての》は「楽《たの》しくなかったです」（14-15行目《ぎょうめ》）か。

a. 新しいCDを出せなかったからです。

b. あまり歩《ある》けなかったからです。

c. 両手《りょうて》でピアノを弾《ひ》けなかったからです。

d. 左手《ひだりて》の曲《きょく》が好きじゃなかったからです。

3)　「楽譜《がくふ》」（19行目《ぎょうめ》）を修飾《しゅうしょく》して（to modify）いるところは、どこから始《はじ》まりますか。

a. しかし、～

b. 息子《むすこ》が～

c. ピアノの上に～

d. 置《お》いた

4）「弾《ひ》きたいと思ったそうです」（20-21 行目《ぎょうめ》）は、誰《だれ》が思いましたか。

a. 舘野《たての》

b. 息子《むすこ》

c. ファン

d. 筆者《ひっしゃ》（author）

考《かんが》えをまとめよう

1）病気《びょうき》になっても活躍《かつやく》して（to be active）いる有名人《ゆうめいじん》を知っていますか。どんな人ですか。

2）みなさんは何をしている時、幸《しあわ》せだと感《かん》じますか。どうしてですか。

話す前に、あなたの意見《いけん》や考《かんが》えをメモしよう。

・

・

・

・

文法《ぶんぽう》・表現《ひょうげん》リスト

□ 日本とフィンランドを行ったり、来たりしています／
上手《じょうず》に話したり、歩《ある》いたりできませんでした →27

□ 日本にもフィンランドにも家《いえ》があること／
ピアノを続《つづ》けていること →7

□ 65 歳《さい》の時、脳《のう》の病気《びょうき》で倒《たお》れました／
息子《むすこ》がピアノの上に置《お》いた楽譜《がくふ》を見た時 →44

□ 歩《ある》いたりできませんでした／それまで簡単《かんたん》にできたこと →78

□ その後《あと》、リハビリをして／リハビリをした後も、舘野《たての》は →1

□ 少しだけ右手《みぎて》が動くようになりました／
左手だけでピアノが弾《ひ》けるようになった →70

□ 難《むずか》しくなりました →51

□ 難《むずか》しかったそうです／
急《きゅう》に左手の曲《きょく》が弾《ひ》きたいと思ったそうです →20

□ いくら音楽《おんがく》を聞いたり、楽譜《がくふ》を見たりしても →38

□ 自分でピアノを弾《ひ》きたい／
その曲《きょく》は弾《ひ》きたくないと思っていました →23

□ その時もう〜、左手だけを使《つか》うピアノの曲《きょく》はありました →65

□ ピアノは両手《りょうて》で弾《ひ》かなければいけないと考《かんが》えていた →49

□ この考《かんが》え方《かた》が変《か》わりました →2

□ 作曲家《さっきょくか》に左手の曲《きょく》を作ってほしいと連絡《れんらく》しました →36

□ もう両手《りょうて》でピアノが弾《ひ》けなくなったと考《かんが》えていません →66

□ ピアノを弾《ひ》くことができる →9

8 みんなの海《うみ》を守《まも》る

ジャンル	学者《がくしゃ》
難《むずか》しさ	★★★

Protecting the Ocean for Everyone　保护大家的海　Bảo vệ biển cho mọi người

さかなクン　魚《さかな》の学者《がくしゃ》／イラストレーター／タレント（1975年～）

Sakana-kun

Ichthyologist/Illustrator/Entertainer　鱼的学者/插画师/电视明星
học giả về loài cá/ họa sĩ minh họa/ nghệ sĩ

キーワード　**SDGs／環境《かんきょう》問題／ごみ問題**

8-1

みなさん、さかなクンの仕事は何だと思いますか。おもしろい魚《さかな》のぼうしをかぶっていますから、コメディアンに見えるかもしれません。しかし、実《じつ》は、さかなクンは有名《ゆうめい》な魚の学者《がくしゃ》で、色々《いろいろ》な活動《かつどう》をしています。

さかなクンは子どもの時に、友達《ともだち》のタコの絵《え》を見て、海《うみ》の生《い》き物《もの》が好きになりました。それから、よく魚屋《さかなや》や海に行って、海の生き物を調《しら》べたり、絵《え》を描《か》いたりしました。その時から、将来《しょうらい》は大学の先生になって、海の生き物についてみんなに教《おし》えたいと思っていました。中学生の時には、すごく難《むずか》しいカブトガニの孵化《ふか》に成功《せいこう》して、ニュースになりました。専門《せんもん》学校を卒業《そつぎょう》した後は、ペットショップやすし屋でアルバイトをしながら、魚のイラストレーターとして働《はたら》いていました。さかなクンの絵《え》は有名《ゆうめい》になって、テレビや雑誌《ざっし》でタレントの仕事も始《はじ》めました。さかなクンは大学を卒業《そつぎょう》していませんが、海の生き物について何でも知っているし、教えるのも上手《じょうず》だし、2006年に大学の先生になることができました。

さかなクンは今、SDGsの活動《かつどう》を頑張《がんば》っています。SDGsは環境《かんきょう》を守《まも》って、みんなが平和《へいわ》に生活《せいかつ》するために国連《こくれん》が作った17のゴールで、「Sustainable Development Goals」を短《みじか》くした言葉《ことば》です。その中の一つに「海《うみ》の豊《ゆた》かさを守《まも》ろう」というゴールがあります。さかなクンはそのゴールのために、大学だけじゃなくて、小学校や水族館《すいぞくかん》でも講演《こうえん》をしています。

今、海《うみ》には色々《いろいろ》な問題《もんだい》があります。例《たと》えば、すしは世界《せかい》で人気《にんき》がありますが、すし屋《や》でよく食べられているサーモンやマグロなどの魚《さかな》がたくさん取《と》られて、少なくなってきています。この魚を取《と》りすぎている問題のせいで、2048年までに、食べることができる魚がいなくなると言っている人もいます。それから、プラスチックのごみ問題もあります。実《じつ》は、たくさんのプラスチックは、リサイクルしないで、海に捨《す》てられているんです。だから、2050年までに、海には魚よりもプラスチックのごみのほうが多《おお》くなると言われています。さかなクンは講演《こうえん》で、あまり食べられていない魚の食《た》べ方《かた》を教《おし》えたり、プラスチックのごみがどうして海の生《い》き物《もの》によくないか説明《せつめい》したりしています。

さかなクンの講演《こうえん》は自分が描《か》いた絵《え》や写真《しゃしん》、ビデオを使《つか》うので、とてもおもしろくて、わかりやすいです。インターネットでも見ることができるので、ぜひ見て、海《うみ》の環境問題《かんきょうもんだい》について考《かんが》えてみてください。

守《まも》る：to protect	学者《がくしゃ》：scholar	イラストレーター：illustrator	タレント：on-screen talent; entertainer
コメディアン：comedian	タコ：octopus	カブトガニ：horseshoe crab	孵化《ふか》：hatch
(～に)成功《せいこう》する：to succeed	専門《せんもん》学校：vocational school	国連《こくれん》：United Nations	豊《ゆた》か(な)：rich
水族館《すいぞくかん》：aquarium	講演《こうえん》：lecture; seminar	マグロ：tuna	プラスチック：plastic

読む前に 1 単語《たんご》の練習《れんしゅう》

次のa～fを（　　）の中に入れて、文を完成《かんせい》しましょう。

a. 環境《かんきょう》　b. 問題《もんだい》　c. 絵《え》　d. 活動《かつどう》　e. ごみ　f. 生《い》き物《もの》

1）この試験《しけん》の（　　　）は難《むずか》しいので、分かりません。
2）この美術館《びじゅつかん》にはヨーロッパの（　　　）がたくさんあります。
3）私は今、小学校で英語《えいご》を教《おし》えるボランティアの（　　　）をしています。
4）電気を使《つか》った車は（　　　）にやさしいです。
5）紙《かみ》やプラスチックの（　　　）はリサイクルをした方《ほう》がいいです。
6）ライオンは世界《せかい》で一番強《いちばんつよ》い（　　　）だと言われています。

読む前に 2

1）みなさんが子どもの時から興味《きょうみ》を持っていることは何ですか。どうしてそのことに興味《きょうみ》がありますか。
2）みなさんの国には、昔《むかし》はいましたが、今はもういない生《い》き物《もの》がいますか。どうしていなくなってしまいましたか。

8-2

内容質問《ないようしつもん》 1 正《ただ》しければ○を違《ちが》っていれば×をしましょう。

1）（　　）　さかなクンはコメディアンの仕事をしている。

2）（　　）　さかなクンは小さい時から、大学の先生になりたいと思っていた。

3）（　　）　SDGs のゴールは「海《うみ》の豊《ゆた》かさを守《まも》ろう」の１つだけである。

4）（　　）　さかなクンは海の環境《かんきょう》を守《まも》るために、色々《いろいろ》な所《ところ》で講演《こうえん》をしている。

5）（　　）　さかなクンの講演《こうえん》はインターネットで見ることができる。

内容質問《ないようしつもん》 2 次の質問《しつもん》に答《こた》えましょう。

1）　さなかクンの話について、正《ただ》しくないのはどれですか。

a. さかなクンは小さい時から、海《うみ》の生《い》き物《もの》が好きだった。

b. さかなクンはペットショップのアルバイトをやめてから、イラストレーターの仕事を始《はじ》めた。

c. さかなクンは大学を卒業《そつぎょう》していないけれど、大学の先生になった。

d. さかなクンは大学の先生になる前から、有名《ゆうめい》だった。

2）「ゴール」（15 行目《ぎょうめ》）を修飾《しゅうしょく》して（to modify）いるところは、どこから始《はじ》まりますか。

a. SDGs は～

b. 環境《かんきょう》を～

c. みんなが平和《へいわ》に～

d. 国連《こくれん》が～

3）海《うみ》の環境問題《かんきょうもんだい》について、正《ただ》しいのはどれですか。

a. すしが世界《せかい》で食べられるようになって、海の環境《かんきょう》がよくなった。

b. 2048 年には食べることができる魚がいなくなるかもしれない。

c. プラスチックのごみはリサイクルをするのがあまり難《むずか》しくない。

d. 今、海には魚よりもプラスチックのごみのほうが多《おお》い。

4）「考《かんが》えて」（30行目《ぎょうめ》）は、誰《だれ》が考えますか。

a. さかなクン

b. さかなクンの講演《こうえん》に来た人

c. この文章《ぶんしょう》（passage）を読んでいる人

d. 筆者《ひっしゃ》（author）

考《かんが》えをまとめよう

1）みなさんは環境問題《かんきょうもんだい》のために、何かしていますか。何もしていない人は、どんなことをしたほうがいいと思いますか。

2）SDGs の他《ほか》のゴールも調《しら》べてみましょう。みなさんが興味《きょうみ》があるゴールはどれですか。どうしてですか。

> 話す前に、あなたの意見《いけん》や考《かんが》えをメモしよう。
>
> ・
>
> ・
>
> ・
>
> ・

文法《ぶんぽう》・表現《ひょうげん》リスト

- □ コメディアンに見えるかもしれません → 5
- □ アルバイトをしながら → 47
- □ 魚のイラストレーターとして → 45
- □ 生き物について何でも知っている → 40
- □ みんなが平和《へいわ》に生活《せいかつ》するために／そのゴールのために → 25
- □「Sustainable Development Goals」を短《みじか》くした言葉《ことば》 → 16
- □ 海《うみ》の豊《ゆた》かさ → 12
- □ 守《まも》ろう → 75
- □ よく食べられているサーモンやマグロ／魚《さかな》がたくさん取《と》られて → 73
- □ 魚を取《と》りすぎている → 15
- □ 2048 年までに／ 2050 年までに → 61
- □ たくさんのプラスチックは、リサイクルしないで → 46
- □ 実《じつ》は〜海に捨《す》てられているんです → 74
- □ プラスチックのごみがどうして海の生《い》き物《もの》によくないか → 76
- □ さかなクンの講演《こうえん》は〜わかりやすいです → 67
- □ 環境問題《かんきょうもんだい》について考《かんが》えてみてください → 37

9 人生《じんせい》で大切《たいせつ》なことは

ジャンル　学者《がくしゃ》
難《むずか》しさ　★★

What Is Important in Life　人生中重要的事　Điều quan trọng trong cuộc đời

向井千秋《むかいちあき》　宇宙飛行士《うちゅうひこうし》／医者《いしゃ》（1952年～　）

Mukai Chiaki　Astronaut/Doctor　宇航员/医生　phi hành gia/ bác sĩ

キーワード　夢《ゆめ》／人生《じんせい》／医者《いしゃ》／宇宙《うちゅう》

9-1

向井千秋《むかいちあき》は1977年に大学を卒業《そつぎょう》して、医者《いしゃ》になった。向井《むかい》の弟《おとうと》は足《あし》の病気《びょうき》だったから、弟のような人たちを助《たす》けたいと思っていた。それで、10歳《さい》の時、医者になろうと思った。向井《むかい》は「医者になるために、医学部《いがくぶ》がある大学に行かなければいけない。医学部《いがくぶ》に入るために、いい高校に行かなければいけない。その高校に入るために、東京に住まなければいけない」と考《かんが》えた。それまで、向井《むかい》は家族《かぞく》と群馬《ぐんま》に住んでいたが、15歳《さい》の時、一人で東京に引《ひ》っ越《こ》した。そして、東京の高校と大学でたくさん勉強《べんきょう》して、医者になった。

1983年、向井《むかい》は病院《びょういん》で働《はたら》いている時、新聞で宇宙飛行士《うちゅうひこうし》の募集《ぼしゅう》を見て、宇宙《うちゅう》にも仕事があることに驚《おどろ》いた。そして、「宇宙《うちゅう》に行きたい。宇宙《うちゅう》で仕事がしたい」と思って、宇宙飛行士《うちゅうひこうし》の試験《しけん》を受けた。とても難《むずか》しい試験に合格《ごうかく》した向井《むかい》は、1985年に宇宙《うちゅう》に行くための訓練《くんれん》を始《はじ》めた。しかし、1986年にスペースシャトルの事故《じこ》があったので、1994年まで向井《むかい》は宇宙《うちゅう》に行くことができなかった。でも、向井《むかい》はその9年間も大切《たいせつ》だったと言っている。宇宙《うちゅう》に行くために、色々《いろいろ》な勉強《べんきょう》をしたり、準備《じゅんび》をしたりすることができたからだ。そして、1994年にアジア人の女性《じょせい》として初《はじ》めて宇宙《うちゅう》に行くことができた。1998年にも宇宙《うちゅう》に行った。

この経験《けいけん》から、向井《むかい》は人生《じんせい》の中で夢《ゆめ》を見つけるのが大切《たいせつ》だと考《かんが》えている。その夢《ゆめ》のために、計画《けいかく》を立てたり、頑張《がんば》ったりすることができるからだ。例《たと》えば、向井《むかい》は医者《いしゃ》になるために、東京に引《ひ》っ越《こ》したり、勉強《べんきょう》したりした。そして、向井《むかい》の家族《かぞく》も助《たす》けてくれた。向井《むかい》は「頑張《がんば》るのは大変《たいへん》だった。でも、夢《ゆめ》があったから楽《たの》しかった。そして、夢《ゆめ》を持っているから、助《たす》けてくれる人もいた。だから、若《わか》い人にも自分の夢《ゆめ》を見つけてほしい。そして、夢《ゆめ》のために頑張《がんば》ってほしい」と言っている。

子どもの時夢《ゆめ》を持っていたから、向井《むかい》は医者《いしゃ》になることができたし、宇宙《うちゅう》に2回《かい》行くことができた。実《じつ》は向井《むかい》には、今もたくさん夢《ゆめ》がある。将来《しょうらい》、宇宙《うちゅう》に旅行《りょこう》したり、住んだりすることができるようになるだろう。その時、向井《むかい》はスペースシャトルのキャビンアテンダントになって、宇宙《うちゅう》を案内《あんない》するつもりだと言っている。

人生《じんせい》：life　宇宙飛行士《うちゅうひこうし》：astronaut　宇宙《うちゅう》：space　医学部《いがくぶ》：faculty of medicine
群馬《ぐんま》：Gunma (Prefecture)　募集《ぼしゅう》：recruitment　(〜に)合格《ごうかく》する：to pass　訓練《くんれん》：training
スペースシャトル：Space Shuttle　キャビンアテンダント：flight attendant

読む前に 1 単語《たんご》の練習《れんしゅう》 次のａ〜ｆを（　　）の中に入れて、文を完成《かんせい》しましょう。

a. 事故《じこ》　b. 準備《じゅんび》　c. 経験《けいけん》　d. 宇宙《うちゅう》　e. 計画《けいかく》　f. 将来《しょうらい》

1）昨日《きのう》、大学の前で自転車《じてんしゃ》と車の（　　　）があった。
2）あの先生はコンビニで働《はたら》いた（　　　）があると言っていました。
3）（　　　）、この歌手《かしゅ》は有名《ゆうめい》になるかもしれない。
4）今晩《こんばん》、パーティーがあるので、（　　　）をしています。
5）私は大学で（　　　）の歴史《れきし》について勉強《べんきょう》したい。
6）夏休《なつやす》みが１週間《しゅうかん》あるので、旅行《りょこう》の（　　　）を立てている。

読む前に 2

1）みなさんは子どもの時、どんな仕事がしたいと思っていましたか。それはどうしてですか。
2）その仕事のために、どんな準備《じゅんび》をしたり、勉強《べんきょう》をしたりしなければいけませんか。

9-2

内容質問《ないようしつもん》 1 正《ただ》しければ○を違《ちが》っていれば×をしましょう。

1）（　　）　向井《むかい》が大学を卒業《そつぎょう》する時、弟《おとうと》が足《あし》の病気《びょうき》になった。

2）（　　）　向井《むかい》は医者《いしゃ》になった後で、宇宙飛行士《うちゅうひこうし》になった。

3）（　　）　向井《むかい》は宇宙《うちゅう》に行く前に、9年間訓練《くんれん》をした。

4）（　　）　向井《むかい》は夢《ゆめ》のために頑張《がんば》るのは楽《たの》しかったが大変《たいへん》だったと言っている。

5）（　　）　向井《むかい》は今、宇宙《うちゅう》にあまり行きたくないと思っている。

内容質問《ないようしつもん》 2 次の質問《しつもん》に答《こた》えましょう。

1）「大学」（3行目《ぎょうめ》）を修飾《しゅうしょく》して（to modify）いるところは、どこから始《はじ》まりますか。

a. 医者《いしゃ》に～

b. なるために～

c. 医学部《いがくぶ》が～

d. ある

2）「それまで」（5-6行目《ぎょうめ》）の「それ」はいつを指《さ》して（to refer）いますか。

a. 大学を卒業《そつぎょう》する時

b. 医者《いしゃ》になった時

c. 10歳《さい》の時

d. 15歳《さい》の時

3）「と思って」（10行目《ぎょうめ》）は誰《だれ》が思いましたか。

a. 向井《むかい》

b. 筆者《ひっしゃ》（author）

c. 医者《いしゃ》

d. 宇宙飛行士《うちゅうひこうし》

4）どうして向井《むかい》は「夢《ゆめ》を見つけるのが大切《たいせつ》だ」（17行目《ぎょうめ》）と考《かんが》えていますか。

a. 夢《ゆめ》があったら、宇宙飛行士《うちゅうひこうし》になることができるからだ。

b. 夢《ゆめ》があったら、頑張《がんば》ることができるからだ。

c. 夢《ゆめ》があったら、親《おや》が助《たす》けてくれるからだ。

d. 夢《ゆめ》があったら、たくさん勉強《べんきょう》しなくてもいいからだ。

考《かんが》えをまとめよう

1）みなさんが今までで一番頑張《いちばんがんば》ったと思うことは何ですか。どうやって頑《がん》張《ば》りましたか。

2）みなさんが今、勉強《べんきょう》や仕事以外《いがい》でやってみたいことは何ですか。それはどうしてですか。

> 話す前に、あなたの意見《いけん》や考《かんが》えをメモしよう。
>
> ・
>
> ・
>
> ・
>
> ・

文法《ぶんぽう》・表現《ひょうげん》リスト

- □ 卒業《そつぎょう》して、医者《いしゃ》になった／たくさん勉強《べんきょう》して、医者になった → 51
- □ 弟のような人たちを助《たす》けたい → 69
- □ 10歳《さい》の時、医者になろうと思った → 75
- □ 向井《むかい》は「医者になるために、／医学部《いがくぶ》に入るために、いい高校に → 25
- □ 医学部《いがくぶ》がある大学に行かなければいけない／いい高校に行かなければいけない → 49
- □ 宇宙《うちゅう》にも仕事があること → 7
- □ アジア人の女性《じょせい》として初《はじ》めて → 45
- □ 向井《むかい》の家族《かぞく》も助《たす》けてくれた／助《たす》けてくれる人もいた → 31
- □ 若《わか》い人にも自分の夢《ゆめ》を見つけてほしい／夢《ゆめ》のために頑張《がんば》ってほしい → 36
- □ 向井《むかい》は医者《いしゃ》になることができたし、宇宙《うちゅう》に2回《かい》行くことができた → 13
- □ 住んだりすることができるようになる → 70
- □ 住んだりすることができるようになるだろう → 28
- □ 宇宙《うちゅう》を案内《あんない》するつもりだ → 29

10 見えない敵《てき》から人を守《まも》る

ジャンル　学者《がくしゃ》
難《むずか》しさ　★★★

Protecting People from Invisible Enermies　保护人们免受无形敌人的伤害　Bảo vệ con người khỏi kẻ thù vô hình

北里柴三郎《きたさとしばさぶろう》

Kitasato Shibasaburo

細菌学者《さいきんがくしゃ》（1853年～1931年）

Bacteriologist　细菌学家　nhà vi khuẩn học

キーワード　感染症《かんせんしょう》／流行《りゅうこう》する／研究《けんきゅう》／予防《よぼう》と治療《ちりょう》

10-1

感染症《かんせんしょう》は人間《にんげん》の敵《てき》で、昔《むかし》から人間《にんげん》の近《ちか》くにあった。感染症《かんせんしょう》で死《し》んだ人間《にんげん》のミイラもエジプトで見つかったそうだ。そして、1970年から今まで、世界《せかい》で40ぐらい新しい感染症《かんせんしょう》が見つかっている。例《たと》えば、HIVやSARS、鳥《とり》インフルエンザなどだ。2020年には新型《しんがた》コロナウイルスが世界中《せかいじゅう》に広《ひろ》がった。昔《むかし》は外国に旅行《りょこう》する人は多《おお》くなかったが、今はたくさんの人が外国に旅行をするので、世界で感染症《かんせんしょう》が流行《りゅうこう》しやすくなった。それに、まだワクチンや治療《ちりょう》の方法《ほうほう》がない感染症《かんせんしょう》もある。だから、感染症《かんせんしょう》の研究《けんきゅう》はとても大切《たいせつ》だ。

日本では北里柴三郎《きたさとしばさぶろう》が感染症《かんせんしょう》の研究《けんきゅう》で有名《ゆうめい》だ。北里《きたさと》は熊本《くまもと》で生《う》まれて、東京大学で医者《いしゃ》になるために勉強《べんきょう》をした。卒業《そつぎょう》した後、内務省《ないむしょう》で少し働《はたら》いてから、1886年にドイツの大学に留学《りゅうがく》して、破傷風《はしょうふう》の研究をした。そのころ、破傷風《はしょうふう》はとてもこわい感染症《かんせんしょう》で、たくさんの人が亡《な》くなっていた。ドイツで研究を始《はじ》めて3年ぐらいで北里《きたさと》は破傷風《はしょうふう》の予防《よぼう》と治療《ちりょう》の方法《ほうほう》を見つけた。日本から来た一人の留学生《りゅうがくせい》がその方法《ほうほう》を見つけたので、大学の先生も本当《ほんとう》に驚《おどろ》いた。北里《きたさと》は一生懸命《いっしょうけんめい》、研究をしていたので、ドイツに来てから1年ぐらい、家《いえ》から大学に行く道しか知らなかったそうだ。

1892年に北里《きたさと》は日本に帰って、感染症《かんせんしょう》の新しい研究所《けんきゅうじょ》を作った。そこでは、野口英世《のぐちひでよ》や志賀潔《しがきよし》など、有名《ゆうめい》な研究者《けんきゅうしゃ》も働《はたら》いた。そして、北里《きたさと》は1894年に香港《ホンコン》に行ってペストという感染症《かんせんしょう》の研究をした。ペストもそのころ、とてもこわい病気《びょうき》だった。研究を始《はじ》めて、北里《きたさと》はすぐにペスト菌《きん》を見つけた。そして、ネズミがペストを広《ひろ》げることもわかった。その後《あと》、破傷風《はしょうふう》もペストも他《ほか》の研究者がワクチンや抗生物質《こうせいぶっしつ》を作ったので、今、破傷風《はしょうふう》やペストで亡《な》くなる人はもうほとんどいない。

北里《きたさと》は感染症《かんせんしょう》や病気《びょうき》の研究《けんきゅう》は、人を守《まも》るためにしなければいけないと考《かんが》えていた。だから、病気について研究するだけではなく、予防《よぼう》と治療《ちりょう》の方法《ほうほう》を見つけるのがとても大切《たいせつ》だと考えていた。また、医者《いしゃ》は人を守《まも》る仕事なので、医者になっても、勉強《べんきょう》を続《つづ》けるのが大切だと、若《わか》い人たちにいつも言っていた。まだ世界《せかい》には、予防《よぼう》と治療《ちりょう》の方法《ほうほう》がわからない感染症《かんせんしょう》がある。その方法《ほうほう》を見つけるために、今もたくさんの医者や研究者《けんきゅうしゃ》が研究を続《つづ》けている。

敵《てき》：enemy
(～が) 流行《りゅうこう》する：to go around
人間《にんげん》：human; human being
新型《しんがた》コロナウイルス：COVID-19
内務省《ないむしょう》：ministry of home affairs
野口英世《のぐちひでよ》：*Noguchi Hideyo* (bacteriologist)
ペスト（菌《きん》）：plague (bacterium)
細菌学者《さいきんがくしゃ》：bacteriologist
予防《よぼう》：prevention
ミイラ：mummy
ワクチン：vaccine
破傷風《はしょうふう》：tetanus
抗生物質《こうせいぶっしつ》：antibiotics
感染症《かんせんしょう》：infectious disease
治療《ちりょう》：treatment
鳥《とり》インフルエンザ：bird-flu
熊本《くまもと》：*Kumamoto* (Prefecture)
研究所《けんきゅうじょ》：research institute
志賀潔《しがきよし》：*Shiga Kiyoshi* (physician)

読む前に 1 単語《たんご》の練習《れんしゅう》

次のa～fを(　　)の中に入れて、文を完成《かんせい》しましょう。

a. 見つかった　b. 見つけた　c. 始《はじ》めた　d. 考《かんが》えた　e. 守《まも》った　f. 亡《な》くなった

1) 昨日《きのう》、探《さが》していた本を図書館《としょかん》で（　　　）。
2) 赤《あか》ちゃんが生《う》まれたので、名前を（　　　）。
3) 私の父は、私が子どもの時、感染症《かんせんしょう》で（　　　）。
4) 私は２年前に日本語の勉強《べんきょう》を（　　　）。
5) 地震《じしん》が来た時、先生が子どもたちを（　　　）。
6) 昨日《きのう》いなくなったペットが（　　　）。

読む前に 2

1) みなさんの国では、風邪《かぜ》をひいた時、よく何をしますか。
2) 最近《さいきん》、誰《だれ》かを助《たす》けたり、手伝《てつだ》ったりしましたか。誰《だれ》をどうやって助《たす》けましたか。

10-2

内容質問《ないようしつもん》 1 正《ただ》しければ○を違《ちが》っていれば×をしましょう。

1）（　　）　北里《きたさと》は大学を卒業《そつぎょう》して、すぐに留学《りゅうがく》した。
2）（　　）　北里《きたさと》は東京大学で破傷風《はしょうふう》の研究《けんきゅう》をした。
3）（　　）　北里《きたさと》はネズミがペストを広《ひろ》げることを見つけた。
4）（　　）　北里《きたさと》は香港《ホンコン》でペストのワクチンを作った。
5）（　　）　北里《きたさと》は病気《びょうき》の予防《よぼう》と治療《ちりょう》の方法《ほうほう》を見つけることが大切《たいせつ》だと考《かんが》えていた。

内容質問《ないようしつもん》 2 次の質問《しつもん》に答《こた》えましょう。

1）「感染症《かんせんしょう》もある」（7行目《ぎょうめ》）の「感染症《かんせんしょう》」を修飾《しゅうしょく》して（to modify）いるところは、どこから始《はじ》まりますか。
a. それに～
b. まだ～
c. ワクチンや～
d. 治療《ちりょう》の～

2）「その方法《ほうほう》」（13行目《ぎょうめ》）の「その」は何を指《さ》して（to refer）いますか。
a. 新型《しんがた》コロナウイルスの治療《ちりょう》の方法《ほうほう》
b. 留学《りゅうがく》して、いい研究《けんきゅう》をする方法《ほうほう》
c. 破傷風《はしょうふう》の予防《よぼう》と治療《ちりょう》の方法《ほうほう》
d. 家《いえ》から学校まで行く方法《ほうほう》

3）どうして「亡《な》くなる人はもうほとんどいない」（21-22行目《ぎょうめ》）のですか。
a. 感染症《かんせんしょう》の新しい研究所《けんきゅうじょ》があったからです。
b. 有名《ゆうめい》な研究者《けんきゅうしゃ》がたくさん働《はたら》いたからです。
c. ネズミがいなくなったからです。
d. ワクチンや抗生物質《こうせいぶっしつ》があるからです。

4）「言っていた」（26 行目《ぎょうめ》）は誰《だれ》が言っていますか。

a. 北里《きたさと》
b. 筆者《ひっしゃ》（author）
c. 医者《いしゃ》
d. 若《わか》い人

考《かんが》えをまとめよう

1）感染症《かんせんしょう》は私たちの生活《せいかつ》にどんな影響《えいきょう》（influence）があると思いますか。

2）みなさんが研究者《けんきゅうしゃ》だったら、見つけたいものや作りたいものがありますか。それはどんなものですか。

話す前に、あなたの意見《いけん》や考《かんが》えをメモしよう。

・
・
・
・

文法《ぶんぽう》・表現《ひょうげん》リスト

□ 感染症《かんせんしょう》が流行《りゅうこう》しやすく → 67
□ 感染症《かんせんしょう》が流行《りゅうこう》しやすくなった／東京大学で医者《いしゃ》になる → 51
□ それに、まだワクチンや治療《ちりょう》の方法《ほうほう》が → 22
□ まだワクチンや治療《ちりょう》の方法《ほうほう》がない → 59
□ 医者《いしゃ》になるために勉強《べんきょう》をした／感染症《かんせんしょう》や病気《びょうき》の研究《けんきゅう》は、人を守《まも》るために → 25
□ 家《いえ》から大学に行く道しか知らなかった → 14
□ ペストという感染症《かんせんしょう》 → 43
□ ネズミがペストを広《ひろ》げること → 7
□ 破傷風《はしょうふう》やペストで亡《な》くなる人はもうほとんどいない → 66
□ 人を守《まも》るためにしなければいけない → 49
□ 医者になっても、勉強《べんきょう》を続《つづ》ける → 39

11 勉強《べんきょう》の神様《かみさま》

The God of Studying　学问之神　Thần đồng học tập

ジャンル　学者《がくしゃ》

難《むずか》しさ　★★★

菅原道真《すがわらのみちざね》

Sugawara no Michizane

学者《がくしゃ》／政治家《せいじか》（845年～903年）

Scholar/Politician　学者/政治家　học giả/ chính trị gia

キーワード　**天神様《てんじんさま》／魂《たましい》／うらみ／怨霊《おんりょう》**

11-1

日本には天神様《てんじんさま》という勉強《べんきょう》の神様《かみさま》がいます。天神様《てんじんさま》の神社《じんじゃ》は日本の色々《いろいろ》な所《ところ》にありますが、その中でも東京の湯島天神《ゆしまてんじん》や九州《きゅうしゅう》の太宰府天満宮《だざいふてんまんぐう》はとても有名《ゆうめい》です。天神様《てんじんさま》は神様《かみさま》ですが、神様《かみさま》になる前は菅原道真《すがわらのみちざね》という人でした。彼《かれ》は学者《がくしゃ》だったので、死《し》んだ後、勉強の神様《かみさま》になりました。そのため、大学や高校の入学試験《にゅうがくしけん》の前には、たくさんの学生が行きたい学校に入れるように天神様《てんじんさま》にお願《ねが》いをしに行きます。では、道真《みちざね》はなぜ神様《かみさま》になったのでしょうか。

道真《みちざね》は平安時代《へいあんじだい》に学者《がくしゃ》の家に生《う》まれたので、学者《がくしゃ》になりましたが、政治家《せいじか》の仕事もしました。頭《あたま》がよかった道真《みちざね》は、国の大切《たいせつ》な仕事を色々《いろいろ》して、大臣《だいじん》になりました。けれど、道真《みちざね》が政治《せいじ》の力《ちから》を持つことをいやだと思う人も多《おお》かったようです。それで、道真《みちざね》のことがきらいな人たちは、道真《みちざね》が娘婿《むすめむこ》を新しい天皇《てんのう》にするつもりだと天皇《てんのう》に嘘《うそ》をつきました。道真《みちざね》が、そんなことは考《かんが》えたことはないとどんなに説明《せつめい》しても、天皇《てんのう》は信《しん》じませんでした。だから、道真《みちざね》は罰《ばつ》を受《う》けて、一人で都《みやこ》（今の京都《きょうと》）から九州《きゅうしゅう》にある太宰府《だざいふ》に行かされました。太宰府《だざいふ》は田舎《いなか》の小さい町で、都《みやこ》みたいな生活《せいかつ》はできませんでした。道真《みちざね》は毎日都《みやこ》に帰りたいと思って生活《せいかつ》したそうです。けれど、都《みやこ》に帰る前に死《し》んでしまいました。

道真《みちざね》が死《し》んでから、都《みやこ》では悪《わる》いことがたくさん起《お》きました。例《たと》えば、嘘《うそ》をついて道真《みちざね》を都《みやこ》から追《お》い出《だ》した人が、たくさん死にました。それから、天皇《てんのう》が住んでいる所《ところ》に雷《かみなり》が落《お》ちて、火事《かじ》になりました。そして、天皇《てんのう》も病気《びょうき》になってしまいました。昔《むかし》の日本では、怨霊《おんりょう》（うらみを持って死んだ人の魂《たましい》）が何か悪いことをすると考《かんが》えられていましたから、人々《ひとびと》は、道真《みちざね》の怨霊《おんりょう》が悪いことを起こしているはずだと思いました。それで、道真《みちざね》の怨霊《おんりょう》に悪いことをやめてもらうために、道真《みちざね》を天神様《てんじんさま》という神様《かみさま》にすればいいと思って、彼《かれ》を神様《かみさま》にしました。その後《あと》、都《みやこ》では悪いことが起きなくなりました。

昔《むかし》の人々《ひとびと》がこわいと思っていた道真《みちざね》が勉強《べんきょう》の神様《かみさま》になって、今、たくさんの学生が行きたい学校に入らせてくださいとお願《ねが》いに行くのはおもしろいと思いませんか。実《じつ》は日本には、道真《みちざね》の他《ほか》にも怨霊《おんりょう》から神様《かみさま》になった人がいます。みなさんの国では、うらみを持って死《し》んだ人の魂《たましい》が悪《わる》いことをすると考《かんが》えられていますか。怨霊《おんりょう》が神様《かみさま》になることがありますか。

神様《かみさま》：god　学者《がくしゃ》：scholar　政治家《せいじか》：politician　魂《たましい》：spirit　うらみ：grudge
怨霊《おんりょう》：vengeful sprit　九州《きゅうしゅう》：Name of region in Japan　平安時代《へいあんじだい》：*Heian* Period（794-1185）
大臣《だいじん》：minister　娘婿《むすめむこ》：adopted son-in-law　天皇《てんのう》：emperor
罰《ばつ》を受《う》ける：to receive punishment　太宰府《だざいふ》：Name of a town in *Kyushu*　都《みやこ》：capital
（〜が）起《お》きる：to happen; to occur　追《お》い出《だ》す：to expel　雷《かみなり》：lightning

読む前に 1 単語《たんご》の練習《れんしゅう》

次のa〜fを（　　）の中に入れて、文を完成《かんせい》しましょう。

a. 試験《しけん》	b. 政治《せいじ》	c. 火事《かじ》	d. 嘘《うそ》	e. 田舎《いなか》	f. 入学《にゅうがく》

1）私は大きい町より静《しず》かな（　　　）のほうが好きです。
2）日本の大学に（　　　）する前に、たいてい難《むずか》しい試験《しけん》を受《う》けます。
3）先生は明日《あした》の（　　　）は、あまり難《むずか》しくないと言っていました。
4）大きい地震《じしん》の時に（　　　）が起《お》きて、たくさんの家が焼《や》けてしまいました。
5）最近《さいきん》の若《わか》い人はあまり（　　　）に興味《きょうみ》がないみたいです。
6）弟《おとうと》はよく（　　　）をつくので、信《しん》じられません。

読む前に 2

1）みなさんの国の政治家《せいじか》で、ビジネスマンや学者《がくしゃ》をしていた人がいますか。どんな仕事をしている人がよく政治家《せいじか》になりますか。
2）みなさんは最近《さいきん》、誰《だれ》かに嘘《うそ》をつかれたり、何かさせられたりしましたか。それはどんなことでしたか。

11-2

内容質問《ないようしつもん》 1 正《ただ》しければ○を違《ちが》っていれば×をしましょう。

1）（　　）　天神様《てんじんさま》の神社《じんじゃ》は、東京と九州《きゅうしゅう》にだけある。
2）（　　）　多《おお》くの人は、道真《みちざね》が政治《せいじ》の仕事をすることが好きじゃなかった。
3）（　　）　道真《みちざね》は罰《ばつ》を受《う》けて、太宰府《だざいふ》で生活《せいかつ》しなければいけなかった。
4）（　　）　道真《みちざね》は、太宰府《だざいふ》から都《みやこ》に帰った後に死《し》んだ。
5）（　　）　道真《みちざね》を神様《かみさま》にした後は、都《みやこ》では悪《わる》いことが起《お》こらなくなった。

内容質問《ないようしつもん》 2 次の質問《しつもん》に答《こた》えましょう。

1）　道真《みちざね》はどうして勉強《べんきょう》の神様《かみさま》になりましたか。
a. 日本で一番頭《いちばんあたま》がよかったからです。
b. とてもいい学校に入学《にゅうがく》したからです。
c. 学者《がくしゃ》の仕事をしていたからです。
d. 政府《せいふ》で学校の仕事をしたからです。

2）　「そんなこと」（11 行目）の「そんな」は何を指《さ》して（to refer）いますか。
a. 大臣《だいじん》になります。
b. 政治家《せいじか》になります。
c. 娘婿《むすめむこ》を新しい天皇《てんのう》にします。
d. 政治家《せいじか》として力《ちから》を持ちます。

3）　道真《みちざね》の怨霊《おんりょう》がしなかった悪《わる》いことはどれですか。
a. 嘘《うそ》をついた人がたくさん死《し》にました。
b. 嘘《うそ》をついた人を都《みやこ》から追《お》い出《だ》しました。
c. 天皇《てんのう》の家を雷《かみなり》で火事《かじ》にしました。
d. 天皇《てんのう》を病気《びょうき》にしました。

4） 「人」（27行目）を修飾《しゅうしょく》して（to modify）いるところは、どこから始《はじ》まりますか。

a. 実《じつ》は～

b. 日本には～

c. 道真《みちざね》の他《ほか》にも～

d. 怨霊《おんりょう》から～

考《かんが》えをまとめよう

1） みなさんは神様《かみさま》にお願《ねが》いをしますか。どんなお願《ねが》いをしますか。

2） みなさんの国では死《し》んだ人を神様《かみさま》にすることがありますか。または、死んだ人を神様《かみさま》のように大切《たいせつ》な人として、信《しん》じることがありますか。

話す前に、あなたの意見《いけん》や考《かんが》えをメモしよう。

・

・

・

・

文法《ぶんぽう》・表現《ひょうげん》リスト

□ 天神様《てんじんさま》という勉強《べんきょう》の神様《かみさま》がいます／菅原道真《すがわらのみちざね》という人 → 43
□ そのため、大学や高校の／やめてもらうために → 25
□ 多《おお》かったようです → 68
□ 天皇《てんのう》にするつもりだ → 29
□ どんなに説明《せつめい》しても → 39
□ 太宰府《だざいふ》に行かされました → 17
□ 都《みやこ》みたいな生活《せいかつ》 → 63
□ 死《し》んでしまいました／病気《びょうき》になってしまいました → 34
□ 考《かんが》えられていましたから／悪《わる》いことをすると考《かんが》えられていますか → 73
□ 起こしているはずだと思いました → 56
□ 悪いことをやめてもらう → 31
□ 神様《かみさま》にすればいいと思って → 55
□ 神様《かみさま》にしました → 16
□ 行きたい学校に入らせてくださいと → 18

12 横綱《よこづな》の生《い》き方《かた》

ジャンル　スポーツ
難《むずか》しさ　★★

Living the *Yokozuna* Life　横纲的生活方式　Cách sống của võ sĩ vô địch Yokozuna

大鵬幸喜《たいほうこうき》
Taiho Koki

力士《りきし》（1940年～2013年）
Sumo wrestler　摔跤手　võ sĩ

キーワード　相撲《すもう》／流行語《りゅうこうご》／ロールモデル（模範《もはん》）／慈善活動《じぜんかつどう》

12-1

みなさんの国ではどんなスポーツ選手《せんしゅ》が人気《にんき》がありますか。日本では野球《やきゅう》やサッカーの選手《せんしゅ》が人気がありますが、前は力士《りきし》もとても人気がありました。その中で特《とく》に人気があったのが大鵬《たいほう》です。大鵬《たいほう》の名前は、昭和《しょうわ》40年（1965年）ごろの流行語《りゅうこうご》、「巨人《きょじん》、大鵬《たいほう》、卵焼《たまごや》き」の中に入っています。この流行語《りゅうこうご》は、そのころの子どもが大好きなもので、1番目《ばんめ》の巨人《きょじん》はプロ野球《やきゅう》チームの読売《よみうり》ジャイアンツで、次が力士《りきし》の大鵬《たいほう》でした。大鵬《たいほう》は強《つよ》いし、横綱《よこづな》になったし、かっこよかったから、子どもたちにすごく人気があったみたいです。

大鵬《たいほう》の父はウクライナ人で、母は日本人でした。そして、そのころは日本だったサハリンで生《う》まれました。大鵬《たいほう》は戦争《せんそう》の時、父と別《わか》れてしまったので、母と兄弟《きょうだい》といっしょに北海道《ほっかいどう》で生活《せいかつ》を始《はじ》めました。父親《ちちおや》がいない生活《せいかつ》は大変《たいへん》だったらしいですが、大鵬《たいほう》の母は「嘘《うそ》はやめなさい、人をだましてはいけません」と言って、子どもを厳《きび》しく育《そだ》てたようです。大鵬《たいほう》は、16歳《さい》の時に相撲《すもう》の世界《せかい》に入ることになりました。背《せ》は高かったですが、あまり太《ふと》っていなかったので、たくさん食べて稽古《けいこ》をしたそうです。そして、21歳《さい》の時に横綱《よこづな》になりました。多《おお》くの人は大鵬《たいほう》は相撲《すもう》の天才《てんさい》だから稽古《けいこ》しなくてもいいと思いましたが、大鵬《たいほう》は他《ほか》の人より努力《どりょく》して強《つよ》くなったので、自分は天才《てんさい》じゃないと考《かんが》えていました。

大鵬《たいほう》が好きな言葉《ことば》は「忍《にん》」（我慢《がまん》すること）だったそうです。夢《ゆめ》をかなえるためには、人よりも我慢《がまん》して、たくさん努力《どりょく》をすることが大切《たいせつ》で、努力《どりょく》をしなかったら、夢《ゆめ》はかなえられないと考《かんが》えていました。そして、一番上《いちばんうえ》のランクの横綱《よこづな》なら、みんなのロールモデル（模範《もはん》）にならなければいけないと考えました。それで、大鵬《たいほう》は慈善活動《じぜんかつどう》も大切だと思って、浴衣《ゆかた》を作って売って、そのお金を寄付《きふ》したり、日本赤十字社《せきじゅうじしゃ》に全部《ぜんぶ》で70台《だい》の車をおくったりすることにしました。ですから、大鵬《たいほう》は強《つよ》くてかっこいいだけではありませんでした。

自分には厳《きび》しいのに、人にはやさしくて、心《こころ》が広《ひろ》い尊敬《そんけい》できる人でした。みなさんは、大鵬《たいほう》の生《い》き方《かた》を読んだ後で、彼《かれ》みたいな人をロールモデルにしたいと思いましたか。

横綱《よこづな》：*Yokozuna* (the highest rank in sumo)　力士《りきし》：*Sumo* wrestler　流行語《りゅうこうご》：trendy words
ロールモデル：role model　模範《もはん》：model; example　慈善活動《じぜんかつどう》：charitable activities or events
昭和《しょうわ》：*Showa* Era (1926-1989)　巨人《きょじん》(読売《よみうり》ジャイアンツ)：pro baseball team
卵焼《たまごや》き：Japanese rolled omelet　ウクライナ人：Ukrainian　サハリン：Sakhalin
稽古《けいこ》：training; practice　天才《てんさい》：genius　我慢《がまん》する：to bear; to withstand
日本赤十字社《せきじゅうじしゃ》：Japan Red Cross Society

読む前に 1 単語《たんご》の練習《れんしゅう》　次のa～fを(　　)の中に入れて、文を完成《かんせい》しましょう。

a. 戦争《せんそう》	b. 努力《どりょく》	c. 心《こころ》	d. 生活《せいかつ》	e. 厳《きび》しい	f. やさしい

1) 今は、インターネットがあるので、私たちの(　　　)は昔《むかし》より便利《べんり》だと思う。
2) 私の学校の先生は(　　　)人で、いつも笑《わら》っていた。
3) 弟《おとうと》はあまりサッカーは上手《じょうず》じゃなかったが、(　　　)をして、上手になった。
4) 広《ひろ》い(　　　)を持って、困《こま》っている人がいたら助《たす》けてあげよう。
5) 高校の先生は(　　　)先生だったので、少しクラスに遅《おく》れても怒《おこ》られた。
6) 父は、(　　　)は人がたくさん死《し》ぬので、絶対《ぜったい》によくないと言っている。

読む前に 2

1) みなさんの国の子どもが好きなこと、好きなものは何ですか。人気《にんき》がある人は誰《だれ》ですか。それは、どうしてですか。
2) みなさんは慈善活動《じぜんかつどう》に興味《きょうみ》がありますか。どんな慈善活動《じぜんかつどう》をしたことがありますか。
[例] 困《こま》っている人を助《たす》ける、お金がない人のためにお金を集《あつ》める

12-2

内容質問《ないようしつもん》 1　正《ただ》しければ○を違《ちが》っていれば×をしましょう。

1)（　　）　昭和《しょうわ》40年ごろ、子どもたちが好きな食《た》べ物《もの》は卵焼《たまごや》きだった。

2)（　　）　大鵬《たいほう》のお母さんは外国人だった。

3)（　　）　大鵬《たいほう》は子どもの時から、体《からだ》が大きくて太《ふと》っていた。

4)（　　）　大鵬《たいほう》は努力《どりょく》をしないと、夢《ゆめ》をかなえることはできないと思っていた。

5)（　　）　大鵬《たいほう》はみんなのロールモデル（模範《もはん》）になることはできないと思っていた。

内容質問《ないようしつもん》 2　次の質問《しつもん》に答《こた》えましょう。

1)　「その中」（3行目《ぎょうめ》）の「その」は、何を指《さ》して（to refer）いますか。

a. 力士《りきし》

b. 野球選手《やきゅうせんしゅ》

c. サッカー選手《せんしゅ》

d. みなさんの国

2)　大鵬《たいほう》の子どもの時について、正《ただ》しくないのはどれですか。

a. 母親《ははおや》は、子どもにぜんぜん厳《きび》しくしなかったようです。

b. 生《う》まれたのは、サハリンでした。

c. 母と兄弟《きょうだい》といっしょに北海道《ほっかいどう》に住んでいました。

d. 子どものころの生活《せいかつ》は大変《たいへん》でした。

3)　「考《かんが》えていました」（19行目《ぎょうめ》）は、誰《だれ》が考えていましたか。

a. 大鵬《たいほう》

b. 横綱《よこづな》

c. 日本人

d. 筆者《ひっしゃ》（author）

4) 筆者《ひっしゃ》（author）は、大鵬《たいほう》はどんな人だと思っていますか。

a. 体《からだ》が大きくて、強《つよ》いだけの人

b. 慈善活動《じぜんかつどう》が好きで、すばらしい人

c. 天才《てんさい》だから、あまり努力《どりょく》をしない人

d. 自分には厳《きび》しくて、人にはやさしくて尊敬《そんけい》できる人

考《かんが》えをまとめよう

1) みなさんはよく努力《どりょく》をしますか。どんな努力《どりょく》をしたことがありますか。それから、どんなことを我慢《がまん》したことがありますか。

2) みなさんには、ロールモデルになる人がいますか。また、みなさんの国の子どもはどんな人をロールモデルにしますか。例《たと》えば、両親《りょうしん》ですか、スポーツ選手《せんしゅ》ですか、それとも他《ほか》の人ですか。

話す前に、あなたの意見《いけん》や考《かんが》えをメモしよう。

・

・

・

・

文法《ぶんぽう》・表現《ひょうげん》リスト

□ 特《とく》に人気があったのが大鵬《たいほう》です → 53
□ 大鵬《たいほう》は強《つよ》いし、横綱《よこづな》になったし → 13
□ すごく人気があったみたいです → 62
□ 父と別《わか》れてしまったので → 34
□ 大変《たいへん》だったらしいですが → 71
□ 人をだましてはいけません → 35
□ 厳《きび》しく育《そだ》てたようです → 68
□ 相撲《すもう》の世界《せかい》に入ることになりました → 11
□ たくさん食べて稽古《けいこ》をしたそうです／好きな言葉《ことば》は「忍《にん》」（我慢《がまん》すること）だったそうです → 20
□ 21歳《さい》の時に横綱《よこづな》になりました → 51
□ 稽古《けいこ》しなくてもいい → 41
□ 夢《ゆめ》をかなえるためには → 25
□ 努力《どりょく》をしなかったら → 26
□ （模範《もはん》）にならなければいけない → 49
□ 一番上《いちばんうえ》のランクの横綱《よこづな》なら → 50
□ それで、大鵬《たいほう》は慈善活動《じぜんかつどう》も → 21
□ 70台《だい》の車をおくったりすることにしました → 10
□ 自分には厳《きび》しいのに → 54
□ 彼《かれ》みたいな人を → 63

13 多様化《たようか》する日本

ジャンル	スポーツ
難《むず》しさ	★★

Diversifying Japan　多样化的日本　Nhật Bản đa dạng hóa

大坂《おおさか》なおみ

Osaka Naomi

プロテニス選手《せんしゅ》（1997年～　）

Professional tennis player　专业网球选手

tuyển thủ quần vợt chuyên nghiệp

キーワード　オリンピック／人種《じんしゅ》／多様化《たようか》

13-1

　大坂《おおさか》なおみは、日本人のお母さんとアメリカ人のお父さんの間に、日本の大《おお》阪《さか》で生《う》まれました。3歳《さい》の時に、お姉《ねえ》さんといっしょにテニスを始《はじ》めました。テニスを始めたきっかけはセリーナ・ウィリアムズというテニス選手《せんしゅ》でした。大坂《おおさか》は4歳《さい》の時にアメリカに引《ひ》っ越《こ》しましたが、アメリカでもテニスを続《つづ》けました。その時から、1日に6時間ぐらい練習《れんしゅう》していたそうです。2016年に初《はじ》めて四大大会《よんだいたいかい》に出てから、自分よりもランキングが高いテニス選手《せんしゅ》に何回《なんかい》も勝《か》ちました。そして、2018年、20歳《はたち》の時に、セリーナ・ウィリアムズに勝《か》って、日本人として初《はじ》めて、四大大会で優勝《ゆうしょう》しました。2019年にはアジア人として初《はじ》めて、シングルスで世界《せかい》ランキング1位《い》になりました。

　2019年まで、大坂《おおさか》はアメリカと日本、どちらの国籍《こくせき》も持っていました。しかし、日本では、22歳《さい》までに1つの国籍《こくせき》を選《えら》ばなくてはいけません。大《おお》坂《さか》は「日本の文化《ぶんか》と日本の人が好きだし、シャイだし、『私は日本人です』のほうが違和感《いわかん》がない。それから、日本人として、東京オリンピックに出たい」と言って、日本の国籍《こくせき》を選《えら》びました。セリーナ・ウィリアムズに勝《か》った時のインタビューでは、「みんなは私じゃなくて、セリーナを応援《おうえん》していたのに、私が勝《か》ってしまいました。すみません。」と話したので、「とても謙虚《けんきょ》で、日本人らしい」と思われました。でも、大坂《おおさか》は、お父さんがハイチ系《けい》アメリカ人なので、みんなが思う日本人と、見《み》た目《め》が少し違《ちが》います。それから、アメリカに長く住んでいるので、日本語があまり上手《じょうず》に話せません。だから、日本で大《おお》坂《さか》が有名《ゆうめい》になった時、「彼女《かのじょ》は本当《ほんとう》に日本人ですか」と思う人がたくさんいました。

　日本人はよく、みんな日本語を話して、同《おな》じような見《み》た目《め》、文化《ぶんか》や考《かんが》え方《かた》を持っていると思われています。大坂《おおさか》は子どもの時から自分のアイデンティティについて考えていて、日本で人種差別《じんしゅさべつ》をされたこともあるそうです。しかし、今の日本には色々《いろいろ》な人種《じんしゅ》が住んでいます。大坂《おおさか》は日本人として2021年の東京オリンピックに出ました。そして、その時、今の多様化《たようか》している日本のシンボルとして、聖火《せいか》ランナーに選《えら》ばれました。そのことは、日本の多様化《たようか》について、みんなが考えるきっかけになりました。大坂《おおさか》のように色々な人種《じんしゅ》が「日本人」として活躍《かつやく》しているので、「日本人」についての考え方が変《か》わってきています。

多様化《たようか》：diversification
選手《せんしゅ》：player
人種《じんしゅ》：race
セリーナ・ウィリアムズ：Serena Williams (tennis player)
四大大会《よんだいたいかい》：four major tournaments
優勝《ゆうしょう》する：to win first place
国籍《こくせき》：nationality
違和感《いわかん》：a sense that something is odd
応援《おうえん》する：to cheer; to root for
謙虚《けんきょ》な：humble
ハイチ系《けい》：Haitian
見《み》た目《め》：appearance
アイデンティティ：identity
差別《さべつ》：discrimination
聖火《せいか》ランナー：torchbearer
(〜が)活躍《かつやく》する：to take an active part

読む前に 1 単語《たんご》の練習《れんしゅう》

次のa〜fを(　)の中に入れて、文を完成《かんせい》しましょう。

a. 勝《か》った　b. 選《えら》んだ　c. 出た　d. 同《おな》じ　e. きっかけ　f. 文化《ぶんか》

1) 私が日本語の勉強《べんきょう》を始《はじ》めた(　)はアニメだ。
2) 歴史《れきし》が好きなので、大学の専攻《せんこう》は歴史《れきし》を(　)。
3) 私と友達《ともだち》は(　)アパートに住んでいる。
4) 応援《おうえん》しているチームが試合《しあい》に(　)から、うれしかった。
5) 私は子どもの時、テレビに(　)ことがある。
6) 日本には歌舞伎《かぶき》や茶道《さどう》など、おもしろい(　)がたくさんある。

読む前に 2

1) みなさんは日本人について、どんなイメージがありますか。どんな人が日本人らしいと思いますか。
2) みなさんの国で有名《ゆうめい》な日本人のスポーツ選手《せんしゅ》はいますか。その選手《せんしゅ》はどうして有名ですか。

13-2

内容質問《ないようしつもん》 1 正《ただ》しければ○を違《ちが》っていれば×をしましょう。

1）（　　）　大坂《おおさか》はアメリカでテニスを始《はじ》めた。
2）（　　）　大坂《おおさか》は世界《せかい》で一番強《いちばんつよ》いテニス選手《せんしゅ》になったことがある。
3）（　　）　大坂《おおさか》は自分はシャイだと思っている。
4）（　　）　大坂《おおさか》は今もアメリカと日本の国籍《こくせき》、どちらも持っている。
5）（　　）　大坂《おおさか》は 2021 年の東京オリンピックに日本人として出た。

内容質問《ないようしつもん》 2 次の質問《しつもん》に答《こた》えましょう。

1）「テニス選手《せんしゅ》」（6 行目《ぎょうめ》）を修飾《しゅうしょく》して（to modify）いるところは、どこから始《はじ》まりますか。

a. 2016 年に～

b. 四大大会《よんだいたいかい》に～

c. 自分よりも～

d. ランキングが～

2）「話した」（16 行目《ぎょうめ》）は、誰《だれ》が話しましたか。

a. 大坂《おおさか》

b. セリーナ・ウィリアムズ

c. セリーナ・ウィリアムズを応援《おうえん》している人

d. 日本人

3）大坂《おおさか》を「彼女《かのじょ》は本当《ほんとう》に日本人ですか」と思う人がいた理由《りゆう》の中で、正《ただ》しくないのはどれですか。

a. インタビューが謙虚《けんきょ》だったから

b. 見《み》た目《め》が少し違《ちが》うから

c. アメリカに長く住んでいるから

d. 日本語があまり上手《じょうず》じゃないから

4) 「そのこと」（26行目《ぎょうめ》）は何のことですか。

a. 大坂《おおさか》が日本で人種差別《じんしゅさべつ》を受《う》けたこと

b. 日本には色々《いろいろ》な人種《じんしゅ》が住んでいること

c. 日本が多様化《たようか》していること

d. 大坂《おおさか》がオリンピックの聖火《せいか》ランナーに選《えら》ばれたこと

考《かんが》えをまとめよう

1) みなさんの国には人種差別《じんしゅさべつ》の問題《もんだい》がありますか。他《ほか》にはどんな差別《さべつ》がありますか。

2) みなさんの国には大坂《おおさか》のように、多様化《たようか》のシンボルになっている有名人《ゆうめいじん》がいますか。その人はどんな人ですか。

話す前に、あなたの意見《いけん》や考《かんが》えをメモしよう。

・

・

・

・

文法《ぶんぽう》・表現《ひょうげん》リスト

□ セリーナ・ウィリアムズというテニス選手《せんしゅ》 → 43

□ 練習《れんしゅう》していたそうです／人種差別《じんしゅさべつ》をされたこともあるそうです → 20

□ 初《はじ》めて四大大会《よんだいたいかい》に出てから → 33

□ 何回《なんかい》も勝《か》ちました → 64

□ 日本人として／アジア人として → 45

□ ランキング１位《い》になりました／有名《ゆうめい》になった → 51

□ ２０１９年まで → 60

□ ２２歳《さい》までに → 61

□ 国籍《こくせき》を選《えら》ばなくてはいけません → 49

□ 日本の文化《ぶんか》と日本の人が好きだし、シャイだし → 13

□ セリーナを応援《おうえん》していたのに → 54

□ 私が勝《か》ってしまいました → 34

□ とても謙虚《けんきょ》で、日本人らしい → 72

□ 日本人らしい」と思われました／持っていると思われています → 73

□ 考《かん》え方《かた》 → 2

□ 日本で人種差別《じんしゅさべつ》をされた → 73

□ 大坂《おおさか》のように〜活躍《かつやく》しているので → 69

□ 考え方が変《か》わってきています → 32

14 私が走《はし》る理由《りゆう》

ジャンル スポーツ

難《むずか》しさ ★★

The Reason Why I Run　我跑步的理由　Lý do tôi chạy

人見絹枝《ひとみきぬえ》

Hitomi Kinue

陸上競技選手《りくじょうきょうぎせんしゅ》／ジャーナリスト（1907年～1931年）

Track and field athlete/Journalist　田径运动员/记者

tuyển thủ môn điền kinh/ phóng viên

キーワード　女の人／運動《うんどう》／健康《けんこう》／オリンピック

14-1

1928年に、日本人の女の人が初《はじ》めてオリンピックに出ました。それが、人《ひと》見絹枝《みきぬえ》です。このオリンピックで日本人の女の人は人見《ひとみ》だけでした。人見《ひとみ》は走幅跳《はしりはばとび》や三段跳《さんだんとび》が得意《とくい》でした。でも、そのころのオリンピックでは、女の人は走幅跳《はしりはばとび》や三段跳《さんだんとび》に出ることができませんでした。ですから、人見《ひとみ》は100メートル走《そう》に出ましたが、いい記録《きろく》ではなかったから、とても悔《くや》しいと思いました。人見《ひとみ》は100メートル走の後で、800メートル走にも出ました。そのオリンピックまで、人見《ひとみ》は800メートル走の練習《れんしゅう》をぜんぜんしたことがありませんでしたが、銀《ぎん》メダルを取《と》ることができました。

そのころ、日本では、女の人はあまり運動《うんどう》をしませんでした。女の人は家の中で働《はたら》かなければいけないと考《かんが》える人がたくさんいたからです。それに、女の人が手《て》や足《あし》が見える服《ふく》を着《き》るのは女の人らしくないと考える人も多《おお》かったです。でも、人見《ひとみ》が試合《しあい》でヨーロッパに行った時、たくさんの女の人が公園《こうえん》で運動をしていて、人見《ひとみ》は驚《おどろ》きました。そして、「女の人も運動をすれば、日本の男の人も女の人もみんな健康《けんこう》になる」と考えました。人見《ひとみ》は新聞社《しんぶんしゃ》で働《はたら》いていたので、スポーツの記事《きじ》を書いたり、オリンピックの後で、日本中で講演《こうえん》をしたりしました。その講演《こうえん》で人見《ひとみ》は「女の人も運動をしたほうがいい」と話しました。

人見《ひとみ》は「私が運動《うんどう》や講演《こうえん》を頑張《がんば》ったら、みんなが考《かんが》え方《かた》を変《か》えるかもしれない。そして、もっとたくさんの女の人が運動をするかもしれない」と考えていました。ですから、23歳《さい》の時に病気《びょうき》になりましたが、運動や講演《こうえん》を続《つづ》けました。そして、1931年に24歳《さい》で亡《な》くなる時も、「私が早《はや》く死《し》んだら、運動をしすぎて、人見《ひとみ》は死んだ。女の人は運動をしなくてもいいと思われるかもしれない」と心配《しんぱい》していました。

人見《ひとみ》は走《はし》る時、もちろん勝《か》ちたいと思っていました。でも、それだけではありません。運動《うんどう》をしたら、みんな健康《けんこう》になれるから、女の人も運動をしてほしいと思っていました。そして、人見《ひとみ》が運動や講演《こうえん》を頑張《がんば》ったから、たくさんの人が運動に興味《きょうみ》を持つことができました。今、日本では男の人も女の人も運動を楽《たの》しんでいます。

陸上競技《りくじょうきょうぎ》：track and field
オリンピック：Olympic Games
記録《きろく》：record
ヨーロッパ：Europe
選手《せんしゅ》：athlete
走幅跳《はしりはばとび》：long jump
悔《くや》しい：regrettable
新聞社《しんぶんしゃ》：newspaper company
健康《けんこう》：health
三段跳《さんだんとび》：triple jump
銀《ぎん》メダル：silver medal
講演《こうえん》：lecture

読む前に 1 単語《たんご》の練習《れんしゅう》

次のａ～ｆを（　　）の中に入れて、文を完成《かんせい》しましょう。

a. 運動《うんどう》　b. 試合《しあい》　c. 驚《おどろ》いた　d. 心配《しんぱい》した　e. 興味《きょうみ》　f. 記事《きじ》

1）田中《たなか》さんとカラオケに行ったら、歌《うた》がとても上手《じょうず》で（　　　）。
2）今日、テレビでサッカーの（　　　）を見るつもりです。
3）この人が書いた（　　　）はおもしろいので、いつも読んでいる。
4）私の弟《おとうと》は日本の歴史《れきし》にとても（　　　）がある。
5）私は週《しゅう》に３時間ぐらい（　　　）をしています。
6）子どもに電話をしたが、ぜんぜん出ないので（　　　）。

読む前に 2

1）みなさんは健康《けんこう》のために、何をしていますか。何をしていませんか。
2）人見絹枝《ひとみきぬえ》は病気《びょうき》になりましたが、運動《うんどう》をやめませんでした。どうして、運動をやめなかったと思いますか。

14-2

内容質問《ないようしつもん》 1 正《ただ》しければ○を違《ちが》っていれば×をしましょう。

1）(　　)　人見《ひとみ》はオリンピックに出たが、走幅跳《はしりはばとび》や三段跳《さんだんとび》の記録《きろく》はよくなかった。

2）(　　)　人見《ひとみ》は練習《れんしゅう》をしていなかったが、オリンピックで800メートル走《そう》の試合《しあい》に出た。

3）(　　)　ヨーロッパは日本と運動《うんどう》についての考《かんが》え方《かた》が違《ちが》ったので、人見《ひとみ》は驚《おどろ》いた。

4）(　　)　人見《ひとみ》は運動や講演《こうえん》を頑張《がんば》ったので、病気《びょうき》になった。

5）(　　)　今も日本では、多《おお》くの人が女の人は運動をしないほうがいいと考えている。

内容質問《ないようしつもん》 2 次の質問《しつもん》に答《こた》えましょう。

1）　どうして「女の人はあまり運動《うんどう》をしませんでした」(9行目《ぎょうめ》)か。

a. オリンピックに出ることができなかったからです。

b. 家の中で働《はたら》かなければいけないと考《かんが》えられていたからです。

c. 健康《けんこう》になりたいと思っていなかったからです。

d. スポーツにあまり興味《きょうみ》がなかったからです。

2）「人」(10行目《ぎょうめ》)を修飾《しゅうしょく》して(to modify)いるところは、どこから始《はじ》まりますか。

a. 女の人は～

b. 家の中で～

c. 働《はたら》かなければ～

d. 考《かんが》える

3）「思われる」(22行目《ぎょうめ》)は、誰《だれ》が思いますか。

a. 人見《ひとみ》

b. 筆者《ひっしゃ》(author)

c. みんな

d. ヨーロッパの人

4) どうして人見《ひとみ》は「女の人も運動《うんどう》をしてほしい」(25-26行目《ぎょうめ》)と思っていましたか。

a. オリンピックの100メートル走《そう》でいい記録《きろく》を出せなかったからです。

b. オリンピックで金《きん》メダルをとりたいと思っていたからです。

c. 日本の女の人がスポーツの試合《しあい》で勝《か》ってほしいと思っていたからです。

d. 運動をしたら、みんな健康《けんこう》になれると考《かんが》えていたからです。

考《かんが》えをまとめよう

1) みなさんがすばらしいと思うスポーツ選手《せんしゅ》は誰《だれ》ですか。その人は何をしましたか。

2) みなさんの国にある考《かんが》え方《かた》で、変《か》えたほうがいいと思う考え方はありますか。どうしてそう思いますか。

話す前に、あなたの意見《いけん》や考《かんが》えをメモしよう。
・
・
・
・

文法《ぶんぽう》・表現《ひょうげん》リスト

□ 練習《れんしゅう》をぜんぜんしたことがありませんでした → 8
□ 女の人は家の中で働《はたら》かなければいけない → 49
□ それに、女の人が手《て》や足《あし》が → 22
□ 手《て》や足《あし》が見える服《ふく》 → 4
□ 女の人らしくないと考える → 72
□ 運動をしていて、人見《ひとみ》は驚《おどろ》きました／運動をしすぎて、人見《ひとみ》は死んだ → 30
□ 女の人も運動をすれば、日本の男の人も女の人も → 55
□ みんな健康《けんこう》になる／23歳《さい》の時に病気《びょうき》になりました → 16
□ 私が運動《うんどう》や講演《こうえん》を頑張《がんば》ったら、みんなが／私が早《はや》く死《し》んだら、運動を → 26
□ みんなが考《かんが》え方《かた》を変《か》える → 2
□ 考《かんが》え方《かた》を変《か》えるかもしれない／運動をするかもしれない → 5
□ 運動をしすぎて、人見《ひとみ》は死んだ → 15
□ 女の人も運動をしてほしいと思っていました → 36

15 生活《せいかつ》を変《か》えるビジネスモデル

ジャンル 経営《けいえい》

難《むずか》しさ ★★★

Life Changing Business Model　改变生活的经营模式　Mô hình kinh doanh làm thay đổi cuộc sống

小林一三《こばやしいちぞう》

Kobayashi Ichizo

実業家《じつぎょうか》（1873年～1957年）

Business person　实业家　doanh nhân

キーワード　**鉄道《てつどう》／理想《りそう》／ライフスタイル／アイデア**

15-1

日本には便利《べんり》なものが色々《いろいろ》あります。例《たと》えば、外国人が日本を旅行《りょこう》する時、便利《べんり》だと思うのが鉄道《てつどう》です。あまり時間に遅《おく》れないし、きれいだし、たいてい鉄道《てつどう》でどこでも行けます。また、大きい駅《えき》にはデパートがあって、駅から外に出ないでデパートに行けるので、これも便利《べんり》です。今、このような駅にデパートがあるビジネスモデルは日本中で見られますが、これを考《かんが》えたのは小林《こばやし》一三《いちぞう》という人でした。

小林《こばやし》の子どもの時の夢《ゆめ》は小説家《しょうせつか》だったらしいですが、大学を卒業《そつぎょう》してからは、銀行《ぎんこう》などに勤《つと》めました。そして、1907年に箕面有馬《みのおありま》電気軌道《きどう》（今の阪《はん》急電鉄《きゅうでんてつ》）という鉄道《てつどう》の会社《かいしゃ》を作りました。もちろん鉄道《てつどう》を作るのは大変《たいへん》な仕事ですが、小林《こばやし》が本当《ほんとう》にすばらしいのは、鉄道《てつどう》を使《つか》ってもらうための色々《いろいろ》なアイデアを考《かんが》えたことです。小林《こばやし》が作った鉄道《てつどう》は最初《さいしょ》は田舎《いなか》を走《はし》っていたので、乗《の》る人はあまりいませんでした。だから小林《こばやし》は、鉄道《てつどう》が走っている所《ところ》に家を建《た》てて町を作れば、鉄道《てつどう》を使う人が増《ふ》えるはずだと考えました。それで、駅《えき》の近《ちか》くに家を建てて売りました。次に小林《こばやし》は、鉄道《てつどう》をレジャーにも使ってほしいと考えて、町から遠《とお》くにある駅の近くにプールや劇場《げきじょう》を作りました。そして、その劇場《げきじょう》でミュージカルを見せるために宝塚少女歌劇《たからづかしょうじょかげき》（今の宝塚歌《たからづかか》劇団《げきだん》）という劇団《げきだん》も作りました。それから、小林《こばやし》は大きい町にある駅にデパートを建てました。それまでは駅からデパートまで遠《とお》くて行きにくかったので、小林《こばやし》は駅にデパートがあれば便利《べんり》になると考えたからです。

小林《こばやし》のビジネスモデルは他《ほか》の鉄道会社《てつどうがいしゃ》のビジネスモデルにもなって、多《おお》くの鉄道《てつどう》会社が家を建《た》てて売ったり、大きい町の駅《えき》にはデパートを建てたりしました。小林《こばやし》は自分の鉄道《てつどう》会社を大きくしましたが、小林《こばやし》が本当《ほんとう》に考《かんが》えていたのは、鉄道《てつどう》会社を大きくすることではありません。多くの人が便利《べんり》な所《ところ》に住んで、デパートで買《か》い物《もの》をして、ミュージカルを見るという理想《りそう》のライフスタイルを作ることでした。確《たし》かに、今の日本は小林《こばやし》が生《い》きていたころより生活《せいかつ》しやすくなりましたが、まだ日本の生活《せいかつ》は本当《ほんとう》の理想《りそう》のライフスタイルだと言えないかもしれません。もう小林《こばやし》は亡《な》くなりましたが、もし小林《こばやし》が生きていたら、どんなアイデアで今の生活《せいかつ》をもっと理想的《りそうてき》な生活《せいかつ》に変《か》えようと思うでしょうか。

実業家《じつぎょうか》：business person	鉄道《てつどう》：railroad	理想《りそう》：ideal	小説家《しょうせつか》：novelist; writer
箕面有馬電気軌道《みのおありまでんききどう》：*Minoo Arima* Electric Railway		阪急電鉄《はんきゅうでんてつ》：*Hankyu* railway	
田舎《いなか》：countryside; rural area	レジャー：leisure	劇場《げきじょう》：theater	宝塚歌劇団《たからづかかげきだん》：*Takarazuka* Revue

読む前に 1 単語《たんご》の練習《れんしゅう》

次のａ～ｆを（　　）の中に入れて、文を完成《かんせい》しましょう。

a. 卒業《そつぎょう》して　b. 建《た》てて　c. 増《ふ》えて　d. 生《い》きて　e. 夢《ゆめ》　f. すばらしい

1）この人が作る映画《えいが》は、全部《ぜんぶ》（　　　）映画だと思う。
2）子どもの時の（　　　）は歌手《かしゅ》でしたが、今は学校の先生になりたいです。
3）日本に旅行《りょこう》に来る外国人が（　　　）いると聞いた。
4）駅《えき》のとなりに大きいホテルを（　　　）いるようだ。
5）去年《きょねん》、大学を（　　　）、今、オーストラリアの会社《かいしゃ》に勤《つと》めています。
6）おじいさんには、もっと長く（　　　）いてほしかったです。

読む前に 2

1）みなさんの国の鉄道《てつどう》やバスは便利《べんり》ですか、便利《べんり》じゃありませんか。それは、どうしてですか。
2）将来《しょうらい》、どんな所《ところ》に住んでどんな生活《せいかつ》をしてみたいですか。

15-2

内容質問《ないようしつもん》 1 正《ただ》しければ○を違《ちが》っていれば×をしましょう。

1）（　　）　日本の鉄道《てつどう》は時間に遅《おく》れなくて、きれいだけれど、大きい町にしか行けない。

2）（　　）　今の日本のデパートはたいてい大きい駅《えき》にあるから、便利《べんり》だ。

3）（　　）　小林《こばやし》は大学を卒業《そつぎょう》して、すぐに鉄道会社《てつどうがいしゃ》を作った。

4）（　　）　他《ほか》の鉄道《てつどう》会社は、小林《こばやし》のビジネスモデルを使《つか》った。

5）（　　）　小林《こばやし》が本当《ほんとう》にしたかったことは、鉄道《てつどう》会社を大きくすることだけだった。

内容質問《ないようしつもん》 2 次の質問《しつもん》に答《こた》えましょう。

1）「考《かんが》えたのは」（5行目《ぎょうめ》）の「の」は何を指《さ》して（to refer）いますか。

a. 会社《かいしゃ》

b. 人

c. デパート

d. 駅《えき》

2）小林《こばやし》はどうして「本当《ほんとう》にすばらしい」（10行目《ぎょうめ》）と考《かんが》えられていますか。

a. 田舎《いなか》に鉄道《てつどう》を作ったからです。

b. 鉄道《てつどう》を使《つか》ってもらうために、色々《いろいろ》なアイデアを考えたからです。

c. 人々《ひとびと》のためにプールや劇場《げきじょう》を作ったからです。

d. ミュージカルの劇団《げきだん》を作ったからです。

3）「それまで」（18行目《ぎょうめ》）の「それ」は何を指《さ》して（to refer）いますか。

a. 小林《こばやし》がプールを作ります。

b. 小林《こばやし》が劇場《げきじょう》を作ります。

c. 小林《こばやし》が宝塚少女歌劇《たからづかしょうじょかげき》を作ります。

d. 小林《こばやし》が駅《えき》にデパートを建《た》てます。

4）　筆者《ひっしゃ》（author）は、今の生活《せいかつ》をどう思っていますか。

a. もう理想的《りそうてき》なライフスタイルになったと思っている。

b. まだ理想的《りそうてき》なライフスタイルになっていないかもしれないと思っている。

c. 小林《こばやし》のアイデアでは、理想的《りそうてき》なライフスタイルにならないと思っている。

d. 小林《こばやし》のアイデアで理想的《りそうてき》なライフスタイルになったと思っている。

考《かんが》えをまとめよう

1）　50年後、みなさんの国のライフスタイルはどうなっていると思いますか。今とどんなことが変《か》わっていると思いますか。

2）　みなさんの国で、小林《こばやし》のように新しいビジネスモデルを作った人がいますか。その人はどんなビジネスモデルを考《かんが》えましたか。

話す前に、あなたの意見《いけん》や考《かんが》えをメモしよう。

・

・

・

・

文法《ぶんぽう》・表現《ひょうげん》リスト

□ このような駅にデパートがある → 69

□ これを考《かんが》えたのは小林一三《こばやしいちぞう》 → 53

□ 小林一三《こばやしいちぞう》という人／箕面有馬《みのおありま》電気軌道《きどう》（今の阪急電鉄《はんきゅうでんてつ》）という鉄道《てつどう》の会社《かいしゃ》 → 43

□ 夢《ゆめ》は小説家《しょうせつか》だったらしいです → 71

□ 鉄道《てつどう》を使《つか》ってもらう → 31

□ 使《つか》ってもらうための色々《いろいろ》な／その劇場《げきじょう》でミュージカルを見せるために → 25

□ 家を建《た》てて町を作れば／駅にデパートがあれば → 55

□ 増《ふ》えるはずだと → 56

□ 鉄道《てつどう》をレジャーにも使ってほしい → 36

□ 遠《とお》くて行きにくかったので → 52

□ 鉄道《てつどう》会社を大きくしました／鉄道《てつどう》会社を大きくすることでは → 16

□ 生《い》きていたころより生活《せいかつ》しやすく → 67

□ 言えないかもしれません → 5

□ もう小林《こばやし》は亡《な》くなりましたが → 65

□ もし小林《こばやし》が生きていたら → 26

□ 変《か》えようと思うでしょうか → 75

16 家族《かぞく》で楽《たの》しめるビデオゲームを

ジャンル	経営《けいえい》
難《むずか》しさ	★★★

Games for the Whole Family to Enjoy　适合家庭的电子游戏　Trò chơi điện tử có thể chơi được ở nhà

宮本茂《みやもとしげる》　ゲームクリエーター（1952 年～　）

Miyamoto Shigeru　Game creator　游戏制作者　Người sáng tạo trò chơi

キーワード　ビデオゲーム／任天堂《にんてんどう》／教育《きょういく》／安心《あんしん》

16-1

「スーパーマリオ」「ドンキーコング」「ゼルダの伝説《でんせつ》」…。世界中《せかいじゅう》の誰《だれ》でも知っているこのビデオゲームを作ったのが任天堂《にんてんどう》の宮本茂《みやもとしげる》です。宮本《みやもと》は 1977 年に任天堂《にんてんどう》に入りました。実《じつ》はその時、任天堂《にんてんどう》はおもちゃやトランプを作っている会社で、まだビデオゲームを作っていませんでした。しかし、宮本《みやもと》が人気《にんき》があるビデオゲームをたくさん作ったので、任天堂《にんてんどう》は世界で一番有名《いちばんゆうめい》なビデオゲームの会社になりました。そのすごさが世界に認《みと》められて、2004 年に宮本《みやもと》は『TIME』という雑誌《ざっし》の「世界で一番影響力《いちばんえいきょうりょく》がある 100 人」に選《えら》ばれました。

宮本《みやもと》のライバルはウォルト・ディズニーだそうです。ウォルト・ディズニーは 1966 年に死《し》んでしまいましたが、ウォルト・ディズニーが作ったミッキーマウスは今もまだ世界中《せかいじゅう》の人に愛《あい》されています。だから、宮本《みやもと》もミッキーマウスのようにずっと愛《あい》されて、残《のこ》るものを作りたいと思っています。それから、たいてい親《おや》はビデオゲームは子どもの教育《きょういく》によくないと思っているので、子どもにあまりゲームをさせません。でも、ディズニー映画《えいが》は安心《あんしん》して子どもに見せています。宮本《みやもと》の夢《ゆめ》はディズニー映画のような、家族《かぞく》が安心して楽《たの》しめるビデオゲームを作ることだそうです。

子どもはゲームを始《はじ》めると、簡単《かんたん》にやめられません。子どもがゲームをしすぎるので、困《こま》っている親《おや》もたくさんいます。これについて、宮本《みやもと》は「ビデオゲームはとても楽《たの》しいので、ゲームをやめるのが難《むずか》しいのは当《あ》たり前《まえ》だ。親もゲームをしたら、子どもがゲームをやめられない気持《きも》ちがわかるだろう」と考《かんが》えています。だから宮本《みやもと》は、Wii や Nintendo Switch というゲーム機《き》や、リビングで親と子どもがいっしょに楽しめるビデオゲームを作っているのです。

2019 年に宮本《みやもと》は日本の文化功労賞《ぶんかこうろうしょう》という賞《しょう》をもらいました。これは日本の文化《ぶんか》の発展《はってん》を手伝《てつだ》った人がもらえる賞《しょう》です。ゲームのジャンルでこの賞《しょう》をもらうのは、宮本《みやもと》が初《はじ》めてでした。その時のスピーチで宮本《みやもと》は、「ゲームでもっとみんなを幸《しあわ》せにしたい」と言っていました。宮本《みやもと》なら、これからも家族《かぞく》みんなが楽《たの》しめて、世界《せかい》で愛《あい》されるビデオゲームを作り続《つづ》けてくれるでしょう。

教育《きょういく》：education　ゼルダの伝説《でんせつ》："*The Legend of Zelda*"(Name of game)　トランプ：playing cards
認《みと》める：to recognize　影響力《えいきょうりょく》がある：to be influential　ライバル：rival
ウォルト・ディズニー：Walt Disney (animator)　ミッキーマウス：Mickey Mouse
愛《あい》する：to love　当《あ》たり前《まえ》：usual; ordinary　ゲーム機《き》：gaming console　賞《しょう》：award
発展《はってん》：development　ジャンル：genre

読む前に 1 単語《たんご》の練習《れんしゅう》 次のａ～ｆを（　　）の中に入れて、文を完成《かんせい》しましょう。

a. 楽《たの》しんだ　b. 安心《あんしん》した　c. 困《こま》った　d. もらった　e. やめた　f. 残《のこ》った

1）空手《からて》を習《なら》っていたが、忙《いそが》しくなったので、（　　　）。
2）先週《せんしゅう》のパーティーではみんな音楽《おんがく》とダンスを（　　　）。
3）病気《びょうき》だった犬《いぬ》が元気《げんき》になったので、（　　　）。
4）子どもの時、誕生日《たんじょうび》によくおもちゃを（　　　）。
5）日本に行った時、日本語がわからなかったので、（　　　）。
6）たくさん作りすぎたので、晩《ばん》ご飯《はん》が（　　　）。

読む前に 2

1）みなさんは、どんな任天堂《にんてんどう》のビデオゲーム、例《たと》えば、「スーパーマリオ」や「ドンキーコング」を知っていますか。そのゲームをしたことがありますか。
2）みなさんは子どもの時、親《おや》はビデオゲームをさせてくれましたか、させてくれませんでしたか。

16-2

内容質問《ないようしつもん》 1 正《ただ》しければ○を違《ちが》っていれば×をしましょう。

1）（　　）　昔《むかし》、任天堂《にんてんどう》はビデオゲームを作る会社ではなかった。
2）（　　）　宮本《みやもと》は将来《しょうらい》もみんなに愛《あい》されるものを作りたいと思っている。
3）（　　）　宮本《みやもと》の夢《ゆめ》はディズニーのビデオゲームを作ることだ。
4）（　　）　宮本《みやもと》はビデオゲームは教育《きょういく》によくないと考《かんが》えている。
5）（　　）　宮本《みやもと》は子どもだけじゃなくて、親《おや》にもビデオゲームをしてほしいと思っている。

内容質問《ないようしつもん》 2 次の質問《しつもん》に答《こた》えましょう。

1）「会社」（4行目《ぎょうめ》）を修飾《しゅうしょく》して（to modify）いるところは、どこから始《はじ》まりますか。

a. 実《じつ》は～
b. その時～
c. 任天堂《にんてんどう》は～
d. おもちゃや～

2）「そのすごさ」（6行目《ぎょうめ》）は、どんなことですか。

a. 任天堂《にんてんどう》がおもちゃやトランプを作ったこと
b. 宮本《みやもと》が任天堂《にんてんどう》に入ったこと
c. 宮本《みやもと》が人気《にんき》があるビデオゲームをたくさん作ったこと
d. 任天堂《にんてんどう》がビデオゲームの会社になったこと

3）「見せています」（14行目《ぎょうめ》）は、誰《だれ》が見せていますか。

a. 宮本《みやもと》
b. ウォルト・ディズニー
c. 親《おや》
d. 子ども

4)「その時」（24行目《ぎょうめ》）は、いつを指《さ》して（to refer）いますか。

a. 宮本《みやもと》が Wii や Nintendo Switch を作った時
b. 宮本《みやもと》が家族《かぞく》がいっしょに楽《たの》しめるゲームをたくさん作った時
c. 宮本《みやもと》が日本の文化功労賞《ぶんかこうろうしょう》をもらった時
d. 宮本《みやもと》が日本の文化《ぶんか》の発展《はってん》を手伝《てつだ》った時

考《かんが》えをまとめよう

1） みなさんは宮本《みやもと》が作ったビデオゲームは、ミッキーマウスのように将来《しょうらい》も世界中《せかいじゅう》の人に愛《あい》されていると思いますか。

2） みなさんはビデオゲームは教育《きょういく》にいいと思いますか。悪《わる》いと思いますか。どうしてそう思いますか。

話す前に、あなたの意見《いけん》や考《かんが》えをメモしよう。

・

・

・

・

文法《ぶんぽう》・表現《ひょうげん》リスト

- □ 世界中《せかいじゅう》の誰《だれ》でも知っている → 40
- □ このビデオゲームを作ったのが → 53
- □ まだビデオゲームを作っていませんでした → 59
- □ そのすごさ → 12
- □ 世界に認《みと》められて／100人」に選《えら》ばれました → 73
- □『TIME』という雑誌《ざっし》／Wii や Nintendo Switch というゲーム機《き》 → 43
- □ 1966 年に死《し》んでしまいました → 34
- □ まだ世界中《せかいじゅう》の人に愛《あい》されています → 58
- □ ミッキーマウスのように／ディズニー映画のような → 69
- □ 子どもにあまりゲームをさせません → 18
- □ 宮本《みやもと》の夢《ゆめ》は～ビデオゲームを作ること → 7
- □ 子どもはゲームを始《はじ》めると → 42
- □ 子どもがゲームをしすぎるので → 15
- □ 親もゲームをしたら → 26
- □ ゲームをやめられない気持《きも》ちがわかるだろう → 28
- □ ゲームでもっとみんなを幸《しあわ》せにしたい → 16
- □ 宮本《みやもと》なら、これからも家族《かぞく》みんなが楽《たの》しめて → 50
- □ ビデオゲームを作り続《つづ》けてくれる → 31

17 みんなが仲良《なかよ》くなるビジネス

ジャンル 経営《けいえい》

難《むずか》しさ ★

Business that Promotes Getting Along Better　大家友好相处的营业　Công việc khiến mọi người gần nhau

辻信太郎《つじしんたろう》
Tsuji Shintaro

実業家《じつぎょうか》（1927 年～　）

Business person　实业家　doanh nhân

キーワード　**かわいい文化《ぶんか》／ハローキティ／モットー**

17-1

みなさん、一度《いちど》はハローキティを見たことがあるでしょう。日本の人はよく「キティちゃん」と呼《よ》びます。キティちゃんはサンリオという会社が作ったキャラクターで、日本のかわいい文化《ぶんか》のシンボルです。そして、そのサンリオを作ったのが辻信太郎《つじしんたろう》です。

1927 年に生《う》まれた辻《つじ》は、学生の時に戦争《せんそう》を経験《けいけん》しました。その戦争《せんそう》で友達《ともだち》がたくさん死《し》にました。それから、世界《せかい》のみんながどうやって仲良《なかよ》くなれるか考《かんが》えました。辻《つじ》はみんなが小さいプレゼントをあげたら、仲良《なかよ》くなれるかなと思いました。それで、会社を作って、ペンやハンカチを売ることにしました。そして、オリジナルのキャラクターを使《つか》ったかわいい商品《しょうひん》を作って、サンリオは人気《にんき》になりました。

辻《つじ》のモットーは「お金をかせぐビジネス」ではなくて、「みんなが仲良《なかよ》くなるビジネス」です。だから、いい商品《しょうひん》があるのに、それが売れない会社があったら、ぜひサンリオのキャラクターを使《つか》ってほしいと思っています。例《たと》えば、ぜんぜん売れないお菓子《かし》も、パッケージにキティちゃんを使ったら、売れるかもしれません。だから、たくさんの会社がキティちゃんとコラボしています。今、キティちゃんはたくさんの食《た》べ物《もの》やおもちゃ、キャラクターとコラボしていて、キティちゃんの商品《しょうひん》は全部《ぜんぶ》で５万種類《しゅるい》もあります。

キティちゃんにはくわしいプロフィールがあります。例《たと》えば、キティちゃんの出身《しゅっしん》はロンドンで、お父さんとお母さんと妹《いもうと》がいます。趣味《しゅみ》はお菓子《かし》を作ることと、ピアノを弾《ひ》くことです。ところで、キティちゃんは目《め》と鼻《はな》があるのに、口がありません。どうしてでしょうか。それは「本当《ほんとう》のやさしさは口では伝《つた》えられない。やさしさを伝《つた》えるためには、行動《こうどう》することが大切《たいせつ》だ」という辻《つじ》のメッセージがあるからです。

辻《つじ》は、2022年、94歳《さい》でサンリオの仕事をやめました。しかし、辻《つじ》が作ったキティちゃんは、世界《せかい》のみんなが仲良《なかよ》くなるために、他《ほか》の商品《しょうひん》とだけではなくて、色々《いろいろ》な有名人《ゆうめいじん》ともコラボしながら、今も積極的《せっきょくてき》に活動《かつどう》しています。

モットー：motto	戦争《せんそう》：war	経験《けいけん》する：to experience
お金をかせぐ：to make money	パッケージ：packaging; package	(〜と)コラボする：to collaborate
〜種類《しゅるい》：kind; type	プロフィール：profile	行動《こうどう》する：to act
積極的《せっきょくてき》に：actively	活動《かつどう》する：to work; to be active	

読む前に 1 単語《たんご》の練習《れんしゅう》

次のa〜fを(　)の中に入れて、文を完成《かんせい》しましょう。

a. プレゼント　b. 商品《しょうひん》　c. 仲《なか》(が)良《よ》くなる　d. 伝《つた》える　e. 売れる　f. お菓子《かし》

1) 私の趣味《しゅみ》はクッキーなどの(　　　)を作ることです。
2) 今、インターネットで色々《いろいろ》な(　　　)が買えます。
3) 自分の気持《きも》ちを上手《じょうず》に(　　　)のは難《むずか》しいです。
4) 英語《えいご》が話せたら、たくさんの国の人と(　　　)ことができます。
5) 明日《あした》は母《はは》の誕生日《たんじょうび》なので、(　　　)をあげるつもりです。
6) 寒《さむ》い日には、温《あたた》かい飲《の》み物《もの》がよく(　　　)そうです。

読む前に 2

1) みなさんは、ハローキティのような日本のキャラクターの商品《しょうひん》を持っていますか。それはどんなキャラクターですか。
2) 日本のかわいい文化《ぶんか》を知《し》っていますか。それはどんな文化《ぶんか》ですか。知らない人はインターネットで調《しら》べてみましょう。

🔊17-2

内容質問《ないようしつもん》 1　正《ただ》しければ○を違《ちが》っていれば×をしましょう。

1)（　　）　辻《つじ》は戦争《せんそう》の前から、世界《せかい》のみんなが仲良《なかよ》くなってほしいと思っていた。

2)（　　）　辻《つじ》はお金をかせぐことが一番大切《いちばんたいせつ》なことではないと思っている。

3)（　　）　他《ほか》の会社はサンリオのキャラクターを使《つか》ってはいけない。

4)（　　）　辻《つじ》はやさしさを言葉《ことば》で伝《つた》えるのは難《むずか》しいと考《かんが》えている。

5)（　　）　辻《つじ》は95歳《さい》の時に、まだサンリオで仕事をしていた。

内容質問《ないようしつもん》 2　次の質問《しつもん》に答《こた》えましょう。

1)　「商品《しょうひん》」（9行目《ぎょうめ》）を修飾《しゅうしょく》して（to modify）いるところは、どこから始《はじ》まりますか。

a. オリジナルの～

b. キャラクターを～

c. 使《つか》った～

d. かわいい

2)　「思っています」（13行目《ぎょうめ》）は誰《だれ》が思っていますか。

a. 辻《つじ》

b. みんな

c. いい商品《しょうひん》を売っている会社の人

d. サンリオのキャラクター

3)「それ」（21行目《ぎょうめ》）は何を指《さ》して（to refer）いますか。

a. どうしてキティちゃんはプロフィールがあるか

b. キティちゃんの趣味《しゅみ》

c. キティちゃんは目《め》と鼻《はな》があること

d. どうしてキティちゃんは口がないか

4） キティちゃんについて、正《ただ》しくないのはどれですか。

a. サンリオのキャラクターですが、他《ほか》の会社の商品《しょうひん》でも使《つか》われています。

b. 目《め》と鼻《はな》がありますが、口がありません。

c. 三人家族《かぞく》で、ロンドンに住んでいます。

d. 有名人《ゆうめいじん》とコラボをしたことがあります。

考《かんが》えをまとめよう

1） みなさんの国のキャラクターで、他《ほか》の国でも有名《ゆうめい》なキャラクターがいますか。どうしてそのキャラクターは人気《にんき》があると思いますか。

2） みなさんは辻《つじ》のようにモットーを持っていますか。それはどんなモットーですか。

話す前に、あなたの意見《いけん》や考《かんが》えをメモしよう。

・

・

・

・

文法《ぶんぽう》・表現《ひょうげん》リスト

- □ 一度《いちど》はハローキティを見たことがある → 8
- □ サンリオという会社 → 43
- □ そのサンリオを作ったのが → 53
- □ 仲良《なかよ》くなれる／口では伝《つた》えられない → 78
- □ 世界《せかい》のみんながどうやって仲良《なかよ》くなれるか → 76
- □ 小さいプレゼントをあげたら／売れない会社があったら → 26
- □ 仲良《なかよ》くなれるかなと思いました → 3
- □ それで、会社を作って → 21
- □ ペンやハンカチを売ることにしました → 10
- □ サンリオは人気《にんき》になりました → 51
- □ いい商品《しょうひん》があるのに／キティちゃんは目《め》と鼻《はな》があるのに → 54
- □ サンリオのキャラクターを使《つか》ってほしい → 36
- □ 例《たと》えば、ぜんぜん売れない／例《たと》えば、キティちゃんの出身《しゅっしん》は → 24
- □ 売れるかもしれません → 5
- □ 商品《しょうひん》は全部《ぜんぶ》で5万種類《しゅるい》もあります → 64
- □ 趣味《しゅみ》はお菓子《かし》を作ること／ピアノを弾《ひ》くことです → 7
- □ 本当《ほんとう》のやさしさ → 12
- □ やさしさを伝《つた》えるためには／みんなが仲良《なかよ》くなるために → 25
- □ 色々《いろいろ》な有名人《ゆうめいじん》ともコラボしながら → 47

18 ホラー小説《しょうせつ》を書く主夫《しゅふ》

ジャンル	文化《ぶんか》
難《むずか》しさ	★

Horror Story Writing House Husband　写恐怖小说的家庭主夫　Người chồng viết tiểu thuyết kinh dị

鈴木光司《すずきこうじ》

Suzuki Koji

作家《さっか》（1957年～）

Writer　作家　Tác giả

キーワード　子育《こそだ》て／主夫《しゅふ》／家事《かじ》／仕事

18-1

　鈴木光司《すずきこうじ》は日本では有名《ゆうめい》な作家《さっか》ですが、みなさんは名前を聞いたことがないかもしれません。でも、彼《かれ》の小説《しょうせつ》はどうでしょうか。例《たと》えば、『リング』です。髪《かみ》が長い女の人「貞子《さだこ》」がテレビの中から出てくるシーンが有名です。小説《しょうせつ》は読んだことがなくても、映画《えいが》なら見たことがある人は多《おお》いかもしれません。ハリウッドでもリメイクされました。『呪怨《じゅおん》』など、日本のホラー映画は海外《かいがい》でもとても人気《にんき》があります。鈴木《すずき》が書いた『リング』がそのブームを作ったと言ってもいいでしょう。

　ホラー小説《しょうせつ》で有名《ゆうめい》な作家《さっか》ですから、鈴木《すずき》はこわい人だと思うかもしれません。でも、実《じつ》はとてもやさしい人です。特《とく》に、自分の家族《かぞく》が大好きです。子どもが二人いて、鈴木《すずき》は主夫《しゅふ》（外で仕事をしないで、家事《かじ》をする夫《おっと》）だったそうです。子どもが小さい時、奥《おく》さんは仕事をしていましたから、鈴木《すずき》が子育《こそだ》てをしていました。そのころ、鈴木《すずき》は作家《さっか》になりたいと思って、小説《しょうせつ》を書いていました。毎日、奥《おく》さんは朝の7時に仕事に出かけました。その後《あと》、鈴木《すずき》は子どもと朝《あさ》ご飯《はん》を食べて、9時に子どもを保育園《ほいくえん》に送《おく》って行きました。そして、9時から5時半まで小説《しょうせつ》を書きました。5時半からはぜんぜん仕事をしないで、子どもと遊《あそ》んだり、買《か》い物《もの》をしたり、洗濯《せんたく》をしたりしていたそうです。

　鈴木《すずき》が子育《こそだ》てをしていたのは、今から30年ぐらい前です。そのころ、子育《こそだ》てをしている鈴木《すずき》に、周《まわ》りの人はとてもやさしかったそうです。例《たと》えば、買《か》い物《もの》に行った時、値段《ねだん》を安《やす》くしてくれました。また、新幹線《しんかんせん》に乗《の》った時、子どもにお菓子《かし》をくれました。しかし、それはやさしさじゃなくて、周《まわ》りの人がかわいそうなお父さんだと思ったからだろうと鈴木《すずき》は言っています。また、あまり服《ふく》がきれいじゃなかったから、鈴木《すずき》は仕事がなくて、奥《おく》さんに逃《に》げられてしまったと思われたかもしれないと言っています。子どもはいつも周《まわ》りの人に

「お母さんはどこに行ったの？」と聞かれたそうです。

今も日本には、主夫《しゅふ》はあまりいないかもしれませんが、子育《こそだ》てをするお父さんはたくさんいます。鈴木《すずき》は、それはとてもいいことだと思っています。子育《こそだ》てはお母さんだけの仕事ではありません。そして、子育《こそだ》てをするお父さんは、かわいそうなお父さんではありません。鈴木《すずき》はもっとたくさんの男の人に子育《こそだ》てをしてほしいと思っています。

主夫《しゅふ》：house husband
ハリウッド：Hollywood
保育園《ほいくえん》：nursery school
子育《こそだ》て：parenting; child-rearing
呪怨《じゅおん》："Ju-on" (Title of movie)
新幹線《しんかんせん》：bullet train
リング："Ring" (Title of movie)
ブーム：trend; craze

読む前に 1 単語《たんご》の練習《れんしゅう》 次のa～fを（　　）の中に入れて、文を完成《かんせい》しましょう。

a. 彼《かれ》	b. 小説《しょうせつ》	c. 家事《かじ》	d. 特《とく》に	e. 作家《さっか》	f. 周《まわ》り

1） 昨日《きのう》、図書館《としょかん》で（　　　）を借《か》りました。
2） 子どもの時、私はよく（　　　）を手伝《てつだ》いました。
3） （　　　）は中国から来た留学生《りゅうがくせい》のリンさんです。
4） この駅《えき》の（　　　）においしいレストランがたくさんあります。
5） とてもおもしろいので、その（　　　）の本は全部《ぜんぶ》読みました。
6） 私は映画《えいが》が好きです。（　　　）、日本の映画が好きです。

読む前に 2

1） みなさんはよく小説《しょうせつ》を読みますか。好きな作家《さっか》がいますか。どうして好きですか。
2） みなさんは家事《かじ》（ご飯《はん》の用意《ようい》や掃除《そうじ》、洗濯《せんたく》など）をしますか。どの家事《かじ》が好きで、どの家事《かじ》がきらいですか。それはどうしてですか。

18-2

内容質問《ないようしつもん》 1 正《ただ》しければ○を違《ちが》っていれば×をしましょう。

1）（　　）　日本のホラー映画《えいが》のブームを作ったのは『リング』だ。

2）（　　）　家族《かぞく》も鈴木《すずき》はこわい人だと思っていた。

3）（　　）　鈴木《すずき》は子育《こそだ》てをしていたから、小説《しょうせつ》がぜんぜん書けなかった。

4）（　　）　鈴木《すずき》は今もかわいそうなお父さんがたくさんいると思っている。

5）（　　）　鈴木《すずき》は男の人も子育《こそだ》てをしたほうがいいと思っている。

内容質問《ないようしつもん》 2 次の質問《しつもん》に答《こた》えましょう。

1）「シーン」（3行目《ぎょうめ》）を修飾《しゅうしょく》して（to modify）いるところは、どこから始《はじ》まりますか。

a. 髪《かみ》が～

b. 女の人～

c. テレビの～

d. 出てくる

2）「そのころ」（12行目《ぎょうめ》）はいつを指《さ》して（to refer）いますか。

a. ハリウッドで映画《えいが》がリメイクされた時

b. 子どもが小さかった時

c. 鈴木《すずき》が家事《かじ》をしている時

d. 奥《おく》さんが外で仕事をしている時

3）どうして「鈴木《すずき》に、周《まわ》りの人はとてもやさしかった」（18行目《ぎょうめ》）ですか。

a. 鈴木《すずき》がかわいそうだと思ったからです。

b. 鈴木《すずき》が書いた小説《しょうせつ》が好きだったからです。

c. 鈴木《すずき》の奥《おく》さんが外で仕事をしていたからです。

d. 鈴木《すずき》には子どもが二人いたからです。

4）「思われた」（23行目《ぎょうめ》）は、誰《だれ》が思いましたか。

a. 周《まわ》りの人

b. 鈴木《すずき》

c. 奥《おく》さん

d. 子ども

考《かんが》えをまとめよう

1）みなさんの国には「主夫《しゅふ》」がたくさんいますか。みなさんは主夫《しゅふ》について、どう思いますか。

2）みなさんの国で、子育《こそだ》てをしながら仕事をするのは難《むずか》しいですか。難《むずか》しくないですか。どうしてですか。

話す前に、あなたの意見《いけん》や考《かんが》えをメモしよう。
・
・
・
・

文法《ぶんぽう》・表現《ひょうげん》リスト

- □ 名前を聞いたことがない／小説《しょうせつ》は読んだことがなくても → 8
- □ 聞いたことがないかもしれません／多《おお》いかもしれません → 5
- □ 読んだことがなくても → 38
- □ 映画《えいが》なら見たことがある → 50
- □ ハリウッドでもリメイクされました／奥《おく》さんに逃《に》げられてしまった → 73
- □『リング』がそのブームを作ったと言ってもいい → 41
- □ 外で仕事をしないで、家事《かじ》をする／ぜんぜん仕事をしないで → 46
- □ 家事《かじ》をする夫《おっと》）だったそうです／洗濯《せんたく》をしたりしていたそうです → 20
- □ 子どもが小さい時／買《か》い物《もの》に行った時 → 44
- □ 鈴木《すずき》は作家《さっか》になりたいと思って → 23
- □ その後《あと》、鈴木《すずき》は子どもと朝《あさ》ご飯《はん》を食べて → 1
- □ 子どもと遊《あそ》んだり、買《か》い物《もの》をしたり、洗濯《せんたく》をしたりしていた → 27
- □ 例《たと》えば、買《か》い物《もの》に行った時 → 24
- □ 値段《ねだん》を安《やす》くしてくれました → 16
- □ それはやさしさじゃなくて → 12
- □ かわいそうなお父さんだ／かわいそうなお父さんではありません → 19
- □ お父さんだと思ったからだろう → 28
- □ 奥《おく》さんに逃《に》げられてしまった → 34
- □ たくさんの男の人に子育《こそだ》てをしてほしい → 36

19 映画《えいが》が伝《つた》えるメッセージ

ジャンル　文化《ぶんか》

難《むずか》しさ　★★

The Messages Films Convey　电影传递的讯息　Những thông điệp mà phim ảnh gửi đến

新海誠《しんかいまこと》

Shinkai Makoto

アニメ映画監督《えいがかんとく》（1973年～　）

Animated film director　动画电影导演　đạo diễn phim hoạt hình

キーワード　リアル／アニメ映画《えいが》／エンターテインメント／社会問題《しゃかいもんだい》

19-1

新海誠《しんかいまこと》はアニメ映画《えいが》の監督《かんとく》です。新海《しんかい》の映画は、日本だけじゃなくて、世界《せかい》で人気《にんき》がありますが、どんな特徴《とくちょう》があるのでしょうか。まず、新海《しんかい》の映画は自然《しぜん》などの絵《え》がとてもリアルなことで有名《ゆうめい》です。新海《しんかい》は中学生の時、宮崎《みやざき》駿《はやお》の『天空《てんくう》の城《しろ》ラピュタ』というアニメ映画を見て、その時に「空《そら》がとてもきれいだなあ」と感《かん》じたそうです。それから、ひまな時に、よく自然《しぜん》を見て、絵《え》を描《か》くようになりました。

新海《しんかい》は大学を卒業《そつぎょう》した後、ファンタジーゲームの会社に入って、朝早《あさはや》くから夜遅《よるおそ》くまで働《はたら》いていました。しかし、ファンタジーゲームの世界《せかい》と自分の生活《せいかつ》にギャップを感《かん》じて、駅《えき》や学校のようなリアルなものが描《か》きたいと思うようになりました。だから、新海《しんかい》はパソコン１台《だい》を使《つか》って、一人だけでアニメ映画を作りました。その映画はクオリティがとても高くて、有名《ゆうめい》になったので、新海《しんかい》はプロの映画監督《かんとく》になることができました。

また、新海《しんかい》の映画《えいが》には幸《しあわ》せな終《お》わり方《かた》じゃなくて、悲《かな》しい終わり方の映画が多《おお》いようです。例《たと》えば、好きなのに、二人がいっしょにいられない終わり方です。人は生《い》きていたら、大変《たいへん》で、悲《かな》しい経験《けいけん》をたくさんします。でも、その経験《けいけん》から何か学べたり、その経験《けいけん》のおかげで、後の生活《せいかつ》がよくなったりします。だから、新海《しんかい》は「自分は悲《かな》しい終わり方の映画を作ったことがない」と思っています。

それに、新海《しんかい》の映画《えいが》はリアルな社会問題《しゃかいもんだい》がよくテーマになっています。例《たと》えば、環境《かんきょう》問題や、2011年に日本であった大きい地震《じしん》がテーマの映画があります。アニメ映画なのに、そのテーマは重《おも》すぎると思う人もいるでしょう。でも、新海《しんかい》は映画のようなエンターテインメントは、人を楽《たの》しませるだけじゃないと思っています。学校や先生から学《まな》べないことを伝《つた》えて、人が生《い》きるのに役《やく》に立《た》てると信《しん》じています。そして、自分のアニメ映画を見た人に、「色々《いろいろ》な問題があっても、大丈夫《だいじょうぶ》だ」という気持《きも》ちになってほしいそうです。みなさんは新海《しんかい》のアニメ映画を見て、どう感《かん》じるでしょうか。新海《しんかい》がどんなメッセージを伝《つた》えたいと思っているか考《かんが》えてみてください。

メッセージ：message　監督《かんとく》：director　リアル(な)：real　エンターテインメント：entertainment
特徴《とくちょう》：characteristic　宮崎駿《みやざきはやお》：*Miyazaki Hayao* (anime director)
天空《てんくう》の城《しろ》ラピュタ：“Castle in the Sky”(Title of movie)　ファンタジー：fantasy　ギャップ：gap
クオリティ：quality　プロ：professional (abbreviation for プロフェッショナル)
～おかげで：thanks to someone/thing　環境《かんきょう》：environment

読む前に 1 単語《たんご》の練習《れんしゅう》

次のa～fを(　　)の中に入れて、文を完成《かんせい》しましょう。

a. テーマ	b. 自然《しぜん》	c. 経験《けいけん》	d. 幸《しあわ》せ(な)	e. 悲《かな》しい	f. 重《おも》い

1) 留学《りゅうがく》して、英語《えいご》を勉強《べんきょう》した（　　　）は将来《しょうらい》、役《やく》に立《た》つと思います。
2) この町には山や川がたくさんあるので、（　　　）が楽《たの》しめます。
3) 好きな人といっしょにいられて、とても（　　　）です。
4) 私の発表《はっぴょう》の（　　　）は「日本の社会問題《しゃかいもんだい》」です。
5) このかばんは（　　　）ので、運《はこ》ぶのが大変《たいへん》だと伝《つた》えてください。
6) 地震《じしん》で人が死《し》んだという（　　　）ニュースを聞きました。

読む前に 2

1) みなさんの国で日本のアニメは人気《にんき》がありますか。どんなアニメが人気ですか。
2) エンターテインメントには映画《えいが》の他《ほか》にどんなものがありますか。みなさんはどんなエンターテインメントが好きですか。

19-2

内容質問《ないようしつもん》 1 正《ただ》しければ○を違《ちが》っていれば×をしましょう。

1）（　　）　新海《しんかい》はプロの映画監督《えいがかんとく》になる前に、ゲームの会社で働《はたら》いていた。
2）（　　）　新海《しんかい》は一人だけでアニメ映画を作ったことがある。
3）（　　）　新海《しんかい》は悲《かな》しい経験《けいけん》から学《まな》べることはあまりないと思っている。
4）（　　）　新海《しんかい》は社会問題《しゃかいもんだい》のテーマは重《おも》すぎると思っている。
5）（　　）　新海《しんかい》はエンターテインメントは人を楽《たの》しませることが一番大切《いちばんたいせつ》だと思っている。

内容質問《ないようしつもん》 2 次の質問《しつもん》に答《こた》えましょう。

1）「その時」（4行目《ぎょうめ》）はいつですか。
a. 新海《しんかい》の映画《えいが》が世界《せかい》で人気《にんき》になった時
b. 新海《しんかい》が中学生の時
c. 新海《しんかい》が『天空《てんくう》の城《しろ》ラピュタ』という映画を見た時
d. 新海《しんかい》が空《そら》を見ていた時

2）「その映画《えいが》」（11行目《ぎょうめ》）は何ですか。
a. ファンタジーゲームの映画
b. 駅《えき》や学校についての映画
c. 新海《しんかい》がプロになる前に作った映画
d. 新海《しんかい》がプロになった後に作った映画

3）「信《しん》じている」（24行目《ぎょうめ》）は誰《だれ》が信《しん》じていますか。
a. 映画監督《えいがかんとく》
b. 新海《しんかい》
c. 学校や先生
d. 筆者《ひっしゃ》（author）

4) 新海《しんかい》の映画《えいが》について、正《ただ》しくないのはどれですか。

a. 自然《しぜん》などの絵《え》がとてもリアルです。

b. 日本だけではなくて、外国でも人気《にんき》があります。

c. 幸《しあわ》せな終《お》わり方《かた》が多《おお》いです。

d. よく社会問題《しゃかいもんだい》がテーマになっています。

考《かんが》えをまとめよう

1) みなさんが好きな映画《えいが》は何ですか。その映画にはどんなメッセージがあると思いますか。

2) みなさんは「エンターテインメントは学校や先生から学《まな》べないことを伝《つた》えて、人が生《い》きるのに役《やく》に立《た》てる」という新海《しんかい》の考《かんが》えについてどう思いますか。

話す前に、あなたの意見《いけん》や考《かんが》えをメモしよう。

・

・

・

・

文法《ぶんぽう》・表現《ひょうげん》リスト

- ☐ 絵《え》がとてもリアルなこと／学校や先生から学《まな》べないこと → 7
- ☐『天空《てんくう》の城《しろ》ラピュタ』というアニメ映画 → 43
- ☐ きれいだなあ」と感《かん》じたそうです／気持《きも》ちになってほしいそうです → 20
- ☐ 絵《え》を描《か》くようになりました／描《か》きたいと思うようになりました → 70
- ☐ 駅《えき》や学校のようなリアルなもの／映画のようなエンターテインメント → 69
- ☐ 映画は～有名《ゆうめい》になった／プロの映画監督《かんとく》になる → 51
- ☐ 終《お》わり方《かた》 → 2
- ☐ 悲《かな》しい終わり方の映画が多《おお》いようです → 68
- ☐ 好きなのに／アニメ映画なのに → 54
- ☐ 人は生《い》きていたら → 26
- ☐ 悲《かな》しい終わり方の映画を作ったことがない → 8
- ☐ それに、新海《しんかい》の映画《えいが》は → 22
- ☐ そのテーマは重《おも》すぎる → 15
- ☐ エンターテインメントは、人を楽《たの》しませる → 18
- ☐ 色々《いろいろ》な問題があっても、大丈夫《だいじょうぶ》だ → 38
- ☐ 大丈夫《だいじょうぶ》だ」という気持《きも》ちになってほしい → 36
- ☐ どんなメッセージを伝《つた》えたいと思っているか → 76
- ☐ 考《かんが》えてみてください → 37

20 普通《ふつう》の女の子に戻《もど》りたい

ジャンル　文化《ぶんか》
難《むずか》しさ　★★

We Want to Be Ordinary Girls Again.　想做回普通的女孩　Muốn là một thiếu nữ bình thường

キャンディーズ　アイドルグループ（1973年～1978年）

Candies　Idol group　偶像团体　nhóm thần tượng

キーワード　アイドル／ファン／生活《せいかつ》／仕事／自由《じゆう》

20-1

キャンディーズは女性《じょせい》３人のアイドルグループです。1973年から1978年まで、４年半ぐらいしか活動《かつどう》しませんでした。しかし、『春一番《はるいちばん》』や『年下《としした》の男の子』など有名《ゆうめい》な歌《うた》もたくさんあって、今でもCDやDVDが売れているそうです。昔《むかし》から、日本には女性《じょせい》のアイドルも男性《だんせい》のアイドルもたくさんいますが、キャンディーズはそれまでのアイドルのイメージを変《か》えたと言われています。例《たと》えば、「アイドルは歌が上手《じょうず》じゃない」「アイドルのファンは子どもっぽい」と考《かんが》えられていたから、大人《おとな》は「私はアイドルのファンだ」と言いにくかったです。しかし、キャンディーズはかわいいだけじゃなくて、歌も上手だったから、たくさんの大学生や大人がファンになりました。

キャンディーズは歌《うた》も有名《ゆうめい》ですが、解散《かいさん》する時に言った「普通《ふつう》の女の子に戻《もど》りたい」という言葉《ことば》も有名です。キャンディーズはファンがたくさんいたし、仕事もたくさんあったし、とても人気《にんき》がありました。けれど、解散《かいさん》して、アイドルをやめると急《きゅう》に言ったので、みんなびっくりしたし、どうして解散《かいさん》したいかわかりませんでした。キャンディーズの３人は解散《かいさん》してから、アイドルだった時のことについて長い間話しませんでした。

でも、３人の生活《せいかつ》は大変《たいへん》だったようです。例《たと》えば、昼《ひる》はテレビなどの仕事があるので、夜中《よなか》にレコーディングをしていました。メンバーの一人は大学で勉強《べんきょう》しながら、仕事をしていました。だから、ご飯《はん》を食べたり、寝《ね》たりする時間が、ほとんどなかったそうです。また、コンサートも１年間に100回以上《かいいじょう》もありました。大変《たいへん》だったのは仕事だけではありません。仕事から帰ってきたら、家の前にファンがいたり、朝《あさ》はファンといっしょに家から駅《えき》まで行ったりしていたそうです。「ファンはこわくなかった」と言っていますが、あまり自由《じゆう》はなかったかもしれません。同《おな》じ10代《だい》や20代の人たちのように、友達《ともだち》と遊《あそ》んだり、好きな人とデートをしたりすることもできなかったかもしれません。

今も、日本には、アイドルグループがたくさんあります。テレビなどを見ると、アイドルの仕事は楽《たの》しそうですが、大変《たいへん》そうだと思います。みなさんの国のアイドルやアイドルのファンはどうでしょうか。また、みなさんはアイドルという仕事について、どう思いますか。

アイドル：idol　ファン：fan　活動《かつどう》する：to be active　春一番《はるいちばん》："Summer Breeze" (Title of song)
年下《としした》の男の子："My Young Boyfriend" (Title of song)　(〜が)売れる：to sell; to be in demand
子どもっぽい：childish; immature　解散《かいさん》する：to break up　夜中《よなか》：midnight
〜代《だい》：counter for generations

読む前に 1 単語《たんご》の練習《れんしゅう》

次のa〜fを(　　)の中に入れて、文を完成《かんせい》しましょう。

a. 普通《ふつう》	b. 戻《もど》って	c. 以上《いじょう》	d. ほとんど	e. やめて	f. 自由《じゆう》

1）今から会社に（　　　）、夜まで仕事をします。
2）私の父は（　　　）の会社員《かいしゃいん》で、60歳《さい》まで働《はたら》きました。
3）今日は日曜日なので、大学には（　　　）人がいません。
4）あの学校はとてもきびしいので、学生は（　　　）がぜんぜんありません。
5）日本では20歳《はたち》（　　　）の人はお酒《さけ》が飲めます。
6）来年、私は仕事を（　　　）、大学院《だいがくいん》に行きます。

読む前に 2

1）日本のアイドルについて、どんなことを知っていますか。日本のアイドルにどんなイメージがありますか。
2）みなさんの国の有名人《ゆうめいじん》は、どんな生活《せいかつ》をしていると思いますか。普通《ふつう》の人と何か違《ちが》うと思いますか。

20-2

内容質問《ないようしつもん》 1 正《ただ》しければ○を違《ちが》っていれば×をしましょう。

1）（　　）　キャンディーズのCDやDVDは、今も買える。

2）（　　）　キャンディーズは大人《おとな》のファンがいなかった。

3）（　　）　キャンディーズはみんなアイドルの仕事だけをしていた。

4）（　　）　キャンディーズはアイドルの仕事がとても忙《いそが》しかったそうだ。

5）（　　）　筆者《ひっしゃ》（author）はアイドルの仕事は大変《たいへん》だと思っている。

内容質問《ないようしつもん》 2 次の質問《しつもん》に答《こた》えましょう。

1）「それまで」（5行目《ぎょうめ》）の「それ」はいつを指《さ》して（to refer）いますか。

a. アイドルがたくさんいなかった時

b. キャンディーズがまだ活動《かつどう》していない時

c. キャンディーズが活動《かつどう》を始《はじ》めた時

d. キャンディーズが解散《かいさん》をした時

2）どうして「みんなびっくり」（13行目《ぎょうめ》）しましたか。

a. キャンディーズは人気《にんき》がありましたが、解散《かいさん》すると言ったからです。

b. キャンディーズは有名《ゆうめい》な歌《うた》をたくさん歌っていたからです。

c. キャンディーズはアイドルですが、歌が上手《じょうず》だったからです。

d. キャンディーズはたくさん大人《おとな》のファンがいたからです。

3）「時間」（18-19行目《ぎょうめ》）を修飾《しゅうしょく》して（to modify）いるところは、どこから始《はじ》まりますか。

a. だから、～

b. ご飯《はん》を～

c. 食べたり～

d. 寝《ね》たり～

4)「言っています」(22 行目《ぎょうめ》)は、誰《だれ》が言っていますか。

a. キャンディーズ

b. 今のファン

c. 昔《むかし》のファン

d. 筆者《ひっしゃ》(author)

考《かんが》えをまとめよう

1) みなさんはどうしてキャンディーズが「普通《ふつう》の女の子に戻《もど》りたい」と言ったと思いますか。

2) みなさんは普通《ふつう》の人の生活《せいかつ》とアイドルの生活《せいかつ》とどちらのほうがいいと思いますか。それはどうしてですか。

話す前に、あなたの意見《いけん》や考《かんが》えをメモしよう。

・

・

・

・

文法《ぶんぽう》・表現《ひょうげん》リスト

□ 4 年半ぐらいしか活動《かつどう》しませんでした → 14

□ 今でも CD や DVD が売れているそうです／
ほとんどなかったそうです → 20

□ アイドルのイメージを変《か》えたと言われています／
子どもっぽい」と考《かんが》えられていた → 73

□ ファンだ」と言いにくかったです → 52

□ たくさんの大学生や大人がファンになりました → 51

□「普通《ふつう》の女の子に戻《もど》りたい」という言葉《ことば》／
アイドルという仕事 → 43

□ ファンがたくさんいたし、仕事もたくさんあったし／
びっくりしたし、どうして解散《かいさん》したいかわかりませんでした → 13

□ どうして解散《かいさん》したいかわかりません → 76

□ 解散《かいさん》したい → 23

□ キャンディーズの 3 人は解散《かいさん》してから → 33

□ アイドルだった時のこと → 44

□ 3 人の生活《せいかつ》は大変《たいへん》だったようです → 68

□ 大学で勉強《べんきょう》しながら、仕事をしていました → 47

□ 1 年間に 100 回以上《かいいじょう》もありました → 64

□ 仕事から帰ってきたら、家の前に → 26

□ あまり自由《じゆう》はなかったかもしれません／
デートをしたりすることもできなかったかもしれません → 5

□ 同《おな》じ 10 代《だい》や 20 代の人たちのように → 69

□ テレビなどを見ると、アイドルの仕事は → 42

□ アイドルの仕事は楽《たの》しそうです／
大変《たいへん》そうだと思います → 19

■文法《ぶんぽう》・表現《ひょうげん》リスト　Grammar/Expression List　语法・表现一览表　Danh mục ngữ pháp-mẫu câu

〈説明《せつめい》の表記《ひょうき》・記号《きごう》　Grammatical Terms and Symbols　说明的标记・记号　Một số ký hiệu・cách trình bày giải thích〉

記号《きごう》		意味《いみ》	例《れい》
S		文　Sentence　句子　câu	--------
aff.		肯定形《こうていけい》　affirmative　肯定形　thể khẳng định	食べる、おもしろい、きれいだ、 食べた、おもしろかった、きれいだった
neg.		否定形《ひていけい》　negative　否定形　thể phủ định	食べない、おもしろくない、きれいじゃない、 食べなかった、おもしろくなかった、きれいじゃなかった
V	Ru-Verb	動詞《どうし》　verb　动词　động từ る動詞（2グループ）　る动词（2类动词）　động từ -ru (nhóm 2)	食べる
	U-Verb	う動詞（1グループ）　う动词（1类动词）　động từ -u (nhóm 1)	読む
	Irr. Verb	不規則《ふきそく》動詞（3グループ）　不规则动词（3类动词）　động từ bất quy tắc (nhóm 3)	勉強《べんきょう》する、来《く》る
Ai		い形容詞《けいようし》　*i*-adjective　い形容词　tính từ -i	おいしい、大きい、高い
Ana		な形容詞　*na*-adjective　な形容词　tính từ -na	好き、元気《げんき》、きれい
N		名詞《めいし》　Noun　名词　danh từ	本、家《いえ》、テニス、学校
V masu-stem		動詞《どうし》ます形《けい》の語幹《ごかん》　动词连用形的语干　gốc của động từ thể masu	食べ、読み、勉強し、来《き》
V neg.		動詞否定形《ひていけい》　动词否定形　phủ định của động từ	食べない、読まない、勉強しない、来《こ》ない
V neg. stem		動詞否定形の語幹《ごかん》　动词否定形的语干　gốc động từ ở thể phủ định	食べ、読ま、勉強し、来《こ》
V potential		動詞可能形《かのうけい》　动词可能形　thể khả năng của động từ	食べられる、読める、勉強できる、来《こ》られる
V volitional		動詞意志形《いしけい》　动词意志形　thể ý chí của động từ	食べよう、読もう、勉強しよう、来《こ》よう
V conditional		動詞仮定形《かていけい》　动词假定形　thể giả định của động từ	食べれば、読めば、勉強すれば、来《く》れば
V causative		動詞使役形《しえきけい》　动词使役形　thể cầu khiến của động từ	食べさせる、読ませる、勉強させる、来《こ》させる
Ai stem		い形容詞《けいようし》の語幹《ごかん》　い形容词的语干　gốc của tính từ -i	おいし、楽《たの》し、高
Ai neg. stem		い形容詞否定形《ひていけい》の語幹《ごかん》 い形容词否定形的语干　gốc của thể phủ định tính từ -i	おいしく、大きく、高く
Ana stem		な形容詞の語幹《ごかん》　な形容词的语干　gốc của tính từ -na	便利《べんり》、元気、有名《ゆうめい》
Ana stem な		な形容詞名詞《めいし》修飾形《しゅうしょくけい》 な形容词的名词修饰形　hình thức bổ nghĩa cho danh từ của tính từ -na	便利な、元気な、有名な
te-form		て形《けい》　て形　thể -te	動詞《どうし》：食べて、読んで、勉強して、来《き》て い形容詞《けいようし》：おいしくて、大きくて、高くて な形容詞：便利で、元気で、有名で 名詞《めいし》：本で、家で、テニスで
non-past	plain	普通形《ふつうけい》　非過去《ひかこ》　普通形　非过去　thể ngắn　phi quá khứ	動詞：食べる、食べない い形容詞：おいしい、おいしくない な形容詞：便利だ、便利じゃない 名詞：本だ、本じゃない
past	plain	普通形　過去　普通形　过去　thể ngắn　quá khứ	動詞：食べた、食べなかった い形容詞：おいしかった、おいしくなかった な形容詞：便利だった、便利じゃなかった 名詞：本だった、本じゃなかった
particle		助詞《じょし》　助词　trợ từ	が、は、で、を、に etc.
adv		副詞《ふくし》　adverb　副词　phó từ	たいてい、ゆっくり、よく
QW		疑問詞《ぎもんし》　Question Word　疑问词　từ hỏi	どこ、だれ、いつ、どんな
（　）		省略可能項目《しょうりゃくかのうこうもく》 Things that can be omitted　可省略项目　phần có thể lược bỏ	スーパー（か）または、コンビニで買える。

1.	～後《あと》(に)	文　型	V past plain ＋後(に)；N ＋後(に)
本　文	大学を卒業《そつぎょう》して、通訳《つうやく》の仕事を始《はじ》めた後も、学《まな》ぶのをやめませんでした **5 松岡佑子** リハビリをした後も、舘野《たての》はピアノを弾《ひ》くのが難《むずか》しかったそうです **7 舘野泉**		
翻訳／説明	after ／～之后／ Sau khi 前件《ぜんけん》の行為《こうい》や出来事《できごと》が終《お》わってから、後件《こうけん》の行為《こうい》や出来事《できごと》が起《お》こることを表《あらわ》す。 Indicates an action or an event takes place after the indicated action or event. 表示在前一行为或事件完成后，发生了后一行为或事件。 Diễn tả một hành động (sự kiện) xảy ra sau một hành động (sự kiện) khác.		
例　文	1. 家に帰った後に、宿題《しゅくだい》を先生に出すのを忘《わす》れたことに気がついた。 2. 明日《あした》、授業《じゅぎょう》の後に、いっしょに昼《ひる》ご飯《はん》を食べませんか。		

2.	～方《かた》	文　型	V masu-stem ＋方
本　文	自分も自由《じゆう》に生《い》きる寅《とら》さんのような生《い》き方《かた》をしたいと感《かん》じた **2 渥美清（車寅次郎）** 息子《むすこ》がピアノの上に置《お》いた楽譜《がくふ》を見た時、この考《かんが》え方《かた》が変《か》わりました **7 舘野泉**		
翻訳／説明	way of ～／～法／ cách 物事《ものごと》の方法《ほうほう》を示《しめ》す表現《ひょうげん》。 An expression that indicates how an action is done. 做事方式的表达。 Cách nói thể hiện phương pháp, cách thức thực hiện một hành động nào đó.		
例　文	1. すみませんが、バスの乗《の》り方《かた》を教《おし》えてくれませんか。 2. 日本に行った時、お金の払《はら》い方《かた》がわかりませんでした。		

3.	～（の）かな	文　型	V/Ai/Ana/N ＋(の)かな
本　文	勉強は大切《たいせつ》だと言っているのかなと思います **1 葛飾北斎** みんなが小さいプレゼントをあげたら、仲良《なかよ》くなれるかなと思いました **17 辻信太郎**		
翻訳／説明	wonder ／我想知道…／ không biết có ～ 不確《ふたし》かなものに対《たい》する疑問《ぎもん》や願望《がんぼう》を表《あらわ》す文末《ぶんまつ》の助詞《じょし》。 A sentence ending particle that expresses a question or a desire about some uncertainty. 句末语气词，表示对不确定事物的怀疑或渴望。 Trợ từ cuối câu thể hiện nghi vấn hoặc mong muốn đối với một sự việc chưa chắc chắn.		
例　文	1. 明日《あした》は晴《は》れるかな。晴《は》れるといいな。 2. 早《はや》く夏《なつ》が来ないかな。海《うみ》で泳《およ》ぎたいな。		

4.	～が見える・聞こえる (cf. 73. ～れる・られる)	文　型	Nが見える；Nが聞こえる
本　文	大きい青《あお》い波《なみ》の間《あいだ》に富士山《ふじさん》が見える浮世絵《うきよえ》 **1 葛飾北斎** 女の人が手《て》や足《あし》が見える服《ふく》を着《き》るのは女の人らしくない **14 人見絹枝**		
翻訳／説明	can see, can hear ／能看到，能听到／ có thể xem thấy, nghe thấy 誰《だれ》かの意思《いし》ではなく、自然《しぜん》に起《お》こることを表《あらわ》す動詞《どうし》。「見られる」「聞ける」は可能形《かのうけい》で、意思《いし》を伴《ともな》った行為《こうい》を表《あらわ》す。 Verbs whose action occurs spontaneously, not due to a person wishing to do so. 見られる and 聞ける are potential forms, which indicate action with intention. 形容事物自发发生的动词，不以人的意志为转移。「見られる」和「聞ける」都是可能的形式，表达的是一种带有意图的行动。 Động từ diễn tả hành động xảy ra một cách tự nhiên không do ý chí bản thân. 「見られる」「聞ける」là thể khả năng, diễn tả hành vi được thực hiện theo ý chí bản thân.		
例　文	1. 東京タワーに登《のぼ》ったら、富士山《ふじさん》がよく見えました。 2. 私の部屋《へや》から、鳥《とり》の声《こえ》が聞こえます。		

5.	～かもしれない	文　型	V/Ai/Ana/N ＋かもしれない
本　文	北斎《ほくさい》の名前は知らないかもしれませんが **1 葛飾北斎** 今も日本には、主夫《しゅふ》はあまりいないかもしれません **18 鈴木光司**		

翻訳 / 説明	may ／可能…／ có lẽ ~ cũng không chừng 強《つよ》い確信《かくしん》にもとづかない推測《すいそく》の表現《ひょうげん》。 An expression of conjecture indicating a lack of strong conviction. 并非基于强烈信念的推论表达。 Cách nói thể hiện phán đoán không chắc chắn.
例　文	1. 今年は寒《さむ》くなるのが早《はや》いから、雪がたくさん降《ふ》る冬《ふゆ》になるかもしれない。 2. 今日のテストは失敗《しっぱい》してしまったかもしれません。

6.	こそあ	文　型	これ / それ / あれ；この / その / あの + N； ここ / そこ / あそこ；こんな / そんな / あんな + N
本　文	みなさんは好きな言葉《ことば》がありますか。それはどんな言葉《ことば》ですか　**3 相田みつを** 会社のルールでは、夫婦《ふうふ》はいっしょに働《はたら》いてはいけなかった。だから、二人はここをやめて　**4 羽仁もと子**		
翻訳 / 説明	this, that ／这，那／ này, đó, kia 文章《ぶんしょう》や会話《かいわ》で、すでに提示《ていじ》された物事《ものごと》を指《さ》す表現《ひょうげん》。 Words used to indicate things that have already been referred to in text or conversation. 在写作或谈话中用来指代已经呈现的事物的表达方式。 Cách nói thể hiện sự việc đã được đề cập trong đoạn văn hay trong hội thoại.		
例　文	1. カレーはインドの食《た》べ物《もの》です。これは、みんな知っていると思います。 2. 宿題《しゅくだい》を忘《わす》れた。そんな時は、先生に謝《あやま》ろう。		

7.	〜こと	文　型	V plain + こと ; Ai/Ana + こと ; N のこと
本　文	日本にもフィンランドにも家《いえ》があることでしょうか　**7 舘野泉** 新海《しんかい》の映画は自然《しぜん》などの絵《え》がとてもリアルなことで有名《ゆうめい》です　**19 新海誠**		
翻訳 / 説明	thing ／〜的事情，〜的情况／ điều, việc 名詞節《めいしせつ》を作って、抽象的《ちゅうしょうてき》な事柄《ことがら》を指《さ》す表現《ひょうげん》。 A word that forms a noun clause to refer to something abstract. 指代抽象事物的名词性从句。 Cách tạo danh từ, thể hiện sự việc mang tính trừu tượng.		
例　文	1. 毎日一つ楽《たの》しいことをしましょう。 2. 私の父は昔《むかし》のことを話すのが大好きです。		

8.	〜ことがある	文　型	V past plain + ことがある
本　文	映画《えいが》『男はつらいよ』を見たことがありますか　**2 渥美清（車寅次郎）** 自分は悲《かな》しい終わり方の映画を作ったことがない　**19 新海誠**		
翻訳 / 説明	have experience doing 〜／有过〜的经历／ đã từng それが経験《けいけん》した行為《こうい》であることを示《しめ》す表現《ひょうげん》。 A phrase that refers to an action that has been experienced. 表示有做过某事的经验。 Cách nói diễn tả một ai đó đã từng kinh nghiệm, trải qua một sự việc gì.		
例　文	1. 友達《ともだち》といっしょに、京都《きょうと》に行ったことがあります。 2. 私は、まだすき焼《や》きを食べたことも見たこともありません。		

9.	〜ことができる	文　型	V non-past plain + ことができる
本　文	東京の「相田《あいだ》みつを美術館《びじゅつかん》」で作品《さくひん》を見ることができます　**3 相田みつを** この気持ちが伝《つた》わって、この本を翻訳《ほんやく》する仕事をもらうことができました　**5 松岡佑子**		
翻訳 / 説明	can, possible ／能做…／ có thể 何かが可能《かのう》であったり、利用《りよう》できることを示《しめ》す表現《ひょうげん》。 An auxiliary verb indicating capability or availability. 表示某件事情可能发生或可以利用的表达方式。 Trợ động từ diễn tả khả năng hoặc năng lực.		

例　文	1. 兄《あに》はアメリカに留学《りゅうがく》したので、英語《えいご》を話すことができる。 2. この店《みせ》では、たばこを吸《す》うことができません。

10.	～ことにする・ことにしている	文　型	V non-past ＋ことにする・ことにしている
本　文	70 台《だい》の車をおくったりすることにしました　⓬ 大鵬幸喜 会社を作って、ペンやハンカチを売ることにしました　⓱ 辻信太郎		
翻訳 / 説明	decide to do ~; make it a habit to do ~ ／我决定做…／ quyết định 自分《じぶん》で決《き》めたこと、もしくは決《き》めたことを続《つづ》けていることを表《あらわ》す。 Expressions that indicate a person has made a decision or is continuing to do something that he or she has decided to do. 表示说话者已决定某事，或是在持续做决定了的事。 Diễn tả quyết định bản thân hoặc tiếp tục làm một việc gì đó mà bản thân đã quyết định làm.		
例　文	1. 大学の授業《じゅぎょう》が大変《たいへん》なので、アルバイトをやめることにしました。 2. 私は健康《けんこう》のために、お酒《さけ》を飲まないことにしています。		

11.	～ことになる・ことになっている	文　型	V non-past plain ＋ことになる・ことになっている
本　文	どうしてこの本を翻訳《ほんやく》することになったのでしょうか　❺ 松岡佑子 相撲《すもう》の世界《せかい》に入ることになりました　⓬ 大鵬幸喜		
翻訳 / 説明	something is decided ／应该是…／ được quyết định 話者《わしゃ》の意思《いし》とは無関係《むかんけい》に何かが決《き》まること、もしくは決《き》まったことが続《つづ》いていることを表《あらわ》す。 An expression that indicates something has been decided independently of one's intention or such decision remains in effect. 表示不以说话人的意志为转移，事情已经决定，或是已决定的事情还在进行。 Diễn tả một việc gì đó được quyết định không do ý chí, nguyện vọng bản thân người nói hoặc những quyết định như thế vẫn còn tiếp tục diễn ra.		
例　文	1. この日本語の夏《なつ》のプログラムでは、いつも日本語だけを話すことになっています。 2. 来月から中国に出張《しゅっちょう》することになりました。		

12.	～さ	文　型	Ai stem/Ana stem ＋さ
本　文	子どもたちに毎日の生活《せいかつ》の大切《たいせつ》さを教《おし》えた　❹ 羽仁もと子 それはやさしさじゃなくて、周《まわ》りの人がかわいそうなお父さんだと思ったから　⓲ 鈴木光司		
翻訳 / 説明	-ness;-th ／～性（表程度）／ cái ~ 形容詞《けいようし》を名詞《めいし》に転換《てんかん》する接尾辞《せつびじ》。 A suffix that turns an adjective into a noun. 将形容词转换为名词的后缀。 Hậu tố biến tính từ thành danh từ.		
例　文	1. 富士山《ふじさん》の高さは、約《やく》 3800 メートルで、日本で一番《いちばん》高い山です。 2. 何回《なんかい》も読んで、この本のよさがわかりました。		

13.	～し	文　型	V/Ai/Ana/N ＋し
本　文	向井《むかい》は医者《いしゃ》になることができたし、宇宙《うちゅう》に 2 回《かい》行くことができた　❾ 向井千秋 キャンディーズはファンがたくさんいたし、仕事もたくさんあったし、とても人気《にんき》がありました　⓴ キャンディーズ		
翻訳 / 説明	A and B; because A and B ／且，而且／ A và B, bởi vì A vàB 人や物事《ものごと》に関《かん》する理由《りゆう》や描写《びょうしゃ》を列記《れっき》する表現《ひょうげん》。 An expression used for listing reasons or descriptions about a person or thing. 列举理由或描述人或事物的表达。 Cách nói dùng để liệt kê những lý do hoặc miêu tả liên quan đến sự việc hoặc con người.		
例　文	1. 東京はにぎやかだし、レストランも高いし、住みにくいと思います。 2. せきが出るし、熱《ねつ》もあるので、風邪《かぜ》をひいたかもしれません。		

14.	〜しか〜ない	文　型	N ＋しか＋ V neg.
本　文	家《いえ》から大学に行く道しか知らなかったそうだ　⑩北里柴三郎 1973 年から 1978 年まで、4 年半ぐらいしか活動《かつどう》しませんでした　⑳キャンディーズ		
翻訳 / 説明	only ／只有…才…／ chỉ 量《りょう》や程度《ていど》が想像《そうぞう》や期待《きたい》より小さいことを表《あらわ》す。 An expression indicating that the quantity or degree is less than expected. 表示数量或程度比想象或预期的要小。 Cách nói thể hiện số lượng hay mức độ nhỏ hơn so với kỳ vọng hoặc dự đoán.		
例　文	1. 昨日《きのう》は、宿題《しゅくだい》がたくさんあって、3 時間しか寝《ね》られなかった。 2. 冬《ふゆ》は寒《さむ》いし危《あぶ》ないですから、富士山《ふじさん》は夏《なつ》しか登《のぼ》れません。		

15.	〜すぎる	文　型	V masu-stem ＋すぎる ; Ai/Ana stem ＋すぎる
本　文	この魚を取《と》りすぎている問題《もんだい》のせいで　⑧さかなクン 運動をしすぎて、人見《ひとみ》は死んだ。女の人は運動をしなくてもいい　⑭人見絹枝		
翻訳 / 説明	too ／太…了／ quá たいてい否定的《ひていてき》なニュアンスを伴《ともな》い、量《りょう》や程度《ていど》が普通《ふつう》より大きいことを表《あらわ》す。 An expression indicating that the quantity or degree is much larger than usual, often with a negative connotation. 通常伴有否定的语气，表示数量或程度大于通常情况。 Cách nói thể hiện số lượng hay mức độ lớn hơn so với bình thường, thường đi kèm với ý nghĩa tiêu cực.		
例　文	1. このレストランは、高すぎると思うから、もっと安《やす》いレストランに行きましょう。 2. 昨日《きのう》、お酒《さけ》を飲みすぎて、二日酔《ふつかよ》いになってしまいました。		

16.	〜（く／に）する	文　型	Ai stem ＋くする ; N/Ana stem ＋にする
本　文	「Sustainable Development Goals」を短《みじか》くした言葉《ことば》です　⑧さかなクン ゲームでもっとみんなを幸《しあわ》せにしたい　⑯宮本茂		
翻訳 / 説明	do ／做／ làm ~ 状態《じょうたい》を変化《へんか》させることを表《あらわ》す。 An expression describing a change by someone from one state to another. 表示使状态发生改变。 Diễn tả một người nào đó làm thay đổi sự việc từ trạng thái này sang trạng thái khác.		
例　文	1. 勉強《べんきょう》しているので、少し静《しず》かにしてください。 2. 試験《しけん》は難《むずか》しすぎるので、やさしくしてほしいです。		

17.	〜せられる・ 〜させられる＜使役受身《しえきうけみ》＞	文　型	Ru-Verb 食べる→食べさせられる ; 見る→見させられる U-Verb 飲む→飲ませられる(long form)、飲まされる(short form); 買う→買わせられる(long form)、買わされる(short form) Irr. Verb する→させられる ; 来る→来《こ》させられる
本　文	岡本《おかもと》も 1942 年から 4 年ぐらい戦争《せんそう》のために中国に行かせられました　⑥岡本太郎 太宰府《だざいふ》に行かされました　⑪菅原道真		
翻訳 / 説明	(causative passive) ／被…／ Thể bị động sai khiến 使役受身《しえきうけみ》。その人の考《かんが》えや気持《きも》ちとは違《ちが》うのに、誰《だれ》かがその人に何かをさせてしまうことを表《あらわ》す動詞《どうし》の形《かたち》。 An expression indicating that someone has told the speaker to do something that he or she does not want to do . 使役被动。动词的一种形式，表示某人让当事人做某事，尽管这并非当事人的想法或感受。 Bị động sai khiến. Hình thức động từ thể hiện: suy nghĩ hay tâm trạng của một người nào đó là khác nhưng bị một người khác bắt làm một điều gì đó.		
例　文	1. 子どもの時、よく牛乳《ぎゅうにゅう》を飲ませられました。 2. そのクラスを取《と》ったら、毎週《まいしゅう》レポートを書かされるそうだ。		

18.	～せる・～させる＜使役《しえき》＞	文型	Ru-Verb 食べる→食べさせる；見る→見させる U-Verb 飲む→飲ませる；買う→買わせる Irr.Verb する→させる；来る→来《こ》させる
本文	子どもにあまりゲームをさせません **16 宮本茂** 映画のようなエンターテインメントは、人を楽《たの》しませるだけじゃない **19 新海誠**		
翻訳／説明	(causative)／使…，让…／Thể sai khiến 使役《しえき》。「誰《だれ》かに何かをさせる・許可《きょか》する」という意味《いみ》を表《あらわ》す動詞《どうし》の形《かたち》。 An expression indicating that the speaker is trying to get or allow another person to do something. 使役。动词的一种形式，意思是"让或允许某人做某事"。 Thể sai khiến. Hình thức động từ thể hiện ý nghĩa "khiến hay bắt, cho phép ai đó làm gì".		
例文	1. 弟《おとうと》にコンビニにアイスクリームを買いに行かせました。 2. 私は悪《わる》い成績《せいせき》を取《と》って、父を怒《おこ》らせました。		

19.	～そうだ	文型	V/Ai/Ana stem ＋そうだ
本文	周《まわ》りの人がかわいそうなお父さんだと思った **18 鈴木光司** アイドルの仕事は楽《たの》しそうですが、大変《たいへん》そうだと思います **20 キャンディーズ**		
翻訳／説明	seem／好像…／trông có vẻ 見たり、感《かん》じたりしたことについて述《の》べる推量《すいりょう》の表現《ひょうげん》。 A phrase that indicates an inference about what one sees or feels about something. sees and feels about something. 描述所见或所感的推论表达。 Cách nói suy đoán của một ai về cái họ xem thấy hay cảm nhận.		
例文	1. 空《そら》が暗《くら》くなってきたから、雨が降《ふ》りそうだ。 2. 友達《ともだち》が最近結婚《さいきんけっこん》しました。とても幸《しあわ》せそうです。		

20.	～そうだ	文型	V/Ai/Ana/N ＋そうだ
本文	舘野《たての》はピアノを弾《ひ》くのが難《むずか》しかったそうです **7 舘野泉** １日に６時間ぐらい練習《れんしゅう》していたそうです **13 大坂なおみ**		
翻訳／説明	heard／据说…，听说…／nghe nói 聞いたり、見たりした情報《じょうほう》を他者《たしゃ》に伝《つた》える時の表現《ひょうげん》。 An expression used to convey to others the information that one heard or saw. 用于向他人传达听到或看到的信息的表达方式。 Mẫu câu truyền đạt thông tin cho người khác những thông tin mà chúng ta xem hay nghe thấy được.		
例文	1. 日本語の先生はこわい映画《えいが》を見るのが好きだそうだ。 2. ニュースによると、さっき日本で大きい地震《じしん》があったそうです。		

21.	それで	文型	S1。それで、S2。
本文	それで、10歳《さい》の時、医者になろうと思った **9 向井千秋** それで、道真《みちざね》の怨霊《おんりょう》に悪いことをやめてもらうために **11 菅原道真**		
翻訳／説明	so, therefore／因此；那么／Do đó, vì vậy 前の文が原因《げんいん》や理由《りゆう》で、後ろの文が結果《けっか》や結論《けつろん》であることを示《しめ》す接続詞《せつぞくし》。 A conjunction that indicates that the preceding statement is the cause or reason and the following statement is the result or conclusion. 连词(接续词)，表示前句是原因或理由，后句是结果或结论。 Liên từ dùng để nối hai câu, câu trước diễn tả lý do hay nguyên nhân, còn câu sau diễn tả kết quả hay kết luận.		
例文	1. 昨日《きのう》は、熱《ねつ》がありました。それで、授業《じゅぎょう》に行くことができませんでした。 2. 天気が悪《わる》くなりました。それで、今日出かけるのをあきらめました。		

22.	それに	文　型	S1。それに、S2。
本　文	それに、まだワクチンや治療《ちりょう》の方法《ほうほう》がない感染症《かんせんしょう》もある **10 北里柴三郎** それに、新海《しんかい》の映画《えいが》はリアルな社会問題《しゃかいもんだい》がよくテーマになっています **19 新海誠**		
翻訳 / 説明	in addition ／而且；另外／ Ngoài ra 前の文の内容《ないよう》に、後ろの文で付《つ》け加《くわ》えることを示《しめ》す接続詞《せつぞくし》。 A conjunction that indicates that used in listing sentence supplements the content of the preceding sentence. 连词(接续词)，表示后句要补充前句的内容。 Liên từ để nối nội dung câu trước với câu sau, diễn tả ý bổ sung.		
例　文	1. このホテルはとても安《やす》いです。それに、とてもきれいです。 2. 昨日《きのう》は、喉《のど》が痛《いた》くて、せきも出ました。それに、熱《ねつ》もありました。		

23.	～たい・たがる	文　型	V masu-stem ＋たい・たがる
本　文	彼女《かのじょ》はもっと勉強《べんきょう》したいと思ったので **4 羽仁もと子** ベストセラーになる本を出して、社会《しゃかい》の役《やく》に立《た》ちたい **5 松岡佑子**		
翻訳 / 説明	want ／想要…／ muốn 何かの行為《こうい》をすることへの願望《がんぼう》を述《の》べる表現《ひょうげん》。他者《たしゃ》の願望《がんぼう》について述《の》べる時は「たがる」を使《つか》う場合《ばあい》もあるが、その願望《がんぼう》に対《たい》する否定的《ひていてき》な評価《ひょうか》を示《しめ》すことが多《おお》い。 A suffix indicating a person's desire to perform a certain action. たがる can be used to describe the desires of others; it often indicates a negative evaluation of those desires. 描述想要做某种动作的表达。"たがる" 可用于描述他人的愿望，但通常表示对该愿望的负面评价。 Cách nói thể hiện mong muốn thực hiện một hành động gì. Khi muốn nói mong muốn của người khác thì chúng ta sử dụng cách nói「たがる」, thường thể hiện đánh giá tiêu cực về mong muốn, nguyện vọng đó.		
例　文	1. 将来《しょうらい》、私は日本語を使《つか》って仕事をしたいと思っています。 2. 弟《おとうと》はたくさんアイスクリームを食べたがって、困《こま》ります。		

24.	例《たと》えば	文　型	S1。例えば、S2。
本　文	例《たと》えば、ゴッホやセザンヌは北斎《ほくさい》の浮世絵《うきよえ》を見て **1 葛飾北斎** 例《たと》えば、キティちゃんの出身《しゅっしん》はロンドンで **17 辻信太郎**		
翻訳 / 説明	for example ／例如／ ví dụ 例《れい》を述《の》べる表現《ひょうげん》。 An expression used for giving examples. 举例说明的表达。 Cách nói đưa ra ví dụ.		
例　文	1. 私は日本の食《た》べ物《もの》が好きです。例《たと》えば、すしやとんかつが大好きです。 2. 日本語にはオノマトペがたくさんあります。例《たと》えば、「ドキドキ」や「ワクワク」です。		

25.	～ために・ための	文　型	V non-past plain ＋ために；V non-past plain ＋ための N
本　文	本当《ほんとう》にいい絵《え》を描《か》くために、あと５年いると言って **1 葛飾北斎** 世界《せかい》のみんなが仲良《なかよ》くなるために **17 辻信太郎**		
翻訳 / 説明	in order to ／为了…／ để mà 目的《もくてき》を述《の》べる表現《ひょうげん》。 An expression used for stating a purpose. 说明目的的表达。 Cách nói thể hiện mục đích.		
例　文	1. 旅行《りょこう》するために、今アルバイトをしてお金をためています。 2. プロポーズするための指輪《ゆびわ》を買いました。		

26.	～たら	文型	V/Ai/Ana/N past plain ＋ら、S。
本文	人は生《い》きていたら、大変《たいへん》で、悲《かな》しい経験《けいけん》をたくさんします 19 新海誠 仕事から帰ってきたら、家の前にファンがいた 20 キャンディーズ		
翻訳／説明	if, when ／如果…就…／ nếu, khi 前件《ぜんけん》の状況《じょうきょう》が満《み》たされた時に、後件《こうけん》が起《お》こることを表《あらわ》す。 An expression indicating that the following sentence will happen, conditional on the previous statement. 表示在前一个事件的情况满足后，后一个事件发生。 Cách nói thể hiện ý một sự việc sẽ xảy ra nếu như tình huống, sự việc ở trước đó xảy ra.		
例文	1. 日本に行ったら、マンガをたくさん買いたいです。 2. 明日《あした》天気がよかったら、ピクニックをしませんか。		

27.	～たり、～たりする	文型	V past plain ＋り、V past plain ＋りする
本文	多《おお》くの人はこの映画で、笑《わら》ったり泣《な》いたりしました 2 渥美清（車寅次郎） 今、日本とフィンランドを行ったり、来たりしています 7 舘野泉		
翻訳／説明	and ／既…又…／ và いくつかある行為《こうい》の中から、2つか3つの行為《こうい》を例《れい》としてあげる表現《ひょうげん》。また、繰《く》り返《かえ》し行《おこな》う行為《こうい》を指《さ》す場合《ばあい》もある。 An expression used in listing two or three representative things out of several things. It can also refer to repeated actions. 从若干行为中举出两三个行为例子的表达方式。也可指重复的行为。 Cách nói dùng để liệt kê 2 hay 3 hành động trong một số nhóm hành động. Cũng có trường hợp diễn tả hành động lặp đi lặp lại.		
例文	1. 子どものころ、夏休《なつやす》みはキャンプをしたり、プールで泳《およ》いだりしました。 2. 私のおばあさんは毎日、犬《いぬ》と散歩《さんぽ》したり、友達《ともだち》と運動《うんどう》したりしています。		

28.	～だろう	文型	V non-past plain ＋だろう
本文	宇宙《うちゅう》に旅行《りょこう》したり、住んだりすることができるようになるだろう 9 向井千秋 親もゲームをしたら、子どもがゲームをやめられない気持《きも》ちがわかるだろう 16 宮本茂		
翻訳／説明	may ／…吧／ phải không? 見たり、聞いたりした情報《じょうほう》にもとづく推量《すいりょう》の表現《ひょうげん》。「でしょう」のカジュアルな形《かたち》。 An expression indicating an inference is based on information seen or heard; a casual form of でしょう. 根据看到或听到的信息进行推断的表达方式。"でしょう"的随意形式。 Cách nói suy đoán dựa trên thông tin nghe hay thấy được. Đây là thể thông thường của「でしょう」.		
例文	1. 明日《あした》はいい天気になるだろうと思います。 2. お金がないので、夏休《なつやす》みは旅行《りょこう》に行けないだろう。		

29.	～つもり	文型	V non-past plain ＋つもりだ
本文	キャビンアテンダントになって、宇宙《うちゅう》を案内《あんない》するつもりだ 9 向井千秋 新しい天皇《てんのう》にするつもりだと天皇《てんのう》に嘘《うそ》をつきました 11 菅原道真		
翻訳／説明	intend to ／打算／ dự định 話者《わしゃ》の予定《よてい》や計画《けいかく》を表《あらわ》す。 An expression that indicates the speaker's plan or schedule. 表示发言者的计划和日程安排。 Cách nói diễn tả kế hoạch hay dự định của người nói.		
例文	1. 週末《しゅうまつ》は、洗濯《せんたく》したり、掃除《そうじ》したりするつもりです。 2. スミスさんは明日《あした》学校に来ないつもりだと言っていました。		

30.	～て、～	文型	V/Ai/Ana/N te-form、S。
本文	雷《かみなり》が落《お》ちて、火事《かじ》になりました 11 菅原道真 たくさんの女の人が公園《こうえん》で運動をしていて、人見《ひとみ》は驚《おどろ》きました 14 人見絹枝		

翻訳／説明	because ／因为…所以…／ vì 理由《りゆう》や原因《げんいん》を表《あらわ》す。 An expression used to indicate a reason or cause. 表示原因或理由。 Diễn tả nguyên nhân hay lý do.
例　文	1. 雪がたくさん降《ふ》って、飛行機《ひこうき》がキャンセルになってしまいました。 2. 昨日《きのう》のテストは難《むずか》しくて、全然《ぜんぜん》わかりませんでした。

31.	～てあげる・～てくれる・～てもらう	文　型	V te-form ＋あげる・くれる・もらう
本　文	イギリス人の友達《ともだち》が『ハリー・ポッター』を教《おし》えてくれました　**5 松岡佑子** 道真《みちざね》の怨霊《おんりょう》に悪いことをやめてもらうために　**11 菅原道真**		
翻訳／説明	to do a favor ／给～做…；给我…；请～帮我…／ làm cho, làm giùm, giúp 恩恵《おんけい》を伴《ともな》う行為《こうい》の授受《じゅじゅ》を表《あらわ》す。 Expressions used to describe the giving and receiving of favors. 表示给予和接受恩惠的行为。 Cách nói diễn tả hành động cho nhận ân huệ, lợi ích.		
例　文	1. 子どものころ寝《ね》る前に、母はいつも本を読んでくれました。 2. 荷物《にもつ》が重《おも》そうだね。運《はこ》んであげるよ。		

32.	～ていく・～てくる	文　型	V te-form ＋いく・くる
本　文	サーモンやマグロなどの魚《さかな》がたくさん取《と》られて、少なくなってきています　**8 さかなクン** 「日本人」についての考え方が変《か》わってきています　**13 大坂なおみ**		
翻訳／説明	becoming ／（从今往后）将会…；（至今为止）一直…／ trở nên 過去《かこ》、もしくは未来《みらい》に起《お》こる時間的《じかんてき》に幅《はば》のある変化《へんか》を表《あらわ》す。 Expressions describing changes that have taken place or will take place. 表示过去或未来发生的时间范围内的变化。 Diễn tả thay đổi rõ rệt xảy ra trong quá khứ hay tương lai.		
例　文	1. 3月になって、だんだんあたたかくなってきました。 2. 日本語の勉強《べんきょう》を続《つづ》ければ、だんだん上手《じょうず》になっていきますよ。		

33.	～てから	文　型	V te-form ＋から、S。
本　文	初《はじ》めて四大大会《よんだいたいかい》に出てから、自分よりもランキングが高いテニス選手《せんしゅ》に何回《なんかい》も勝《か》ちました　**13 大坂なおみ** 解散《かいさん》してから、アイドルだった時のことについて長い間話しませんでした　**20 キャンディーズ**		
翻訳／説明	after ／在…之后／ Sau khi 後件《こうけん》の行為《こうい》や出来事《できごと》が前件《ぜんけん》の後に起《お》こることを表《あらわ》す。 An expression indicating that a subsequent statement will occur after the preceding statement ends. 表示后件行为或事件发生在前件之后。 Diễn tả hành động diễn ra sau một sự việc, hành động khác.		
例　文	1. 日本に来てから、日本語を話すのが上手《じょうず》になったと思います。 2. この薬《くすり》はご飯《はん》を食べてから、飲んでください。		

34.	～てしまう	文　型	V te-form ＋しまう
本　文	夫《おっと》は病気《びょうき》で死《し》んでしまいました　**5 松岡佑子** 奥《おく》さんに逃《に》げられてしまったと思われたかもしれないと言っています　**18 鈴木光司**		
翻訳／説明	completed, regret having done something ／不小心…，不得已…／ ~xong, lỡ ~ 何かの行為《こうい》を完了《かんりょう》したこと、もしくは後悔《こうかい》を感《かん》じる行為《こうい》をしたことを表《あらわ》す。 An expression indicating that an action has been completed or that one regrets having done an action. 表示完成了某项行动，或执行了某项行动而感到后悔。 Làm xong một việc gì hoặc hối tiếc vì đã lỡ làm một việc gì.		

例　文	1. 昨日《きのう》買ったおかしは、とてもおいしかったので、一人で全部《ぜんぶ》食べてしまいました。 2. 料理《りょうり》をしている時に、ゆびを切《き》ってしまいました。

35.	～てはいけない	文　型	V te-form ＋はいけない
本　文	女性《じょせい》が男性《だんせい》と同じ仕事をしてはいけない所《ところ》もある ❹羽仁もと子 「嘘《うそ》はやめなさい、人をだましてはいけません」と言って ⓬大鵬幸喜		
翻訳／説明	must not ／不可以…，禁止…／ không được ~ 禁止《きんし》や規制《きせい》されていることを表《あらわ》す。 An expression describing a prohibition or regulation 表示被禁止或受管制。 Diễn tả việc cấm đoán hoặc hạn chế việc gì.		
例　文	1. 図書館《としょかん》の中では、大きい声《こえ》で話してはいけない。 2. ここで、たばこを吸《す》ってはいけません。		

36.	～てほしい	文　型	V te-form ＋ほしい
本　文	若《わか》い人にも自分の夢《ゆめ》を見つけてほしい ❾向井千秋 ぜひサンリオのキャラクターを使《つか》ってほしいと思っています ⓱辻信太郎		
翻訳／説明	to want someone to do something ／希望…／ muốn ai đó làm gì 他者《たしゃ》の行為《こうい》に関《かん》する依頼《いらい》や願望《がんぼう》、要求《ようきゅう》を表《あらわ》す。 An expression to indicate a request, hope, or demand to someone else. 表示与他人行为有关的请求，愿望或要求。 Diễn tả mong muốn hoặc yêu cầu người khác làm gì.		
例　文	1. 友達《ともだち》は私においしい料理《りょうり》を作ってほしいと言いました。 2. 友達《ともだち》は明日《あした》テストがあります。がんばってほしいです。		

37.	～てみる	文　型	V te-form ＋みる
本　文	渋谷《しぶや》に行ったら、ぜひ見に行ってみてください ❻岡本太郎 海《うみ》の環境問題《かんきょうもんだい》について考《かんが》えてみてください ❽さかなクン		
翻訳／説明	to do something to see what it is like ／尝试…／ làm thử xem thế nào どのようなもの／ことかを知るために何かを試《ため》すことを表《あらわ》す。 An expression that describes doing a certain action and seeing what happens. 表示为了解某种事物而尝试做点什么。 Diễn tả việc thử làm một việc gì để biết điều đó như thế nào.		
例　文	1. 日本に行ったら、京都《きょうと》に行ってみたいと思います。 2. 子どもの時、空手《からて》を習《なら》ってみたかったです。		

38.	～ても	文　型	V te-form ＋も
本　文	おじいさんになっても、ピアノを続《つづ》けている ❼舘野泉 医者になっても、勉強《べんきょう》を続《つづ》けるのが大切だ ❿北里柴三郎		
翻訳／説明	even if ／即使…／ mặc dù ある状況《じょうきょう》で当然《とうぜん》だと考《かんが》えられることが、起《お》こらない／当《あ》てはまらないことを表《あらわ》す。 An expression used to indicate that under certain circumstances something is taken for granted to happen, but something different happens. 表示在特定情况下被认为是自然的事情，没有发生／不适用。 Sự việc hiện tượng chúng ta nghĩ là đương nhiên nhưng lại không xảy ra hay không trúng.		
例　文	1. 高校で英語《えいご》を勉強《べんきょう》しても、英語が話せない人が多《おお》いです。 2. このケーキはお店《みせ》に行かなくても、インターネットで買えますよ。		

39.	～ても	文　型	QW ＋ V te-form ＋も
本　文	いくら音楽《おんがく》を聞いたり、楽譜《がくふ》を見たりしても、楽《たの》しくなかったです **7 舘野泉** そんなことは考《かんが》えたことはないとどんなに説明《せつめい》しても **11 菅原道真**		
翻訳／説明	no matter what/how/where/when, etc. ／即使…也…／ cho dù thế nào/ khi nào/ ở đâu ... đi chăng nữa 人や時間や場所《ばしょ》などが変《か》わっても同《おな》じであることを表《あらわ》す。 An expression indicating the result would be the same, regardless of the conditions, such as people, time and/or place. 表示即使人，时间或地点改变了，也和之前差不太多。 Dù con người, thời gian hay địa điểm có thay đổi đi chăng nữa thì kết quả vẫn không thay đổi.		
例　文	1. 日本人の友達《ともだち》は、話すのが速《はや》いので、何度《なんど》聞いてもわかりませんでした。 2. どんなに運動《うんどう》しても、ぜんぜんやせません。		

40.	～でも	文　型	QW ＋でも
本　文	海の生き物について何でも知っているし **8 さかなクン** 世界中《せかいじゅう》の誰《だれ》でも知っているこのビデオゲーム **16 宮本茂**		
翻訳／説明	no matter what/how/where/when, etc. ／即使…也…／ cho dù thế nào/ khi nào/ ở đâu ... đi chăng nữa 疑問詞《ぎもんし》に続《つづ》いて、疑問詞《ぎもんし》が表《あらわ》す人や時間や場所《ばしょ》などが変《か》わっても同《おな》じであることを表《あらわ》す。 This expresses that the statement following the question word is the same, even if the person/time/place indicated by the question word changes. 接在疑问词后面，表示即使人，时间或地点改变了，也和之前差不太多。 Đi sau từ hỏi, có ý nghĩa dù con người, thời gian, địa điểm mà từ hỏi đó thể hiện có thay đổi đi chăng nữa thì kết quả vẫn không thay đổi.		
例　文	1. この映画《えいが》はおもしろいので、何度《なんど》でも見たくなります。 2. このクラスはオンラインなので、誰《だれ》でも取《と》ることができます。		

41.	～てもいい	文　型	V te-form ＋もいい
本　文	人間《にんげん》だから、つまずいてもいいんですよ **3 相田みつを** 『リング』がそのブームを作ったと言ってもいいでしょう **18 鈴木光司**		
翻訳／説明	may ／可以…／ có thể, cũng được 許可《きょか》を求《もと》めたり、与《あた》えたりする表現《ひょうげん》。 An expression used when giving or asking for permission. 表示请求或给予许可。 Diễn tả ý xin phép hoặc cho phép.		
例　文	1. 日本語の授業《じゅぎょう》で水を飲んでもいいですか。 2. 今日は用事《ようじ》がありますから、少し早《はや》く帰ってもいいですか。		

42.	～と	文　型	V non-past plain ＋と、S。
本　文	子どもはゲームを始《はじ》めると、簡単《かんたん》にやめられません **16 宮本茂** テレビなどを見ると、アイドルの仕事は楽《たの》しそうですが、大変《たいへん》そうだ **20 キャンディーズ**		
翻訳／説明	when, whenever ／一…就…／ khi, hễ 条件《じょうけん》を表《あらわ》す表現《ひょうげん》で、「～と」の前にあることがあると、いつも「～と」の後ろのことが起《お》きる。また、何かの後に、別《べつ》のことがすぐに続《つづ》けて起こることを表《あらわ》すこともある。 An expression indicating that when the preceding statement occurs, the following statement always occurs. Also, this may indicate that something occurs immediately after something else. 条件的表达方式。在“～と”前有某事物时，通常在“～と”后的那事物就会发生。此外，它也可以表示紧接着一件事的是另一件事。 Diễn tả điều kiện, một hành động ở trước「～と」diễn ra thì sự việc sau「～と」chắc chắn xảy ra. Ngoài ra, sau một sự việc gì đó thì ngay lập tức một việc khác xảy ra tiếp theo.		

例　文	1. 東京は夏《なつ》になると、とても暑《あつ》くなります。 2. この道《みち》をまっすぐ行くと、ATM があります。

43.	～という	文　型	N ＋という＋ N
本　文	『明日《あす》の神話《しんわ》』という絵《え》です **6 岡本太郎** 『天空《てんくう》の城《しろ》ラピュタ』というアニメ映画 **19 新海誠**		
翻訳／説明	A called B ／…是…／ được gọi là B の名詞《めいし》の名前を表《あらわ》す。たいてい、聞いている人が知らないこと。 An expression used to mention the name of something or someone that expected listener is not to know. 解释说明名词 B。听者通常不知道。 Cách nói dùng để giới thiệu tên một sự việc hay một người nào đó mà người nghe có thể không biết.		
例　文	1. 先生、『鬼滅《きめつ》の刃《やいば》』というマンガを知っていますか。 2. 昨日《きのう》、『七人《しちにん》の侍《さむらい》』という映画《えいが》を見ました。		

44.	～時	文　型	V plain ＋時、S。
本　文	わからないことがあった時、何度《なんど》も質問《しつもん》をしました **3 相田みつを** 買《か》い物《もの》に行った時、値段《ねだん》を安《やす》くしてくれました **18 鈴木光司**		
翻訳／説明	when ／…时候／ khi あることが起《お》こった時間を表《あらわ》す。 An expression that indicates when the subsequent statement occurs. 表示某事发生的时间。 Diễn tả thời gian xảy ra hành động nào đó.		
例　文	1. 日本人はご飯《はん》を食べる時、「いただきます」と言います。 2. 日本に行った時、カプセルホテルに泊《と》まるつもりだ。		

45.	～として	文　型	N として
本　文	1994 年にアジア人の女性《じょせい》として初《はじ》めて宇宙《うちゅう》に行くことができた **9 向井千秋** 日本人として初《はじ》めて、四大大会で優勝《ゆうしょう》しました **13 大坂なおみ**		
翻訳／説明	as ／作为…／ như là 立場《たちば》や役割《やくわり》などを表《あらわ》す表現《ひょうげん》。 An expression that describes a position, role, etc. 立场、角色等的表达 Cách nói diễn tả lập trường hay vai trò.		
例　文	1. 私の母は先生として、高校で働《はたら》いています。 2. 日本人として初《はじ》めて映画《えいが》を作った人は誰《だれ》ですか。		

46.	～ないで	文　型	V neg. stem ＋ないで
本　文	難《むずか》しいこともあきらめないで、新しいチャレンジを続《つづ》ける性格《せいかく》でした **5 松岡佑子** ピカソはみんながいいと思う絵《え》を描《か》かないで、自分がいいと思う絵《え》を描《か》いていた **6 岡本太郎**		
翻訳／説明	without; instead ／不要…／ không làm gì あることをしないで、もしくは、あることの代《か》わりに、別《べつ》のことが起《お》きることを表《あらわ》す。 An expression indicating a subsequent action is performed without or instead of doing the previous one. 表示不做某件事，或是取代这件事而发生了其他事情。 Cách nói diễn tả không làm việc gì, hoặc có nghĩa một việc gì khác xảy ra thay cho một việc nào đó.		
例　文	1. 朝は時間がないので、たいてい朝《あさ》ご飯《はん》を食べないで、家を出ます。 2. 今日は天気がいいから、バスに乗《の》らないで、自転車《じてんしゃ》で学校に行きます。		

47.	～ながら	文　型	V masu-stem ＋ながら
本　文	岡本《おかもと》は色々《いろいろ》な勉強《べんきょう》をしながら、絵《え》を描《か》く理由《りゆう》について考《かんが》えていました　6 岡本太郎 色々《いろいろ》な有名人《ゆうめいじん》ともコラボしながら、今も積極的《せっきょくてき》に活動《かつどう》しています　17 辻信太郎		
翻訳／説明	while ／边…边…／ trong khi ある人が二つの動作《どうさ》をいっしょにすることを表《あらわ》す。 An expression indicating that a person does two things at the same time. 表示一个人同时做两个动作。 Cách nói diễn tả một người nào đó làm hai hành động cùng một lúc.		
例　文	1. 音楽《おんがく》を聞きながら勉強《べんきょう》するのが好きだ。 2. スミスさんは毎日働《はたら》きながら、大学で勉強しています。		

48.	～なくてもいい	文　型	V neg. stem ＋なくてもいい
本　文	天才《てんさい》だから稽古《けいこ》しなくてもいいと思いましたが　12 大鵬幸喜 女の人は運動をしなくてもいい　14 人見絹枝		
翻訳／説明	not have to ／无需…；不必…／ không cần ~ cũng được 何かをする必要《ひつよう》がないということを表《あらわ》す。 An expression indicating that something does not need to be done. 表示无需做某事。 Cách nói diễn tả không cần phải làm gì đó cũng được.		
例　文	1. 明日《あした》は休みだから、学校に行かなくてもいいです。 2. 日本ではレストランでチップを払《はら》わなくてもいい。		

49.	～なければいけない・～なくてはいけない	文　型	V neg. stem ＋なければいけない； V neg. stem ＋なくてはいけない
本　文	医学部《いがくぶ》がある大学に行かなければいけない　9 向井千秋 女の人は家の中で働《はたら》かなければいけないと考《かんが》える人がたくさんいた　14 人見絹枝		
翻訳／説明	have to ／必须…／ phải 何かをすることが絶対《ぜったい》に必要《ひつよう》だということを表《あらわ》す。 An expression indicating that something needs to be done. 表示绝对有必要做某事。 Nhất định phải làm một việc gì đó.		
例　文	1. 外国に行く時は、パスポートを持っていかなければいけません。 2. 今日の５時までに、レポートを出さなくてはいけません。		

50.	～なら	文　型	V/Ai plain ＋なら；Ana stem ＋なら；N ＋なら； Ana/N plain neg. ＋なら
本　文	一番《いちばん》上のランクの横綱《よこづな》なら、みんなのロールモデル（模範《もはん》）にならなければいけない　12 大鵬幸喜 小説《しょうせつ》は読んだことがなくても、映画《えいが》なら見たことがある　18 鈴木光司		
翻訳／説明	if ／如果…／ nếu 前件《ぜんけん》で示《しめ》される条件《じょうけん》の時、後件《こうけん》が起《お》こることを表《あらわ》す。アドバイスや提案《ていあん》をする時によく使《つか》われる。 An expression indicating that a subsequent event will occur under the conditions given. It is often used to offer advice or suggestions. 表示后一个条件发生在前一个条件所表示的条件发生之时。常用于提出意见或建议。 Cách nói thể hiện một sự việc sẽ xảy ra với điều kiện được nêu ở vế trước. Cách nói này thường được dùng để cho ai lời khuyên.		
例　文	1. 電気自動車《じどうしゃ》じゃないなら、買いたくありません。 2. A: 明日《あした》、大阪《おおさか》に行くんです。 B: 大阪《おおさか》に行くなら、たこ焼《や》きを食べた方《ほう》がいいですよ。		

51.	～（く／に）なる	文　型	Ai stem ＋くなる ; N/Ana stem ＋になる
本　文	映画《えいが》で寅《とら》さんになった俳優《はいゆう》は、渥美清《あつみきよし》でした　**2** **渥美清（車寅次郎）** それまで簡単《かんたん》にできたことが難《むずか》しくなりました　**7** **舘野泉**		
翻訳／説明	become ／变成…／ trở nên 状態《じょうたい》が変化《へんか》することを表《あらわ》す。 An expression describing the transition from one state to another. 表示状态发生变化。 Diễn tả sự biến đổi từ trạng thái này sang trạng thái khác.		
例　文	1. 掃除《そうじ》したので、部屋《へや》がきれいになりました。 2. 東京では 3 月になると、あたたかくなって、さくらがさきます。		

52.	～にくい	文　型	V masu-stem ＋にくい
本　文	駅からデパートまで遠《とお》くて行きにくかったので　**15** **小林一三** 大人《おとな》は「私はアイドルのファンだ」と言いにくかったです　**20** **キャンディーズ**		
翻訳／説明	hard to do ／难…／ khó ～ あることをすることが難《むずか》しいという意味《いみ》の表現《ひょうげん》。 An expression indicating that something is difficult to do. 表示做某件事很难。 Cách nói thể hiện ý khó thực hiện một hành động gì.		
例　文	1. この単語《たんご》はとても長いので、覚《おぼ》えにくいです。 2. 昨日《きのう》食べたハンバーガーは大きすぎて、食べにくかったです。		

53.	～の	文　型	V/Ai/Ana ＋の
本　文	これを考《かんが》えたのは小林一三《こばやしいちぞう》という人でした　**15** **小林一三** そのサンリオを作ったのが辻信太郎《つじしんたろう》です　**17** **辻信太郎**		
翻訳／説明	one ／代替名词／ người, việc 状況《じょうきょう》から明《あき》らかな名詞《めいし》(人、物《もの》、場所《ばしょ》、時など)の代《か》わりに使《つか》う表現《ひょうげん》。 An expression used in place of a noun (person, thing, place, time, etc.) that is obvious from the contex. 用于代替名词(人、事物、地点、时间等)的表达，从上下文可以明显看出。 Cách nói thay thế cho danh từ (người, vật, nơi chốn, thời gian...) đã được biết từ trong ngữ cảnh.		
例　文	1. 赤《あか》いペンは 150 円ですが、青《あお》いのは 120 円です。 2. パソコンは軽《かる》くて、安《やす》いのがいいです。		

54.	～のに	文　型	V/Ai/Ana/N ＋のに
本　文	自分には厳《きび》しいのに、人にはやさしくて　**12** **大鵬幸喜** みんなは私じゃなくて、セリーナを応援《おうえん》していたのに、私が勝《か》ってしまいました　**13** **大坂なおみ**		
翻訳／説明	although ／明明…／ mặc dù 想像《そうぞう》していることと反対《はんたい》の結果《けっか》を表《あらわ》す。話している人の驚《おどろ》きや不満《ふまん》の意味《いみ》がある。 An expression used to describe a result that is different from what was expected, and includes a feeling of surprise or dissatisfaction. 表示与想象相反的结果。可能表示说话者感到惊讶或不满。 Cách nói thể hiện một kết quả hoàn toàn trái ngược so với tưởng tưởng, thể hiện trạng thái bất ngờ hoặc bất mãn của người nói.		
例　文	1. 昨日《きのう》、たくさん勉強《べんきょう》したのに、今日のテストはぜんぜんできませんでした。 2. 私の母は日本人なのに、外国に長く住んでいるから、時々《ときどき》簡単《かんたん》な漢字《かんじ》が読めません。		

55.	～ば	文　型	Ru-Verb 起きる→起きれば／起きなければ U-Verb 書く→書けば／書かなければ Irr. Verb する→すれば／しなければ ; 来る→来れば／来なければ Ai 大きい→大きければ／大きくなければ

本　文	女の人も運動をすれば、日本の男の人も女の人もみんな健康《けんこう》になる　⑭人見絹枝 鉄道《てつどう》が走っている所《ところ》に家を建《た》てて町を作れば、鉄道《てつどう》を使う人が増《ふ》える　⑮小林一三
翻訳 / 説明	if ／如果…／ nếu 条件《じょうけん》を表《あらわ》す表現《ひょうげん》で、前に話されていることが満《み》たされると、次《つぎ》のことが起《お》きるという意味《いみ》。 An expression indicating that if the conditions mentioned are fulfilled, the subsequent statement will take place. 表示条件，意思是如果前面所说的得到满足，后面的事情就会发生。 Câu điều kiện, nếu điều kiện nêu ra ở vế trước được thực hiện thì kết quả ở vế sau sẽ xảy ra.
例　文	1. このジュースはコンビニに行けば、買えます。 2. 目が悪《わる》いので、めがねをかけなければ、何も見えません。

56.	～はず	文　型	V/Ai/Ana ＋はず ; N のはず
本　文	道真《みちざね》の怨霊《おんりょう》が悪いことを起こしているはずだと思いました　⑪菅原道真 鉄道《てつどう》を使う人が増《ふ》えるはずだと考えました　⑮小林一三		
翻訳 / 説明	supposed to ／应该…／ chắc chắn ある理由《りゆう》から、その状況《じょうきょう》が必《かなら》ず正《ただ》しいと信《しん》じていることを表《あらわ》す。 An expression used to indicate something one believes is true. 表示一种信念，即出于某种原因，情况总是正确的。 Cách nói thể hiện ý chắc chắn từ những căn cứ, lý do nào đó.		
例　文	1. 田中さんはフランスに留学《りゅうがく》したので、フランス語がわかるはずです。 2. 先生はお酒《さけ》がきらいだと言っていたから、ビールを飲まないはずです。		

57.	～前に	文　型	V non-past plain aff. ＋前に ; N ＋の前に
本　文	大学や高校の入学試験《にゅうがくしけん》の前には　⑪菅原道真 けれど、都《みやこ》に帰る前に死《し》んでしまいました　⑪菅原道真		
翻訳 / 説明	before ／在…之前／ trước ある出来事《できごと》より時間的《じかんてき》に先に起《お》こることを表《あらわ》す。 An expression indicating that one thing occurs prior to the time/condition given. 表示某一事件在时间上先于某一事件。 Cấu trúc thể hiện ý một việc gì xảy ra trước một hành động nào khác theo trình tự thời gian.		
例　文	1. 運動《うんどう》する前に、水を飲んでおいたほうがいいですよ。 2. 私は大学に入る前に、たくさん勉強《べんきょう》しました。		

58.	まだ＋ aff.	文　型	まだ＋ V aff.
本　文	まだ昔《むかし》と同じ考えの人もいる　④羽仁もと子 ミッキーマウスは今もまだ世界中《せかいじゅう》の人に愛《あい》されています　⑯宮本茂		
翻訳 / 説明	still ／仍然…／ vẫn còn ある動作《どうさ》や状態《じょうたい》が続《つづ》いていることを表《あらわ》す。 An adverb describing that a certain state or action is continuing. 表示某种行动或事态正在进行中。 Phó từ diễn tả hành động, trạng thái tiếp tục diễn ra.		
例　文	1. 父は昨日《きのう》の夜、遅《おそ》く帰って来たので、まだ寝《ね》ています。 2. 妹《いもうと》は食べるのが遅《おそ》いので、まだ食べています。		

59.	まだ＋ neg.	文　型	まだ＋ V neg.
本　文	まだワクチンや治療《ちりょう》の方法《ほうほう》がない感染症《かんせんしょう》もある　⑩北里柴三郎 まだビデオゲームを作っていませんでした　⑯宮本茂		

翻訳 / 説明	not yet ／尚未…／ vẫn chưa ある動作《どうさ》や状態《じょうたい》が起《お》きていないことを表《あらわ》す。 An adverb indicating that a certain state or action has not yet been realized. 表示某种行动或事态还未发生。 Phó từ diễn tả một hành động hoặc một trạng thái chưa diễn ra.
例　文	1. 明日《あした》、授業《じゅぎょう》で出す宿題《しゅくだい》がまだ終《お》わっていない。 2. 今日は朝からまだ何も食べていません。

60.	～まで	文　型	N + まで ; V non-past plain aff. + まで
本　文	北斎《ほくさい》は 90 歳《さい》で死ぬまで絵《え》を描《か》いていました [1] 葛飾北斎 1994 年まで向井《むかい》は宇宙《うちゅう》に行くことができなかった [9] 向井千秋		
翻訳 / 説明	until ／直到…／ đến khi あることがある時まで続《つづ》くことを表《あらわ》す。 A particle indicating that the action or behavior will continue until a certain time. 表示某件事持续到某个时间。 Một hành động diễn ra đến một thời điểm nhất định.		
例　文	1. 私が子どもの時、母は私が寝《ね》るまで物語《ものがたり》を読んでくれました。 2. プロポーズの言葉《ことば》は「死《し》ぬまでいっしょにいてください」でした。		

61.	～までに	文　型	N + までに ; V non-past plain aff. + までに
本　文	2048 年までに、食べることができる魚がいなくなる [8] さかなクン 22 歳《さい》までに 1 つの国籍《こくせき》を選《えら》ばなくてはいけません [13] 大坂なおみ		
翻訳 / 説明	by ／在…之前（期限）／ trước あることの期間《きかん》の終《お》わりや締《し》め切《き》りを表《あらわ》す。 An expression for indicating a deadline. 表示某个期间的结束或者截止。 Cách nói diễn tả thời hạn kết thúc của một việc gì.		
例　文	1. 大学を卒業《そつぎょう》するまでに、外国でホームステイをしてみたいです。 2. 死《し》ぬまでに、何がしたいと思っていますか。		

62.	～みたいだ	文　型	V/Ai/Ana/N plain + みたいだ
本　文	若《わか》い人がたくさんいるみたいです [2] 渥美清（車寅次郎） 子どもたちにすごく人気があったみたいです [12] 大鵬幸喜		
翻訳 / 説明	seem ／像…／ có vẻ, giống như 話している人の推測《すいそく》を表《あらわ》す。「ようだ」よりも話し言葉《ことば》でよく使《つか》われる。 A phrase that indicates the speaker is guessing at something. a speaker is guessing something. This is used more often in speaking than ようだ . 表示对说话者的推断。在口语中比“ようだ”更常用。 Diễn tả suy đoán của người nói. Được dùng nhiều trong văn nói hơn là「ようだ」.		
例　文	1. 先生は元気《げんき》がないから、病気《びょうき》みたいだ。 2. 指輪《ゆびわ》をしているので、あの二人は結婚《けっこん》しているみたいです。		

63.	～みたいな・～みたいに	文　型	N + みたいな ; N + みたいに
本　文	都《みやこ》みたいな生活《せいかつ》はできませんでした [11] 菅原道真 彼《かれ》みたいな人をロールモデルにしたいと思いましたか [12] 大鵬幸喜		
翻訳 / 説明	look like ／像…一样；如同…／ giống như 何かに似《に》ているという意味《いみ》の表現《ひょうげん》。「ような・ように」よりも話し言葉《ことば》でよく使《つか》われる。 Expressions that indicate that something is similar to something else. They are used more often in speaking than ような・ように . 表达“像什么”的意思。在口语中比“ような・ように”更常用。 Diễn tả ý một sự việc nào đó giống như một sự việc khác. Được sử dụng nhiều trong văn nói hơn là「ような・ように」		

例文	1. 私は大学を卒業《そつぎょう》した後、東京みたいな大きい町に住みたいです。 2. このロボットは人みたいに歩《ある》くことができます。

64.	～も	文型	Number ＋ も
本文	自分よりもランキングが高いテニス選手《せんしゅ》に何回《なんかい》も勝《か》ちました **13 大坂なおみ** キティちゃんの商品《しょうひん》は全部《ぜんぶ》で５万種類《しゅるい》もあります **17 辻信太郎**		
翻訳／説明	as many/much as ～／有…（强调数量多）／đến mức 数量《すうりょう》が大きいことを表《あらわ》す。 An expression indicating a large quantity or degree. 表示数量大。 Diễn tả số lượng lớn hay mức độ cao.		
例文	1. 新しい車がほしいけれど、200万円もするから、買えない。 2. 友達《ともだち》は10回《かい》も日本に行ったことがあるそうです。		

65.	もう～＋ aff.	文型	もう ＋ V aff.
本文	もうラヴェルの『左手のためのピアノ協奏曲《きょうそうきょく》』など、左手だけを使《つか》うピアノの曲《きょく》はありました **7 舘野泉** もう小林《こばやし》は亡《な》くなりましたが **15 小林一三**		
翻訳／説明	already／已经／rồi 何かがすでに起《お》きたことを表《あらわ》す。 An expression indicating that an action or event has been completed. 表示已发生的事。 Diễn tả một hành động hay một sự kiện đã hoàn thành.		
例文	1. A：昼《ひる》ご飯《はん》、食べた？ B：うん、もう食べたよ。 2. 旅行《りょこう》の準備《じゅんび》はもう終《お》わりました。		

66.	もう～＋ neg.	文型	もう ＋ V neg.
本文	舘野《たての》は今、もう両手《りょうて》でピアノが弾《ひ》けなくなったと考《かんが》えていません **7 舘野泉** 破傷風《はしょうふう》やペストで亡《な》くなる人はもうほとんどいない **10 北里柴三郎**		
翻訳／説明	not any more／不再／không còn nữa ある動作《どうさ》や状態《じょうたい》が終《お》わっていることを表《あらわ》す。 This indicates the something no longer holds true. 表示某一行动或事态已经结束。 Diễn tả một hành động hay trạng thái đã kết thúc.		
例文	1. この本はとても古いので、もう売っていません。 2. おなかいっぱいで、もう食べられないので、食べてくれませんか。		

67.	～やすい	文型	V masu-stem ＋やすい
本文	自分が描《か》いた絵《え》や写真《しゃしん》、ビデオを使《つか》うので、とてもおもしろくて、わかりやすいです **8 さかなクン** 小林《こばやし》が生《い》きていたころより生活《せいかつ》しやすくなりましたが **15 小林一三**		
翻訳／説明	easy to do～／容易…／dễ 何かをすることが難《むずか》しくないという意味《いみ》を表《あらわ》す。 An expression indicating that something is easy to do. 表示不难做某事。 Cách nói diễn tả một việc gì đó dễ làm.		

例 文	1. このペンは書きやすいので、長《なが》い作文《さくぶん》を書いても疲《つか》れません。 2. この町は静《しず》かだし、人もあまりいないから、住みやすいと思います。

68.	～ようだ	文 型	V/Ai/Ana plain ＋ようだ；N のようだ
本 文	いやだと思う人も多《おお》かったようです **11 菅原道真** 悲《かな》しい終わり方の映画が多《おお》いようです **19 新海誠**		
翻訳／説明	appear ／像…／ có vẻ, giống như 話している人が聞いたり見たり感《かん》じたりしたことから、推測《すいそく》していることを表《あらわ》す。「みたいだ」よりも書き言葉《ことば》でよく使《つか》われる。 An expression for discussing inferences based on what one has seen, heard, or felt. This is used more often in writing than みたいだ . 表示说话的人从听到、看到或感觉到的事物中推断出来。在书面语中比“みたいだ”更常用。 Diễn tả suy đoán của người nói từ những gì họ đã xem hoặc nghe thấy. Được sử dụng trong văn viết nhiều hơn「みたいだ」.		
例 文	1. 田中さんは日本語について何でも知っているから、日本語の先生のようだ。 2. あのレストランは人がたくさん並《なら》んでいるので、人気《にんき》があるようです。		

69.	～ような・～ように	文 型	N のような；N のように
本 文	向井《むかい》の弟《おとうと》は足《あし》の病気《びょうき》だったから、弟のような人たちを助《たす》けたいと思っていた **9 向井千秋** ミッキーマウスのようにずっと愛《あい》されて、残《のこ》るものを作りたいと思っています **16 宮本茂**		
翻訳／説明	like ／像…一样；如同…／ giống như あるものが他《ほか》のものに似《に》ていることを表《あらわ》す。「みたいな・みたいに」よりも書き言葉《ことば》でよく使《つか》われる。 Expressions describing that something is similar to something else. They are used more often in writing than みたいな・みたいに . 表示一事物与另一事物相似。在书面语中比“みたいな・みたいに”更常用。 Diễn tả ý một sự việc nào đó giống như một sự việc khác. Được sử dụng nhiều trong văn viết hơn là「みたいな・みたいに」		
例 文	1. 田中さんは英語《えいご》が上手《じょうず》で、アメリカ人のように話せます。 2. 7 月なのに寒《さむ》くて、冬《ふゆ》のような天気ですね。		

70.	～ようになる	文 型	V non-past plain ＋ようになる
本 文	本が好きじゃなかったたくさんの日本の子どもが本を読むようになりました **5 松岡佑子** リハビリをして、少しだけ右手《みぎて》が動くようになりました **7 舘野泉**		
翻訳／説明	become ／变得…／ trở nên 状況《じょうきょう》や能力《のうりょく》、習慣《しゅうかん》が変《か》わることを表《あらわ》す。 An expression indicating a change in situation, ability, or habit. 表示环境、能力或习惯发生了变化。 Diễn tả sự thay đổi thói quen, tình trạng hay khả năng.		
例 文	1. 子どもの時は野菜《やさい》がきらいだったけど、最近《さいきん》は野菜《やさい》が食べられるようになりました。 2. 大学生になってから、自分《じぶん》で料理《りょうり》が作れるようになりました。		

71.	～らしい	文 型	V/Ai/Ana/N plain ＋らしい
本 文	父親《ちちおや》がいない生活《せいかつ》は大変《たいへん》だったらしいですが **12 大鵬幸喜** 子どもの時の夢《ゆめ》は小説家《しょうせつか》だったらしいですが **15 小林一三**		
翻訳／説明	seem like, look like ／像…／ dường như 話している人が聞いたり見たりしたことから、推測《すいそく》していることを表《あらわ》す。 An expression for discussing inferences based on information you have seen or heard. 表示说话者正在根据自己听到或看到的内容进行推断。 Diễn tả phán đoán của người nói dựa trên những gì họ xem hay nghe thấy.		

例文

1. 友達《ともだち》によると、明日《あした》は大雨になるらしい。
2. うわさによると、スミスさんは大学をやめたらしい。

72. ～らしい

文型　V/Ai/Ana/N plain ＋らしい

本文

「とても謙虚《けんきょ》で、日本人らしい」と思われました　13 大坂なおみ

それに、女の人が手《て》や足《あし》が見える服《ふく》を着《き》るのは女の人らしくないと考える人も多《おお》かったです　14 人見絹枝

翻訳／説明

typical of ／典型的…／ giống, như

何かが典型的《てんけいてき》な性質《せいしつ》を持っていることを表《あらわ》す。

An expression to that implies that something has typical features. something has typical features.

表示事物具有典型属性。

Cách nói diễn tả ý một cái gì đó mang một đặc trưng điển hình.

例文

1. 今日はとても暑《あつ》くて、夏《なつ》らしい天気ですね。
2. この絵《え》は田中さんらしい、とても明《あか》るい絵《え》ですね。

73. ～れる・～られる＜受身《うけみ》＞

文型

Ru-Verb 食べる→食べられる；見る→見られる

U-Verb 飲む→飲まれる；買う→買われる

Irr. Verb する→される；来る→来《こ》られる

本文

この絵《え》は岡本太郎《おかもとたろう》によって描《か》かれました　6 岡本太郎

キャンディーズはそれまでのアイドルのイメージを変《か》えたと言われています　20 キャンディーズ

翻訳／説明

(passive voice) ／被…／ thể bị động

受身《うけみ》　直接受身《ちょくせつうけみ》　英語《えいご》の受身《うけみ》の文《ぶん》と同《おな》じ。

間接受身《かんせつうけみ》　他《ほか》の人の行動《こうどう》やある出来事《できごと》によって誰《だれ》かが迷惑《めいわく》や困《こま》ってしまう状態《じょうたい》になることを表《あらわ》す。

Passive　Direct passive　This is the same as the English passive voice.

Indirect passive　This indicates that someone will be annoyed or troubled due to another person's action or a certain event.

被动　直接被动　与英语中的被动句相同。

间接被动　表示某人因他人的行为或某些事件而处于烦恼或麻烦的状态。

Thể bị động, bị động trực tiếp. Giống câu bị động trong tiếng Anh.

Bị động gián tiếp diễn tả ý một ai đó bị ảnh hưởng, làm phiền do hành động hay tác động của người khác.

例文

1. この家は、100年前に建《た》てられたそうです。
2. 今朝《けさ》学校に来る時、大雨に降《ふ》られて、大変《たいへん》でした。

74. ～んです

文型　V/Ai/Ana/N plain ＋んです

本文

人間《にんげん》だから、つまずいてもいいんです　3 相田みつを

実《じつ》は、たくさんのプラスチックは、リサイクルしないで、海に捨《す》てられているんです　8 さかなクン

翻訳／説明

It is because~; The explanation is that~; The fact is that~ ／是因为…／ vì, do, là vì

状況《じょうきょう》や理由《りゆう》を表《あらわ》す。驚《おどろ》きや不満《ふまん》の意味《いみ》がある。「～んです」は話し言葉《ことば》で使われることが多《おお》い。書く時には「～のです・～のだ」になる。

An expression used to describe a situation or reason, or to imply a feeling of surprise or irritation. んです is often used in writing; のです / のだ are often used in speaking.

表示一种情况或原因。可以表示惊讶或不满。口语中经常使用“～んです”。书写时，则变成“～のです・～のだ”。

Diễn tả tình huống và lý do. Có ý nghĩa bất ngờ hay bất mãn.「～んです」được dùng nhiều trong văn nói. Trong văn viết người ta dùng「～のです・～のだ」.

例文

1. すしを食べすぎて、おなかが痛《いた》いんです。
2. A: どうしたんですか。遅《おそ》かったですね。
   B: 電車が来なかったんです。

75. Volitional Form ＜意向形《いこうけい》＞

文型

Ru-Verb 食べる→食べよう；見る→見よう

U-Verb 飲む→飲もう；買う→買おう

Irr. Verb する→しよう；来る→来《こ》よう

本文

それで、10歳《さい》の時、医者になろうと思った　9 向井千秋

どんなアイデアで今の生活をもっと理想的《りそうてき》な生活に変《か》えようと思うでしょうか　15 小林一三

翻訳 / 説明	(volitional form) ／动词意向形／ Thể ý hướng (ý chí) 話している人の意志《いし》を表《あらわ》す。「〜と思う」といっしょに使って、予定《よてい》や計画《けいかく》を表《あらわ》す。 This form is used to casually invite others for something, or to describe a schedule or plan by using it together with と思う . 表示说话人的意图。与“〜と思う”一起用于表达计划和日程安排。 Thể hiện ý chí của người nói. Được dùng chung với「〜と思う」để nói lên dự định hay kế hoạch.
例　文	1. 週末《しゅうまつ》は天気がよさそうだから、テニスをしようと思います。 2. 冬休《ふゆやす》みはアメリカに旅行《りょこう》に行こうと思っています。

76.	Embedded Question ＜疑問文《ぎもんぶん》の埋《う》め込《こ》み＞	文　型	S plain ＋ か(どうか) ; QW ＋ S plain か (exception だ after Ana/N must be dropped)
本　文	絵《え》はどこにあるかわからなくなりました　6 岡本太郎 新海《しんかい》がどんなメッセージを伝《つた》えたいと思っているか考《かんが》えてみてください　19 新海誠		
翻訳 / 説明	if, whether ／嵌入式问句／ Câu hỏi phức 文《ぶん》の中で質問文《しつもんぶん》が使《つか》われる時の表現《ひょうげん》。 This is how a question is embedded in a sentence. 句子中使用疑问句时的表达。 Cách nói khi trong câu phức có câu nghi vấn.		
例　文	1. 明日《あした》、宿題《しゅくだい》があるかどうか忘《わす》れていたので、友達《ともだち》に電話して聞いた。 2. みなさんは、日本で一番古《いちばんふる》いお寺《てら》がどこにあるか知っていますか。		

77.	Noun modifying clause ＜名詞修飾節《めいししゅうしょくせつ》＞	文　型	V non-past plain ＋ N; V/Ai/Ana/N past plain ＋ N
本　文	寅《とら》さんは色々《いろいろ》な所を旅行《りょこう》して、物《もの》を売る仕事をしています　2 渥美清（車寅次郎） あまり友達《ともだち》と遊《あそ》ばないで、一日中《いちにちじゅう》勉強する子どもでした　5 松岡佑子		
翻訳 / 説明	that, who, where, etc. ／名词修饰从句／ Bổ ngữ, cụm bổ nghĩa cho danh từ 名詞《めいし》を修飾《しゅうしょく》して説明《せつめい》する。 Clauses are used to modify nouns. 修饰并说明名词。 Bổ ngữ dùng để giải thích hay bổ nghĩa cho danh từ.		
例　文	1. 昨日《きのう》、友達《ともだち》と行ったレストランは、安《やす》くてとてもおいしかった。 2. 私が住んでいる町にはピカソの絵《え》が見られる美術館《びじゅつかん》があります。		

78.	Potential form ＜可能形《かのうけい》＞	文　型	Ru-Verb 食べる→ 食べられる ; 見る→見られる U-verb 飲む→飲める ; 買う→買える Irr. Verb する→できる ; 来る→来《こ》られる
本　文	彼《かれ》は好きだと言えません　2 渥美清（車寅次郎） 上手《じょうず》に話したり、歩《ある》いたりできませんでした　7 舘野泉		
翻訳 / 説明	can ／动词可能形／ Thể khả năng 可能《かのう》。できるという意味《いみ》を表《あらわ》す動詞《どうし》の形《かたち》。話し言葉《ことば》では、「食べれる、見れる」のように使《つか》われることもある。 An expression indicating an individual’s ability or what is possible in a given situation. In spoken language, “食べれる , 見れる ” can be used. 可能。表示“可以”意思的动词形式。口语中也可使用“食べれる、見れる”。 Có thể. Hình thức động từ diễn tả ý có thể thực hiện một hành động gì. Trong văn nói, người ta thường dùng “ 食べれる , 見れる ”		
例　文	1. 私はアレルギーがあるので、たまごが食べられません。 2. この図書館《としょかん》では、日本語の本が借《か》りられます。		

■参考文献リスト

相田一人（編）（2014）『相田みつを　肩書きのない人生』文化出版局

『明日の神話』再生プロジェクト（編著）岡本太郎記念現代芸術振興財団（監）（2006）『明日の神話 岡本太郎の魂〈メッセージ〉』青春出版社

岩男壽美子・原ひろ子（編）（2007）『科学する心：日本の女性科学者たち』日刊工業新聞社

岩切徹（2015）『人のかたち』平凡社

上山明博（2021）『北里柴三郎：感染症と闘いつづけた男』青土社

鹿島茂（2018）『日本が生んだ偉大なる経営イノベーター小林一三』中央公論新社

北康利（2014）『小林一三　時代の十歩先が見えた男』PHP 研究所

神山典士（2018）『知られざる北斎』幻冬舎

さかなクン（2016）『さかなクンの一魚一会 ~ まいにち夢中な人生 !~』講談社

佐藤利明（2019）『みんなの寅さん from 1969』アルファベータブックス

眞田尊光（2021）『鑑真と唐招提寺の研究』吉川弘文館

佐野史郎・西慎嗣・鈴木啓之（2022）「キャンディーズの解散コンサートを語ろう」『週刊現代』2022 年 4 月 16 日号

『自由学人羽仁吉一』編集委員会（2006）『自由学人羽仁吉一』自由学園出版局

鈴木光司（2013）『人間パワースポット 成功と幸せを“引き寄せる”生き方』角川書店

鈴木光司・服部公一・和田圭（2004）「鼎談◎鈴木光司・服部公一・和田圭　これからは主夫の時代」銀座百店会 No. 595

滝川幸司（2019）『菅原道真　学者政治家の栄光と没落』中公新書

立川正世（2018）『大正の教育的想像力』黎明書房

舘野泉（2015）『命の響 左手のピアニスト、生きる勇気をくれる 23 の言葉』　集英社

田中良子（2018）『不滅のランナー人見絹枝』右文書院

辻信太郎（2000）『これがサンリオの秘密です。』扶桑社

都築政昭（2019）『『男はつらいよ』５０年をたどる。』ポプラ社

内藤正人（監）朝日新聞出版（編）（2017）『北斎への招待』朝日新聞出版

永田生慈（2017）『葛飾北斎の本懐』角川選書

長塚英雄（編）（2021）『新・日露異色の群像 30 文化・相互理解に尽くした人々』生活ジャーナル

橋本美保・田中智志（編著）（2021）『大正新教育の実践　交響する自由へ』東信堂

平岡ひさよ（2015）『コスモポリタンの蓋棺録　フェノロサと二人の妻』宮帯出版社

本間周子（1989）「人見絹枝と日本のオリンピック・ムーブメントの発展」『体育研究所紀要』29(1), 1-11

松岡佑子（2009）『ハリー・ポッターと私に舞い降りた奇跡』NHK 出版

松本徹（2014）『天神への道　菅原道真』試論社

真鍋和子（1984）『朝やけのランナー：みじかい人生を全力疾走した人見絹枝』PHP 研究所

森公章（2020）『天神様の正体』吉川弘文館

山口静一（2012）『三井寺に眠るフェノロサとビゲロウの物語』宮帯出版社

ルース・ベネディクト（著）長谷川松治（訳）（2005）『菊と刀日本文化の型』講談社学術文庫

■参照WEBサイト

朝日新聞DIGITAL「大坂なおみ選手、日本国籍を選択　五輪代表視野」https://digital.asahi.com/articles/DA3S14214321.html?iref=pc_ss_date_article（2023/11/17参照）

朝日新聞DIGITAL「新海誠、批判受けて決意　少し息がしやすい社会になれば」https://www.asahi.com/articles/ASMDR559LMDRUCVL02B.html（2023/11/17参照）

明日の神話保全継承機構「Myth of Tomorrow『明日の神話』について」https://www.asunoshinwa.or.jp/introduction/（2023/11/17参照）

25ans「【SDGsって何ですか？】さかなクン」https://www.25ans.jp/lifestyle/charity/a111424/lc-docharity-sakanakun-180911-vc/（2023/11/17参照）

ウェザーニュース「『天気の子』新海誠監督単独インタビュー「僕たちの心は空につながっている」」https://weathernews.jp/s/topics/202012/240115/（2023/11/17参照）

海外生活サプリ「先輩からのメッセージ/株式会社静山社　松岡佑子社長」http://www.kaigaiseikatsu-supli.jp/message/messe06/page1.html（2023/11/17参照）

学校法人自由学園　創立100周年記念サイト　https://www.jiyu.ac.jp/100th/history.html（2023/11/17参照）

学校法人北里研究所北里柴三郎記念室 https://www.kitasato.ac.jp/jp/kinen-shitsu/index.html（2023/11/17参照）

現代ビジネス「「日本人」とは誰か？大坂なおみ選手についての雑な議論に欠けた視点」https://gendai.media/articles/-/57527（2023/11/17参照）

公益財団法人阪急文化財団　「小林一三について」https://www.hankyu-bunka.or.jp/about/itsuo/（2023/11/17参照）

厚生労働省「平成16年版　厚生労働白書　現代生活を取り巻く健康リスク－情報と協働でつくる安全と安心－第1部第2章現代生活に伴う健康問題の解決に向けて」https://www.mhlw.go.jp/wp/hakusyo/kousei/04/dl/1-2.pdf（2023/11/17参照）

個人事業labo「【名言】宮本茂の言葉・4つのカテゴリーに分けて解説【15選】」https://mkazoku.com/shigerumiyamoto-maxim/（2023/11/17参照）

サライ.jp「“左手のピアニスト”舘野泉さんの超前向きな生き方の秘訣とは」https://serai.jp/news/203780（2023/11/17参照）

製薬協「くすり偉人伝No.02北里柴三郎」https://www.jpma.or.jp/junior/kusurilabo/history/person/kitazato.html（2023/11/17参照）

致知出版社「日本近代医学の祖・北里柴三郎が歩んだ〝熱と誠〟の人生」https://www.chichi.co.jp/web/20190504_kitasato/（2023/11/17参照）

中外製薬「くすりの起源は」https://www.chugai-pharm.co.jp/ptn/medicine/history/history001.html（2023/11/17参照）

テレ東「独占インタビュー　サンリオ辻会長がみた戦争（2020年8月28日）」YouTube https://www.youtube.com/watch?v=m-Ftl6-4Iwo（2023/11/17参照）

東京大学コレクションXVI「シーボルトの21世紀」http://umdb.um.u-tokyo.ac.jp/DKankoub/Publish_db/2003Siebold21/index.html（2023/11/17参照）

唐招提寺 https://www.toshodaiji.jp（2023/11/17参照）

特定非営利活動法人国際留学生協会「北里柴三郎」http://www.ifsa.jp/index.php?kitasatoshibasaburo（2023/11/17参照）

特定非営利活動法人国際留学生協会「大鵬幸喜」https://www.ifsa.jp/index.php?Gtaihoukouki（2023/11/17参照）

長崎市公式観光サイトtravel nagasaki「「シーボルト」って一体なにもの！？彼の功績と、長崎を愛した人物像にせまります」https://www.at-nagasaki.jp/feature/Siebold_matome（2023/11/17参照）

ニッケイ新聞「特別寄稿＝『菊と刀』は北米日系移民の研究書＝恩、義理と人情、恥の文化を再読＝サンパウロ市ヴィラカロン在住　毛利律子」https://www.nikkeyshimbun.jp/2021/210429-41colonia.html（2023/11/17参照）

日経スポーツ「最終点火者は大坂なおみ、コロナ禍と人種多様性とんだ東京五輪の聖火ともす」https://www.nikkansports.com/olympic/tokyo2020/tennis/news/202107230001207.html（2023/11/17参照）

日本経済新聞「キャンディーズのどこがすごいのか？～その後に与えた影響から考える　品田英雄のヒットのヒント」https://style.nikkei.com/article/DGXNASFK2600H_W1A520C1000000（2023/11/17参照）

阪急電鉄「阪急電鉄の創業者「小林一三」」https://www.hankyu.co.jp/company/ichizo/（2023/11/17参照）

ファミ通.com「そうだ、任天堂・宮本茂さんに聞いてみよう――ビデオゲームのこの40年、マリオと任天堂の“らしさ”と今後【インタビュー】」https://www.famitsu.com/news/202003/16194246.html（2023/11/17参照）

ぶーめらん　島津製作所「たくさんの「好き」から本気で目指したい夢へ　宇宙飛行士という夢を実現した向井千秋さんが描く「宇宙で暮らす」時代」https://www.shimadzu.co.jp/boomerang/41/01.html（2023/11/17参照）

ふじさんっこ子育てナビ「〜新しい家族のあり方〜パートナーシップと子育て」『みんなで子育てシンポジウム講演録』https://www.fujisancco.pref.shizuoka.jp/asobu/minnadekosodatesinpojiumu.html（2023/11/17 参照）

婦人公論 .jp「日本女性初の五輪メダリスト・人見絹枝が本誌に残した手記「オリンピックでの涙の力走」」https://fujinkoron.jp/articles/-/575（2023/11/17 参照）

婦人之友社「羽仁もと子の生涯が掲載されました（2018 年 2 月 26 日更新）」https://www.fujinnotomo.co.jp/news/20170922_dailytohoku/（2023/11/17 参照）

毎日新聞「毎日新聞 × SDGs　人間も自然も健やかに　さかなクンに聞く」https://mainichi.jp/articles/20210221/ddm/010/040/003000c（2023/11/17 参照）

毎日新聞「人見絹枝の生涯㊤　おてんば娘が日本人女性初のメダリスト」https://mainichi.jp/articles/20190711/mog/00m/050/003000c（2023/11/17 参照）

毎日新聞「「天気の子」新海監督と川村プロデューサーインタビュー・上 「バッドエンドの作品を作ったつもりは一度もない」」https://mainichi.jp/articles/20190723/k00/00m/040/210000c（2023/11/17 参照）

毎日新聞「「すずめの戸締まり」新海誠監督 「反響に当てられ」寝込んだ理由」https://mainichi.jp/articles/20221201/k00/00m/200/111000c（2023/11/17 参照）

ANN newsCH「コロナ禍の今、新海誠が『天気の子』の次に描く未来【報ステ×未来を人から 完全版】【未来をここから】」YouTube　https://www.youtube.com/watch?v=f8ET6njuQRk（2023/11/17 参照）

BBC NEWSJAPAN「大坂なおみ、セリーナ破りテニス全米オープン初優勝」https://www.bbc.com/japanese/45463079（2023/11/17 参照）

COMWARE PLUS「ニッポン・ロングセラー考株式会社サンリオファンの声とトレンドに敏感な老舗ギフト会社一番の人気者ハローキティ」https://www.nttcom.co.jp/comware_plus/column/long_seller/201607.html（2023/11/17 参照）

Drama & Movie by ORICON NEWS「新海誠作品の強さはメッセージの一貫性「あなたはきっと大丈夫」」https://www.oricon.co.jp/news/2257079/full/（2023/11/17 参照）

GigaziNE「マリオの生みの親・宮本茂さんに海外メディアがインタビュー」https://gigazine.net/news/20201223-shigeru-miyamoto-nintendo-world/（2023/11/17 参照）

Hatena Blog 国連広報センターブログ「海の豊かさを守るためにわたしたちにできること」https://blog.unic.or.jp/entry/2018/06/20/130206（2023/11/17 参照）

HUFFPOST「「同性愛を公表するために、ブログを書いたのではない」ロバート キャンベルさんが伝えたいこと」https://www.huffingtonpost.jp/entry/robert-campbell_jp_5c5bee95e4b0e3ab95b435c1（2023/11/17 参照）

HUFFPOST「『君の名は。』新海誠監督の人生を変えたのは、宮崎駿さんの『天空の城ラピュタ』だった」https://www.huffingtonpost.jp/2016/12/20/makoto-shinkai_n_13741822.html（2023/11/17 参照）

MAGAZINE SANYO CHEMICAL「宇宙が教えてくれたこと」https://www.sanyo-chemical.co.jp/magazine/archives/2543（2023/11/17 参照）

NHK「NHK アーカイブス「相田みつを」」https://www2.nhk.or.jp/archives/articles/?id=D0009250296_00000（2023/11/17 参照）

NHK「NHK アーカイブス「大鵬幸喜」」https://www2.nhk.or.jp/archives/articles/?id=D0009250411_00000（2023/11/17 参照）

NHK「クローズアップ現代　音楽にすべてをささげて　左手のピアニスト・舘野泉」https://www.nhk.or.jp/gendai/articles/3201/（2023/11/17 参照）

NIKKEI Asia “Nintendo’s Miyamoto wants to make Mario the new Mickey Mouse” https://asia.nikkei.com/Business/Media-Entertainment/Nintendo-s-Miyamoto-wants-to-make-Mario-the-new-Mickey-Mouse（2023/11/17 参照）

nippon.com「個人の気持ちと宇宙を結ぶ視線—新海誠監督の世界」https://www.nippon.com/ja/people/e00107/（2023/11/17 参照）

ORICON NEWS「“社員 1 人”の弱小出版社が『ハリポタ』国内版権を獲得できた理由　情熱の根源は「亡き夫が夢描いたベストセラー」」https://www.oricon.co.jp/special/58441/2/（2023/11/17 参照）

ORICON NEWS「止まらぬ過激コラボ 「仕事選ばない」キティの背後にあるサンリオの熱い思いに感動」https://www.oricon.co.jp/special/53937/（2023/11/17 参照）

PRESIDENT WOMAN「女性宇宙飛行士を育てた「肝っ玉母さん」」https://president.jp/articles/-/23402?page=3（2023/11/17 参照）

QON Journal「目指すは、みんなが仲良くなるビジネス」https://www.q-o-n.com/journal/a-gene-of-campany/sanrio/（2023/11/17 参照）

ROBERT CAMPBELL「「ここにいるよ」と言えない社会」https://robertcampbell.jp/blog/2018/08/%E3%80%8C%E3%81%93%E3%81%93%E3%81%AB%E3%81%84%E3%82%8B%E3%82%88%E3%80%8D%E3%81%A8%E8%A8%80%E3%81%88%E3%81%AA%E3%81%84%E7%A4%BE%E4%BC%9A/（2023/11/17 参照）

Sanrio「ハローキティ」https://www.sanrio.co.jp/characters/hellokitty/（2023/11/17 参照）

TBS「相田みつをの知られざる裏側！名著「にんげんだもの」を生んだ背景」https://topics.tbs.co.jp/article/detail/?id=684（2023/11/17 参照）

TERUMO JAPAN「ドイツ料理から発想した、北里柴三郎の画期的な細菌培養装置」https://www.terumo.co.jp/story/ad/challengers/02（2023/11/17 参照）

Wendy-Net「「ハリー・ポッター」の翻訳家。魔法の世界は今なお続く」https://wendy-net.com/mswendy/backnumber/ms201708/（2023/11/17 参照）

YAHOO!JAPAN ニュース「「日本は変われる」ゲイ公表のキャンベル氏」https://news.yahoo.co.jp/byline/inosehijiri/20180825-00094367（2023/11/17 参照）

■参考視聴覚資料

日本テレビ「スーパーテレビ情報最前線　今明かす解散の謎！キャンディーズ３人娘　封印された真実」スーパーテレビ（1998/9/14 放送）

著者紹介

石川《いしかわ》　智《さとる》（Satoru Ishikawa）

現職 ボストン大学世界言語文学学科 専任講師
Senior Lecturer, Department of World Languages & Literatures, Boston University

略歴 ウィスコンシン大学マディソン校大学院東アジア言語文学科日本語修士課程修了。プリンストン大学専任講師，北海道国際交流センター夏期日本語集中講座コーディネータ，ハーバード大学専任講師，アイオワ大学アジア・スラブ言語文学科専任講師，ミシガン大学アジア言語文化学科専任講師を経て現職。

著書 『上級へのとびら』(2009);『上級へのとびら：きたえよう漢字力―上級へつなげる基礎漢字800―』(2010);『上級へのとびら：これで身につく文法力』(2012);『上級へのとびら：中級日本語を教える教師の手引き』(2011);『The Great Japanese 30の物語　中上級―人物で学ぶ日本語―』(2016);『The Great Japanese 30の物語　初中級―人物で学ぶ日本語―』(2019)（以上、くろしお出版）

米本《よねもと》　和弘《かずひろ》（Kazuhiro Yonemoto）

現職 東京学芸大学 教職大学院 准教授
Associate Professor, Graduate School of Teacher Education, Tokyo Gakugei University

略歴 マギル大学教育学部第二言語教育学専攻博士後期課程単位取得満期退学。香港大学専業進修学院常勤講師，マギル大学非常勤講師，ブリティッシュコロンビア大学常勤講師，東京医科歯科大学統合国際機構助教などを経て現職。

著書 『The Great Japanese 30の物語　初中級―人物で学ぶ日本語―』(くろしお出版, 2019);「日本語使用者の語りに基づく多様な日本語に対する理解促進―「セカイの日本語～みんなの声～」プロジェクトから―」『Journal CAJLE』(カナダ日本語教育振興会, 2022);"Your class is like karaoke": Language learning as a shelter, *Discourses of identity: Language learning, teaching, and reclamation perspectives in Japan* (Palgrave Macmillan, 2023) など

森《もり》　祐太《ゆうた》(Yuta Mori)

現職 ライデン大学地域研究科講師及び、国際学科日本語プログラムコーディネーター
Lecturer, Japan Studies, Leiden University Institute for Area Studies (LIAS)
Coordinator, Japanese Language Program BA in International Studies (BAIS)

略歴 インディアナ大学ブルーミントン校第二言語研究学科TESOL&応用言語学専攻修士課程修了。ハーバード大学ドリルインストラクター、ミシガン大学アジア言語文化学科専任講師を経て、現職。

著書 『初級日本語とびらI』(2021)；『初級日本語とびらII』(2022)（以上、くろしお出版）

制作協力者

■ 英語校正
高田裕子

■ 中国語翻訳・校正
林子慧

■ ベトナム語翻訳・校正
Trần Công Danh（チャン・コン・ヤン）

■ 本文／装丁デザイン
スズキアキヒロ

■ 本文イラスト
村山宇希

The Great Japanese 20の物語《ものがたり》［初級《しょきゅう》］
―― 人物《じんぶつ》で学《まな》ぶ日本語《にほんご》 ――

The Great Japanese: 20 Stories [Beginner]
—Learn Japanese via Real Life Stories—

2024年 1月25日 第1刷 発行

［著　者］ 石川　智・米本和弘・森　祐太

［発行人］ 岡野秀夫
［発　行］ くろしお出版
〒102-0084 東京都千代田区二番町4-3
Tel : 03･6261･2867 Fax : 03･6261･2879
URL : www.9640.jp Mail : kurosio@9640.jp

［印　刷］ 三秀舎

ISBN 978-4-87424-962-8 C0081

THE GREAT JAPANESE：20の物語　[初級]

別《べっ》冊《さつ》

Supplementary book ／別冊／ tập sách đính kèm

模《も》範《はん》解《かい》答《とう》

1

[読む前に①]

1)c　2)b　3)d　4)a

[読む前に②]

1)b　2)b　3)c

[内容質問]

[1] 1. c　2. a) × b)○

[2] a)×　b)○

[3] a)○　b)×

2

[読む前に①]

1)d　2)b　3)a　4)c

[読む前に②]

1) 1億《おく》2000万人

2)家族《かぞく》を大切にしています

3)自分の考《かんが》え方を大切《たいせつ》にする生《い》き方《かた》

[内容質問]

[1] a)○　b)×

[2] a)○　b)○　c)×

[3] a)○　b)×

[4] a)×　b)×

3

[読む前に①]

1)b　2)a　3)d　4)c

[読む前に②]

1)a　2)d　3)c

[内容質問]

[1] a)○　b)×

[2] 1. b　2. ×

[3] a)×　b)○

[4] a)×　b)×

4

[読む前に①]

1)d　2)b　3)c　4)a

[読む前に②]

1)私　2)すし　3)私，ベトナムやシンガポール

[内容質問]

[1] a)いいえ、同じ仕事はできませんでした。

　b)100年前の多くの日本人が考えていました。

[2] a)×　b)○

[3] a

[4] a)○　b)×

5

[読む前に①]

1)c　2)a　3)d　4)b

[読む前に②]

1) あそこですしを食べている人

2) 日本語を話したり書いたりするの

3) 友達《ともだち》が作ったパスタ

4) 日本のアニメについて書いてある本

5) 先週《せんしゅう》見た映画《えいが》

[内容質問]

[1] 1. a. 世界《せかい》で～

　　b. あまり友達《ともだち》と～

　　c. 難《むずか》しいことも～

　2. a. ○　b. ○

[2] 1. a. 大学の～

　　b. 自分の熱《あつ》い～

　2. a. ×　b. ○

[3] 1. a. 今までに～

　　b. 本が好《す》きじゃなかった～

　2. a. ×　b. ○

6

[読む前に①]

1)d　2)e　3)a　4)b　5)c　6)f

[内容質問①]

1)○　2)×　3)×　4)○　5)○

[内容質問②]

1)b　2)b　3)c　4)c

7

[読む前に①]

1)a　2)e　3)b　4)c　5)d　6)f

[内容質問①]

1)×　2)×　3)○　4)×　5)×

[内容質問②]

1)d　2)c　3)b　4)a

8

[読む前に①]

1)b　2)c　3)d　4)a　5)e　6)f

[内容質問①]

1)×　2)○　3)×　4)○　5)○

[内容質問②]

1)b　2)b　3)b　4)c

9

[読む前に①]

1)a　2)c　3)f　4)b　5)d　6)e

[内容質問①]

1)×　2)○　3)○　4)○　5)×

[内容質問②]

1)c　2)d　3)a　4)b

10

【読む前に①】

1)b　2)d　3)f　4)c　5)e　6)a

【内容質問①】

1)×　2)×　3)○　4)×　5)○

【内容質問②】

1)b　2)c　3)d　4)a

11

【読む前に①】

1)e　2)f　3)a　4)c　5)b　6) d

【内容質問①】

1)×　2)○　3)○　4)×　5)○

【内容質問②】

1)c　2)c　3)b　4)d

12

【読む前に①】

1)d　2)f　3)b　4)c　5)e　6)a

【内容質問①】

1)○　2)×　3)×　4)○　5)×

【内容質問②】

1)a　2)a　3)a　4)d

13

【読む前に①】

1)e　2)b　3)d　4)a　5)c　6)f

【内容質問①】

1)×　2)○　3)○　4)×　5)○

【内容質問②】

1)c　2)a　3)a　4)d

14

【読む前に①】

1)c　2)b　3)f　4)e　5)a　6)d

【内容質問①】

1)×　2)○　3)○　4)×　5)×

【内容質問②】

1)b　2)a　3)c　4)d

15

【読む前に①】

1)f　2)e　3)c　4)b　5)a　6)d

【内容質問①】

1)×　2)○　3)×　4)○　5)×

【内容質問②】

1)b　2)b　3)d　4)b

16

【読む前に①】

1)e　2)a　3)b　4)d　5)c　6)f

【内容質問①】

1)○　2)○　3)×　4)×　5)○

【内容質問②】

1)d　2)c　3)c　4)c

17

【読む前に①】

1)f　2)b　3)d　4)c　5)a　6)e

【内容質問①】

1)×　2)○　3)×　4)○　5)×

【内容質問②】

1)a　2)a　3)d　4)c

18

【読む前に①】

1)b　2)c　3)a　4)f　5)e　6)d

【内容質問①】

1)○　2)×　3)×　4)×　5)○

【内容質問②】

1)a　2)b　3)a　4)a

19

【読む前に①】

1)c　2)b　3)d　4)a　5)f　6)e

【内容質問①】

1)○　2)○　3)×　4)×　5)×

【内容質問②】

1)c　2)c　3)b　4)c

20

【読む前に①】

1)b　2)a　3)d　4)f　5)c　6)e

【内容質問①】

1)○　2)×　3)×　4)○　5)○

【内容質問②】

1)c　2)a　3)b　4)a

単語《たんご》リスト

Vocabulary List
单词表
Danh sách từ vựng

略語一覧《りゃくごいちらん》 List of Abbreviations 缩写一览表 danh sách từ viết tắt

- N ＝ 名詞《めいし》（noun／名词／danh từ）
- V ＝ 動詞《どうし》（verb／动词／động từ）
- A-I ＝ い形容詞《けいようし》（*i*-adjective／い形容词／tính từ -i）
- A-Na ＝ な形容詞（*na*-adjective／な形容词／tính từ -na）
- An ＝ 連体詞《れんたいし》（non-conjugational adjective／连体词／định ngữ (liên thể từ)）
- Adv ＝ 副詞《ふくし》（adverb／副词／phó từ）
- Prt ＝ 助詞《じょし》（particle／助词／trợ từ）
- Ctr ＝ 助数詞《じょすうし》（counter word／量词／trợ từ đếm）
- QW ＝ 疑問詞《ぎもんし》（question word／疑问词／từ hỏi）
- Conj ＝ 接続詞《せつぞくし》（conjunction／接续词／liên từ）
- Pref ＝ 接頭語《せっとうご》（prefix／前缀／tiếp đầu ngữ）
- Suf ＝ 接尾語《せつびご》（suffix／后缀／tiếp vĩ ngữ）
- Phr ＝ 表現《ひょうげん》（phrase／表现／cụm từ）

※ **太字《ふとじ》は日本語能力試験《のうりょくしけん》N4 レベル相当《そうとう》の語彙《ごい》を中心《ちゅうしん》として、N5 レベルでも学習者《がくしゅうしゃ》に難《むずか》しいと思われる語彙《ごい》を示《しめ》しています。**
Vocabulary in bold means it is equivalent to Japanese Language Proficiency Test N4 Level, but also includes some N5 vocabulary that is considered difficult.
粗体字主要为相当于日本语能力试验 N4 水平的词语，但是 N5 水平的学习者也可能稍感困难。
Từ in đậm là những từ tương đương với trình độ N4 của kỳ thi năng lực Nhật ngữ, hoặc là những từ vựng thuộc mức N5 nhưng vẫn khó hiểu đối với người học.

※ **T ＝ タイトル** Title 标题 tựa đề
O ＝ 職業覧《しょくぎょうらん》 Occupation 职业栏 nghề nghiệp
K ＝ キーワード Keyword 关键词 từ khoá

行	語彙	品詞	英語	中国語	ベトナム語
1：世界《せかい》で一番有名《いちばんゆうめい》な富士山《ふじさん》の絵《え》（葛飾北斎《かつしかほくさい》）					
T	**世界《せかい》**	N	world	世界	thế giới
	絵《え》	N	painting; drawing	画	bức họa
O	浮世絵師《うきよえし》	N	*ukiyoe* artist （浮世絵＝Japanese woodblock print）	浮世绘师 （浮世絵＝浮世绘）	họa sĩ tranh Phù Thế (Ukiyo-e) （浮世絵＝tranh Phù Thế khung gỗ Nhật Bản）
K	影響《えいきょう》	N	influence	影响	ảnh hưởng
	学ぶ《まな》	V	to learn; to study	学习	học
	気持《きも》ち	N	mind; feeling	感觉，心情	tâm trạng; cảm giác
1	ライフ	N	"Life" (Magazine)	《生活》(杂志)	Life (tạp chí)
	すごい	A-I	wonderful	厉害的，了不起的	xuất sắc; vĩ đại
2	**選《えら》ぶ**	V	to select	选择	chọn ra
3	マンガ	N	manga	漫画	truyện tranh
	アニメ	N	cartoon; animated film	动画，动漫	hoạt hình; phim hoạt hình
	作者《さくしゃ》	N	author	作者	tác giả
4	江戸**時代**《えどじだい》	N	*Edo* Period (1603-1868) （江戸＝former name of Tokyo、 時代＝period; era）	江户时代(1603-1868) （江戸＝东京旧名、 時代＝时代）	thời kỳ Edo (1603-1868) （江戸＝tên ngày trước của Tokyo、 時代 =thời đại）
	画家《がか》	N	painter	画家	họa sĩ
5	**波《なみ》**	N	wave	浪，波浪	làn sóng
6	神奈川沖浪裏《かながわおきなみうら》	N	"The Great Wave off Kanagawa" (Name of *ukiyoe*)	《神奈川冲浪里》(画作名)	Sóng lừng ngoài khơi Kanagawa (tên tranh Ukiyoe)
8	**（～が）生《う》まれる**	V	to be born	出生	được sinh ra
10	**描《か》く**	V	to draw; to paint	画，描绘	vẽ
	描《か》き方《かた》	Phr	how to draw	画法	cách vẽ
	北斎漫画《ほくさいまんが》	N	"Hokusai Manga" (*Hokusai's Sketches*) (Collection of sketches)	北斎漫画(北斎的素描)(素描集)	Hokusai Manga (bức phác họa của Hokusai) (tuyển tập tranh)
13	**ヨーロッパ**	N	Europe	欧洲	Châu Âu
	人々《ひとびと》	N	people	人们	con người
	（～に）影響《えいきょう》を与《あた》える	Phr	to influence; to exert influence （影響＝influence、 与える＝ to exert）	给予影响 （影響＝影响、与える＝给予）	gây ảnh hưởng （影響＝ảnh hưởng、 与える＝gây）
	ゴッホ	N	(Vincent) van Gogh (painter 1853-1890)	(文森特)梵高 (画家 1853-1890)	Gogh (tên họa sĩ 1853-1890)

14	セザンヌ	N	(Paul) Cezanne (painter 1839-1906)	(保罗)塞尚 (画家 1839-1906)	Cezanne (tên họa sĩ 1839-1906)
	アイデア	N	idea	主意，想法	ý tưởng
15	作曲家《さっきょくか》	N	composer (作曲＝composition、 家＝professional)	作曲家 (作曲＝作曲、家＝家)	nhà soạn nhạc (作曲＝soạn nhạc、 家＝nhà, chuyên gia)
	ドビュッシー	N	(Claude) Debussy (composer 1862-1918)	(克劳德)德彪西 (作曲家 1862-1918)	Debussy (tên nhà soạn nhạc 1862 - 1918)
	クラシック音楽《おんがく》	N	classical music	古典乐	nhạc cổ điển
17	昔《むかし》	N	a long time ago	很久以前	ngày xưa
19	あと5年《ねん》	Phr	another 5 years	再过5年	5 năm nữa
20	最後《さいご》	N	the last	最后	cuối cùng
	続《つづ》ける	V	to continue	继续	tiếp tục
	ずっと	Adv	always	一直	liên tục
21	生《い》き方《かた》	N	one's life style	生活方式	cách sống
	一生《いっしょう》	N	one's lifetime	一生	cả đời

日本《にほん》に関係《かんけい》の深《ふか》い人物《じんぶつ》❶：アーネスト・フェノロサ

O	哲学者《てつがくしゃ》	N	Philosopher (哲学＝philosophy、者＝person)	哲学家 (哲学＝哲学、者＝者)	triết gia (哲学＝triết học、者＝người)
	東洋美術史家《とうようびじゅつしか》	N	East Asian art historian (東洋美術史＝East Asian art history、 家＝professional)	东洋美术史学家 (東洋美術史＝东洋美术史、 家＝家)	Nhà sử gia nghệ thuật Đông Dương (東洋美術史＝lịch sử nghệ thuật Đông Dương、家＝chuyên gia)
1	明治《めいじ》	N	*Meiji* Era (1868-1912)	明治(1868-1912)	Thời kỳ Minh Trị (1868-1912)
	政府《せいふ》	N	government	政府	Chính phủ
	(～に)遅《おく》れる	V	to be behind	落后	lạc hậu
2	呼《よ》ぶ	V	to summon; to invite	召唤，邀请	mời gọi
3	(～が)進《すす》む	V	to advance	先进	tiên tiến
	学《まな》ぶ	V	to learn	学习	học hỏi
4	哲学《てつがく》	N	philosophy	哲学	triết học
7	美術品《びじゅつひん》	N	artwork	美术品	tác phẩm nghệ thuật
9	集《あつ》める	V	to collect	收集	thu thập
	調査《ちょうさ》する	V	to research	调查	điều tra
10	能《のう》	N	*Noh* play	能乐(一种日本传统文化)	kịch Nô
	宗教《しゅうきょう》	N	religion	宗教	tôn giáo
11	キリスト教《きょう》	N	Christianity	基督教	Thiên Chúa giáo
	仏教《ぶっきょう》	N	Buddhism	佛教	Phật giáo
	変《か》える	V	to change	改变	chuyển đổi
13	すばらしさ	N	excellence	出色	điều tuyệt vời
14	美術《びじゅつ》	N	art	美术	mỹ thuật
16	彼自身《かれじしん》	N	himself (彼＝he)	他自己(彼＝他)	bản thân anh ta (彼＝anh ấy)
	(～が)変《か》わる	V	to change	变化	thay đổi

2：日本人《にほんじん》が大好《だいす》きな映画《えいが》シリーズ(渥美清《あつみきよし》(車寅次郎《くるまとらじろう》))

T	シリーズ	N	series; serial	系列	số; loạt
O	俳優《はいゆう》	N	actor; actress	演员	diễn viên
	コメディアン	N	comedian	喜剧演员	diễn viên hài
K	主人公《しゅじんこう》	N	main character	主人公	nhân vật chính
	生《い》き方《かた》	N	one's life style	生活方式	cách sống
	自由《じゆう》	N	freedom	自由	tự do
	失恋《しつれん》	N	unrequited love	失恋	thất tình

1	つらい	A-I	hard; brutal	难过的	khổ
2	山田洋次《やまだようじ》	N	*Yamada Yoji*(movie director(1931-))	山田洋次(电影导演(1931-))	Yamada Yoji (đạo diễn điện ảnh (1931-))
	監督《かんとく》	N	director	导演	đạo diễn
3	～億《おく》	Ctr	one hundred million	亿	100 triệu
5	人気《にんき》がある	Phr	to be popular (人気＝popularity)	受欢迎的 (人気＝人气)	nổi tiếng(人気＝phổ biến)
7	柴又《しばまた》	N	Name of place in *Tokyo*	东京的地名	địa danh ở Tokyo
9	(～と)けんかをする	Phr	to fight; to have a fight (けんか＝ fight; quarrel)	吵架，打架 (けんか＝吵架，打架)	gây lộn (けんか＝ cãi nhau, đánh nhau)
10	物語《ものがたり》	N	story	故事	câu chuyện
11	彼《かれ》	N	he	他	anh ấy
	最後《さいご》	N	the last	最后	kết cục
	失恋《しつれん》をする	Phr	to be broken-hearted; to lose in love	失恋	thất tình
12	悲《かな》しい	A-I	sad	悲伤的	buồn
	また	Adv	again	再，又	lại
	同《おな》じ	An	same; similar	同样，同样地	tương tự
13	笑《わら》う	V	to laugh	笑	cười
	泣《な》く	V	to cry	哭	khóc
15	ドラマ	N	drama	电视剧	kịch; phim xã hội
	イメージ	N	image	印象	hình ảnh
	大切《たいせつ》にする	Phr	to take good care of	珍重	trân trọng
16	壊《こわ》す	V	to destroy	弄坏	làm xấu đi
	プライベート	N	private	隐私	đời tư
	見《み》せる	V	to show	给～看	cho thấy
18	残念《ざんねん》(な)	A-Na	regretful; sorry	遗憾的	tiếc
20	気持ち	N	feeling	心情，感受	cảm xúc
	生《い》きる	V	to live	生存	sống
21	感《かん》じる	V	to feel	感受	cảm thấy

日本《にほん》に関係《かんけい》の深《ふか》い人物《じんぶつ》❷：鑑真《がんじん》

O	僧侶《そうりょ》	N	monk	僧侣，和尚	nhà sư
1	仏教《ぶっきょう》	N	Buddhism	佛教	Phật giáo
2	正《ただ》しい	A-I	proper; correct	正确的	đúng đắn
	ルール	N	rule	规则	quy tắc
5	弟子《でし》	N	disciple	弟子	đệ tử
10	最初《さいしょ》	N	the first; the beginning	最初	ban đầu
11	失敗《しっぱい》する	V	to fail	失败	thất bại
	嵐《あらし》	N	strom	暴风雨	bão
12	(～が)見《み》える	V	can see	看得见	có thể thấy
13	あきらめる	V	to give up	放弃	từ bỏ
14	チャレンジ	N	challenge	挑战	thử thách
16	書道《しょどう》	N	calligraphy	书法，书道	thư pháp
17	影響《えいきょう》	N	impact; influence	影响	ảnh hưởng

3：好《す》きな言葉《ことば》(相田《あいだ》みつを)

T	言葉《ことば》	N	word; language	词，语言	cảm thấy
O	書家《しょか》	N	calligrapher	书法家	nhà thư pháp
	詩人《しじん》	N	poet	诗人	nhà thơ
K	詩《し》	N	poem	诗	thơ

	禅《ぜん》	N	*Zen*（Buddhism）	禅（佛教）	Thiền（Phật Giáo）
	作品《さくひん》	N	work; piece	作品	tác phẩm
	気持《きも》ち	N	feeling	感觉	tâm trạng; cảm giác
2	**昔《むかし》**	N	a long time ago	很久以前	ngày xưa
	努力《どりょく》	N	effort; hard work	努力	nỗ lực
3	つまづく（つまずく）	V	to fail; to trip; to stumble（つまづく is the old spelling and current Japanese it spelled つまずく）	跌倒，中途失败（つまづく旧的假名书写，现在使用 つまずく）	vấp ngã（つまづく là cách viết cũ, trong tiếng Nhật hiện đại thì người ta viết つまずく）
4	人間《にんげん》	N	human; human being	人，人类	con người
5	**彼《かれ》**	N	he	他	anh ấy
	他《ほか》	N	other	其他	khác
7	（～が）**生《う》まれる**	V	to be born	出生	được sinh ra
	生活《せいかつ》	N	life; living	生活	cuộc đời
8	何度《なんど》も	Phr	many times	多次	nhiều lần
	質問《しつもん》	N	question	提问	hỏi
9	**困《こま》る**	V	to be troubled; to have difficulty	感到困扰	bối rối
13	**アルバイト**	N	part time job	兼职	việc làm thêm
14	**メニュー**	N	menu	菜单	thực đơn
	袋《ふくろ》	N	bag; sack	袋子	túi; vỏ
	デザインする	V	to design	设计	thiết kế
15	お坊《ぼう》さん	N	Buddhist monk	和尚	nhà sư
	人生《じんせい》	N	life	人生	cuộc đời
16	**習《なら》う**	V	to learn	学习	học
17	正直《しょうじき》（な）	A-Na	honest	率直的	thật thà
18	**すばらしい**	A-I	wonderful	出色的，优秀的	tuyệt vời
19	見せる	V	to show	给…看	cho xem
	本にする	phr	to publish（a book）	制成了书	xuất bản thành sách
20	**やっと**	Adv	at last	最终，终于	cuối cùng
	厳《きび》しい	A-I	strict; stern; harsh	严格的	nghiêm khắc
21	**同《おな》じ**	An	same; similar	同样，同样地	giống; tương tự
	捨《す》てる	V	to throw away	扔掉，抛弃	vứt bỏ
22	**ぜひ**	Adv	at any cost; be sure to do	一定	bằng mọi giá; nhất định

日本《にほん》に関係《かんけい》の深《ふか》い人物《じんぶつ》❸：ルース・ベネディクト

0	日本**文化研究者**《にほんぶんかけんきゅうしゃ》	N	Japanese Culture researcher（文化＝culture、研究＝research、者＝person）	日本文化研究人员（文化＝文化、研究＝研究、者＝者）	nhà nghiên cứu văn hóa Nhật Bản（文化＝văn hóa、研究＝nghiên cứu、者＝người）
1	菊《きく》と刀《かたな》	N	"The Chrysanthemum and the Sword"（Title of book）	《菊与刀》（书名）	"Hoa cúc và thanh gươm"（tên sách）
2	**説明《せつめい》する**	V	to explain	说明	giải thích
	第二次世界大戦《だいにじせかいたいせん》	N	World War II	第二次世界大战	Chiến tranh thế giới thứ II
3	**戦争《せんそう》**	N	war	战争	chiến tranh
8	恥《はじ》	N	shame	羞耻	xấu hổ
9	**他《ほか》**	N	other	其他	khác
12	**大切《たいせつ》**（な）	A-Na	important	重要的	quan trọng
	感《かん》じる	V	to feel	感受	cảm thấy
	間違《まちが》う	V	to make a mistake	弄错	sai trái
13	（～に）賛成《さんせい》する	V	to agree	赞成	tán thành
14	（～に）反対《はんたい》する	V	to disagree	反对	phản đối

	～おかげで	Phr	thanks to someone/thing	多亏了	nhờ vào
16	罪《つみ》	N	guilt	罪	tội lỗi

4：初《はじ》めての女性《じょせい》ジャーナリスト（羽仁《はに》もと子）

T	初めて	Adv	for the first time	初次	đầu tiên
	女性《じょせい》	N	female	女性	phụ nữ
	ジャーナリスト	N	journalist	记者	nhà báo
O	教育者《きょういくしゃ》	N	educator; teacher （教育＝education、者＝person）	教育者 （教育＝教育、者＝者）	nhà giáo dục （教育＝giáo dục、者＝nhà, người）
1	男性《だんせい》	N	male	男性	đàn ông
	同《おな》じ	An	same; similar	同样，同样地	giống
2	政治家《せいじか》	N	politician （政治＝politics、家＝professional ）	政治家 （政治＝政治、家＝家）	chính trị gia （政治＝chính trị、家＝chuyên gia）
	看護師《かんごし》	N	nurse	护士	y tá
3	時代《じだい》	N	era; period	时代	thời đại
5	青森県《あおもりけん》	N	*Aomori* prefecture（県＝prefecture）	青森县（県＝县）	tỉnh Aomori（県＝tỉnh）
	（～が）生《う》まれる	V	to be born	出生	được sinh ra
6	試験《しけん》	N	exam; test	考试，测验	kỳ thi
	～点《てん》	Ctr	counter for point	分数	điểm
	彼女《かのじょ》	N	she	她	cô ấy
7	学費《がくひ》	N	tuition	学费	học phí
	アルバイト	N	part time job	兼职	việc làm thêm
8	卒業《そつぎょう》する	V	to graduate	毕业	tốt nghiệp
9	（～と）別《わか》れる	V	to break up; to separate	分手，离婚	ly hôn
	また	Adv	again	再，又	lại
	生活《せいかつ》	N	life; living	生活	cuộc đời
10	文章《ぶんしょう》	N	writing	文章	viết lách
	新聞社《しんぶんしゃ》	N	newspaper company	报社	tòa soạn
	校正《こうせい》	N	proofreading	校正，校对	soát lỗi
11	受《う》ける	V	to take（an exam; quiz etc.）	接受（考试；小测等）	tham gia; dự (kỳ thi, cuộc thi đố vui.v.v..)
13	できる	V	to be able to	能够	có thể
	考《かんが》える	V	to think	思考	suy nghĩ
	力《ちから》	N	ability; power	能力，权力	thực lực
	だんだん	Adv	gradually	渐渐地	dần dần
14	記事《きじ》	N	article	报导	kí sự
16	ルール	N	rule	规则	quy tắc
17	夫婦《ふうふ》	N	married couple; husband and wife	夫妻，夫妇	vợ chồng
	やめる	V	to quit	停止	thôi việc
21	昔《むかし》	N	a long time ago	很久以前	ngày xưa
22	世界《せかい》	N	world	世界	thế giới

日本《にほん》に関係《かんけい》の深《ふか》い人物《じんぶつ》❹：フィリップ・フランツ・フォン・シーボルト

O	日本研究者《にほんけんきゅうしゃ》	N	researcher on Japan （研究＝research、者＝person）	日本研究者 （研究＝研究、者＝者）	nhà nghiên cứu （研究＝nghiên cứu、者＝người）
2	医学《いがく》	N	medical science	医学	y học
3	（～に）興味《きょうみ》がある	Phr	to be interested in （興味＝interest）	感兴趣 （興味＝兴趣）	quan tâm （興味＝hứng thú）
4	オランダ	Phr	Holland	荷兰	Hà Lan
	（～と）貿易《ぼうえき》をする	N	to trade （貿易＝trade）	做贸易 （貿易＝贸易）	giao thương （貿易 =ngoại thương）
9	育《そだ》てる	V	to train（a person）; to raise	培养	đào tạo

	植物《しょくぶつ》	N	plant	植物	thực vật
	地理《ちり》	N	geography	地理	địa lý
12	発表《はっぴょう》する	V	to present; to publish	发表，发布	phát biểu, xuất bản
	博物館《はくぶつかん》	N	museum	博物馆	bảo tàng
13	広《ひろ》める	V	to spread; to popularize	传播，推广	làm lan rộng
14	パイオニア	N	pioneer	开拓者	đầu tiên
15	(～に)影響《えいきょう》を与《あた》える	Phr	to have an influence (影響＝influence、与える =to give)	给予影响 (影響＝影响、与える＝给予)	gây ảnh hưởng (影響＝ảnh hưởng、与える＝gây)
	学科《がっか》	N	Department	学科，专业	khoa

5：『ハリー・ポッター』がくれた奇跡《きせき》(松岡佑子《まつおかゆうこ》)

T	ハリー・ポッター	N	"Harry Potter"(Title of book)	《哈利・波特》(书名)	Harry Potter(tên sách)
	奇跡《きせき》	N	miracle	奇迹	kỳ tích
O	翻訳家《ほんやくか》	N	translator (翻訳＝translation、家＝professional)	翻译家 (翻訳＝翻译，家＝家)	dịch giả; phiên dịch (翻訳＝phiên dịch、家＝chuyên gia)
	実業家《じつぎょうか》	N	business person (実業＝business、家＝professional)	实业家 (実業＝实业，家＝家)	doanh nhân (実業＝sự nghiệp、家＝chuyên gia)
K	翻訳《ほんやく》	N	translation	翻译	phiên dịch
	気持《きも》ち	N	feeling	感觉	tâm trạng; cảm giác
1	世界《せかい》	N	world	世界	thế giới
	人気《にんき》がある	Phr	to be popular(人気＝popularity)	受欢迎的(人気＝人气)	nổi tiếng(人気 =phổ biến)
2	言語《げんご》	N	language	语言	ngôn ngữ
	翻訳《ほんやく》する	V	to translate	翻译	dịch; phiên dịch
5	一日中《いちにちじゅう》	Adv	all day long	一整天	cả ngày
6	あきらめる	V	to give up	放弃	từ bỏ
	チャレンジ	N	challenge	挑战	thử thách
7	続《つづ》ける	V	to continue	继续	tiếp tục
	性格《せいかく》	N	personality	性格	tính cách
	卒業《そつぎょう》する	V	to graduate	毕业	tốt nghiệp
	通訳《つうやく》	N	interpretation	口译	thông dịch
	始《はじ》める	V	to start; to begin	开始	bắt đầu
8	学《まな》ぶ	V	to learn	学习	học
	やめる	V	to quit	停止	nghỉ
9	彼女《かのじょ》	N	she	她	cô ấy
	夫《おっと》	N	(your own) husband	丈夫	chồng
	出版社《しゅっぱんしゃ》	N	publishing company	出版社	nhà xuất bản
	経営《けいえい》する	V	to run (a business)	经营	điều hành
10	ベストセラー	N	best seller	畅销	bán chạy nhất
	出す	V	to release; to send	提出，发表	xuất bản, cho ra
	社会《しゃかい》	N	society	社会	xã hội
	(～の／に)役《やく》に立《た》つ	Phr	to be useful	对～有帮助	có ích
	夢《ゆめ》	N	dream	梦，梦想	giấc mơ
12	夢《ゆめ》をかなえる	Phr	to make a dream come true (夢＝dream、かなえる＝to make one's wish come true)	实现梦想 (夢＝梦想、かなえる＝实现)	thực hiện ước mơ (夢＝giấc mơ、かなえる＝thực hiện)
13	イギリス	N	UK(United Kingdom)	英国	nước Anh
14	絶対《ぜったい》に	Adv	absolutely	绝对地	nhất định

15	作者《さくしゃ》	N	author	作者	tác giả
	J・K・ローリング	N	J.K. Rowling (author 1965-)	J.K. 罗琳（作者 1965-）	J.K.Rowling (nhà văn 1965 -)
16	(～が)伝《つた》わる	V	to be passed along	传达	hiểu được
19	今までに	Phr	up to now	至今为止	cho đến bây giờ
20	手《て》伝《つだ》う	V	to help	帮忙	giúp đỡ
	最初《さいしょ》	N	the first; the beginning	最初	đầu tiên
21	～おかげで	Phr	thanks to someone/thing	多亏了～	nhờ vào
24	(～が)起《お》こる	V	to occur; to happen	发生	làm nên
	チャンス	N	chance	机会	cơ hội
	信《しん》じる	V	to believe	相信	tin

日本《にほん》に関係《かんけい》の深《ふか》い人物《じんぶつ》❺：ロバート・キャンベル

O	日本文学研究者《にほんぶんがくけんきゅうしゃ》	N	Japanese literature researcher（文学＝literature、研究＝research、者＝person）	日本文学研究人员（文学＝文学、研究＝研究、者＝者）	nhà nghiên cứu văn hóa Nhật Bản（文学＝văn học、研究＝nghiên cứu、者＝người）
	TV コメンテーター	N	TV commentator	电视评论家	bình luận viên truyền hình
1	現在《げんざい》	N	as of now	现在	hiện tại
4	政治家《せいじか》	N	politician（政治＝politics、家＝professional）	政治家（政治＝政治、家＝家）	chính trị gia（政治＝chính trị、家＝chuyên gia）
5	生産性《せいさんせい》	N	productivity	生产性	sự sản sinh
6	意見《いけん》	N	opinion	意见	ý kiến
7	セクシュアリティ	N	sexuality	性别	giới tính
8	ブログ	N	blog	博客	blog
9	反響《はんきょう》を呼《よ》ぶ	Phr	to evoke a response	引起反响	gây lên làn sóng
10	きっかけ	N	trigger	契机	nguyên nhân
13	活動《かつどう》	N	activity	活动	hoạt động
	(～が)増《ふ》える	V	to increase	增加	gia tăng
15	理解《りかい》	N	understanding	理解	thấu hiểu
	(～が)進《すす》む	V	to advance	前进	phát triển
16	安心《あんしん》する	V	to feel secure; to be worry-free; to be relieved	安心，放心	an tâm

6：消《き》えた絵《え》のメッセージ(岡本太郎《おかもとたろう》)

T	絵《え》	N	painting; drawing	画	bức họa
	メッセージ	N	message	讯息	thông điệp
O	画家《がか》	N	painter	画家	họa sĩ
K	戦争《せんそう》	N	war	战争	chiến tranh
	原爆《げんばく》	N	atomic bomb	核爆	bom nguyên tử
1	渋谷《しぶや》	N	Name of district of *Tokyo*	东京的地名	một quận ở Tokyo
	人気《にんき》がある	Phr	to be popular（人気＝popularity）	受欢迎的（人気＝受欢迎）	nổi tiếng; được ưa thích（人気＝phổ biến）
2	縦《たて》	N	high	竖	dọc
	メートル	Ctr	meter	米（单位）	mét
3	横《よこ》	N	wide	横	ngang
	明日《あす》の神話《しんわ》	N	"Myth of Tomorrow"（Title of painting）	《明日的神话》（画作名）	"Thần thoại của ngày mai"（tên bức tranh）
4	描《か》く	V	to paint; to draw	画，描绘	vẽ
5	芸術大学《げいじゅつだいがく》	N	art school	艺术类大学	đại học Mỹ thuật
6	半年《はんとし》	N	half year	半年	nửa năm
	やめる	V	to quit; to stop	停下，停止	nghỉ
7	パリ	N	Paris	巴黎	Pa-ri

8	理由《りゆう》	N	reason	理由	lý do
	～について	Phr	about	关于～	về ～
	考《かんが》える	V	to think	想，思索	suy nghĩ
	ある～	An	one; a certain	某个～	vào một; có một
9	美術館《びじゅつかん》	N	art museum	美术馆	bảo tàng nghệ thuật
	ピカソ	N	(Pablo) Picasso (artist 1881-1973)	(巴勃罗)毕加索 (艺术家 1881-1973)	Picasso (tên họa sĩ 1881-1973)
	(～に)びっくりする	V	to be surprised	吃惊，吓一跳	bất ngờ
12	フランス	N	France	法国	Pháp
	ドイツ	N	Germany	德国	Đức
15	生活《せいかつ》	N	life; living	生活	cuộc sống
16	焼《や》ける	V	to burn	烧，烧毁	cháy
18	経験《けいけん》	N	experience	经历	kinh nghiệm; trải nghiệm
19	こわい	A-I	scary; frightening	可怕的，令人害怕的	đáng sợ
23	実《じつ》は	Adv	actually, in fact	事实上	thật ra
	メキシコ	N	Mexico	墨西哥	Mê-hi-cô
24	しかし	Conj	but	但是	nhưng
	完成《かんせい》する	V	to be completed	完成	hoàn thành
25	発見《はっけん》する	V	to find；to discover	发现	phát hiện; tìm ra
26	運《はこ》ぶ	V	to carry; to move	搬运	mang
28	ぜひ	Adv	by all means	一定，务必	nhất định

7：左手《ひだりて》のピアニスト(舘野泉《たてのいずみ》)

T	ピアニスト	N	pianist	钢琴家	nghệ sĩ piano
K	リハビリ	N	rehabilitation	康复训练	vật lý trị liệu
	ハンデ	N	handicap	障碍	khuyết tật
	落《お》ち込《こ》む	V	to feel down	失落	hụt hẫng; buồn
1	フィンランド	N	Finland	芬兰	Phần Lan
2	世界中《せかいじゅう》	N	all over the world (世界＝world)	全世界 (世界＝世界)	khắp thế giới (世界＝thế giới)
	他《ほか》	N	other	其他	khác
3	違《ちが》う	V	to be different; to be wrong	不一致	khác với
4	ピアノ	N	piano	钢琴	piano
	続《つづ》ける	V	to continue	继续	tiếp tục
5	実《じつ》は	Adv	actually, in fact	事实上	thật ra
	弾《ひ》く	V	to play a string instrument	弹奏	đánh; chơi (nhạc cụ)
6	(～が)生《う》まれる	V	to be born	出生	sinh ra
7	以上《いじょう》	N	more than	超过	trên
8	脳《のう》	N	brain	脑	não
	(～が)倒《たお》れる	V	to fall ill; to fall down	倒下	đột quỵ; nằm xuống
	最初《さいしょ》	N	the beginning; the first	最初	ban đầu
	右側《みぎがわ》	N	right side	右侧	bên phải
	ぜんぜん	Adv	(not) at all	完全	hoàn toàn ～ không
	(～が)動《うご》く	V	to move	动	cử động
9	歩《ある》く	V	to walk	走	đi bộ
10	右手《みぎて》	N	right hand	右手	tay phải
	簡単《かんたん》に	Adv	easily	简单地	một cách đơn giản
13	オリンピック選手《せんしゅ》	N	Olympic athelete	奥林匹克选手	tuyển thủ Olympic

	赤《あか》ちゃん	N	baby	婴儿	em bé
14	楽譜《がくふ》	N	musical score	乐谱	nốt nhạc
15	感《かん》じる	V	to feel	感受	cảm thấy
	ラヴェル	N	Joseph-Maurice Ravel (composer 1875-1937)	约瑟夫 - 莫里斯・拉威尔（作曲家 1875-1937）	Joseph-Maurice Ravel (nhà soạn nhạc 1875-1937)
16	左手《ひだりて》のためのピアノ協奏曲《きょうそうきょく》	N	"Piano Concerto for the Left Hand" (Title of piece)	《左手钢琴协奏曲》(曲名)	"bản concerto piano cho người thuận tay trái" (bản nhạc)
	曲《きょく》	N	piece of music; song	曲子	bản nhạc
18	両手《りょうて》	N	both hands	双手	hai tay
	考《かんが》える	V	to think	想，思索	nghĩ
	ある〜	An	one; a certain	某个〜	vào một 〜
19	息子《むすこ》	N	son	儿子	con trai
	(〜が)変《か》わる	V	to change	变化	thay đổi
20	急《きゅう》に	Adv	suddenly	突然	bỗng dưng
21	作曲家《さっきょくか》	N	composer (作曲 = composition、家 = professional)	作曲家 (作曲 = 作曲，家 = 家)	nhà soạn nhạc (作曲 = soạn nhạc、家 = nhà, chuyên gia)
22	(〜に)連絡《れんらく》する	V	to contact	联系	liên lạc
25	また	Conj	also; moreover	另外	hơn nữa
26	不便《ふべん》(な)	A-Na	inconvenient	不便的	bất tiện
27	幸《しあわ》せ(な)	A-Na	happy	幸福的	hạnh phúc

8：みんなの海《うみ》を守《まも》る(さかなクン)

T	守《まも》る	V	to protect	保护	bảo vệ
O	学者《がくしゃ》	N	scholar	学者	học giả
	イラストレーター	N	illustrator	插画师	họa sĩ minh họa
	タレント	N	on-screen talent; entertainer	电视明星	nghệ sĩ truyền hình
K	環境《かんきょう》	N	environment	环境	môi trường
	問題《もんだい》	N	problem; issue	问题	vấn đề
	ごみ	N	trash	垃圾	rác
2	コメディアン	N	comedian	喜剧演员	nghệ sĩ hài
	(〜に)見《み》える	V	to seem	看似	nhìn giống
	しかし	Conj	however	但是	tuy nhiên
	実《じつ》は	Adv	actually; in fact	事实上	thật ra
3	活動《かつどう》	N	activity	活动	hoạt động
4	タコ	N	octopus	章鱼	bạch tuộc
	絵《え》	N	painting; drawing	画	bức họa
	生《い》き物《もの》	N	living creature	生物	sinh vật
5	調《しら》べる	V	to search	调查	nghiên cứu
6	描《か》く	V	to draw; to paint	画，描绘	vẽ
	将来《しょうらい》	N	future	将来	tương lai
7	中学生《ちゅうがくせい》	N	middle school student	中学生	học sinh trung học
	すごく	Adv	extremely (すごい = A-I)	非常(すごい = い形容词)	rất (すごい = tính từ -i)
8	カブトガニ	N	horseshoe crab	马蹄蟹	con sam
	孵化《ふか》	N	hatch	孵化	nở ra
	(〜に)成功《せいこう》する	V	to succeed	成功	thành công
	専門学校《せんもんがっこう》	N	vocational school (専門 = speciality)	职业学校 (専門 = 专业性的)	trường chuyên môn (専門 = chuyên môn)
	卒業《そつぎょう》する	V	to graduate	毕业	tốt nghiệp
9	ペットショップ	N	pet store	宠物店	cửa hàng bán thú cưng

	アルバイト	N	part-time job	兼职	làm thêm
11	始《はじ》める	V	to start; to begin	开始	bắt đầu
14	活動《かつどう》	N	activity	活动	hoạt động
	頑張《がんば》る	V	to do one's best; to make an effort	努力，尽力	cố gắng
15	平和《へいわ》に	Adv	peacefully	平静地	hòa bình
	生活《せいかつ》	N	life; living	生活	cuộc sống
	国連《こくれん》	N	United Nations	联合国	Liên Hiệp Quốc
	ゴール	N	goal	终点	mục tiêu
16	豊《ゆた》か(な)	A-Na	rich	丰富	giàu có, ấm no
18	小学校《しょうがっこう》	N	elementary school	小学	trường tiểu học
	水族館《すいぞくかん》	N	aquarium	水族馆	thủy cung
	講演《こうえん》	N	lecture; seminar	演讲	giờ dạy
19	世界《せかい》	N	world	世界	thế giới
	人気《にんき》がある	Phr	to be popular(人気＝popularity)	受欢迎的(人気＝人气)	được biết đến (phổ biến)
20	サーモン	N	salmon	三文鱼	cá hồi
	マグロ	N	tuna	金枪鱼	cá ngừ
21	～せいで	phr	due to	都怪～	do, bởi vì
23	プラスチック	N	plastic	塑料	nhựa
	リサイクル	N	recycling	回收，再利用	tái chế
24	捨《す》てる	V	to throw away	扔，丢	vứt
27	説明《せつめい》する	V	to explain	说明	giải thích
28	ビデオ	N	video	动画，视频	video; phim
29	インターネット	N	internet	网络	internet
	ぜひ	Adv	by all means	一定，务必	nhất định
30	考《かんが》える	V	to think	想，思索	suy nghĩ
9	**人生《じんせい》で大切《たいせつ》なことは(向井千秋《むかいちあき》)**				
T	人生《じんせい》	N	life	人生	cuộc đời
	大切《たいせつ》(な)	A-Na	important	重要的	quan trọng
O	宇宙飛行士《うちゅうひこうし》	N	astronaut	宇航员	phi hành gia
K	夢《ゆめ》	N	dream	梦，梦想	giấc mơ
	宇宙《うちゅう》	N	space	宇宙	vũ trụ
1	卒業《そつぎょう》する	V	to graduate	毕业	tốt nghiệp
2	助《たす》ける	V	to help	帮助	giúp đỡ
3	医学部《いがくぶ》	N	faculty of medicine	医学院	ngành Y
4	高校《こうこう》	N	high school	高中	trường phổ thông
5	考《かんが》える	V	to think	想，思索	suy nghĩ
6	群馬《ぐんま》	N	Gunma (Prefecture)	群马县	tỉnh Gunma
	(～に)引《ひ》っ越《こ》す	V	to move	搬家	dọn (nhà)
8	募集《ぼしゅう》	N	recruitment	募集，招募	tuyển
9	(～に)驚《おどろ》く	V	to be surprised	吃惊，惊恐	bất ngờ
10	試験《しけん》	N	examination; test	考试，测验	kỳ thi
	受《う》ける	V	to receive	接受	thi
	(～に)合格《ごうかく》する	V	to pass	合格	đậu; đỗ
11	訓練《くんれん》	N	training	训练	huấn luyện
	始《はじ》める	V	to start; to begin	开始	bắt đầu
	しかし	Conj	however	但是	nhưng
12	スペースシャトル	N	Space Shuttle	航天飞机	tàu con thoi

	事故《じこ》	N	accident	事故	tai nạn
13	～年間《ねんかん》	Ctr	counter for years	年	năm
14	準備《じゅんび》	N	preparation	准备	chuẩn bị
15	アジア人《じん》	N	Asian	亚洲人	người Châu Á
	女性《じょせい》	N	female	女性	phụ nữ
17	経験《けいけん》	N	experience	经验，经历	kinh nghiệm
	見《み》つける	V	to find	找到	tìm kiếm
18	計画《けいかく》を立《た》てる	Phr	to make a plan	制定计划	lên kế hoạch
	頑張《がんば》る	V	to make an effort; to do one's best	努力，尽力	nỗ lực; cố gắng
25	実《じつ》は	Adv	actually; in fact	事实上	thật ra
	将来《しょうらい》	N	future	将来	tương lai
27	キャビンアテンダント	N	flight attendant	乘务员	phi hành đoàn
	案内《あんない》する	V	to show around	指示，导游	hướng dẫn

10：見《み》えない敵《てき》から人《ひと》を守《まも》る(北里柴三郎《きたさとしばさぶろう》)

T	敵《てき》	N	enemy	敌人	kẻ thù
	守《まも》る	V	to protect	保护	bảo vệ
O	細菌学者《さいきんがくしゃ》	N	bacteriologist	细菌学家	nhà vi khuẩn học
K	感染症《かんせんしょう》	N	infectious disease	传染病	bệnh truyền nhiễm
	(～が)流行《りゅうこう》する	V	to go around	流行	bùng phát
	研究《けんきゅう》	N	research	研究	nghiên cứu
	予防《よぼう》	N	prevention	预防	phòng chống
	治療《ちりょう》	N	treatment	治疗	điều trị
1	人間《にんげん》	N	human; human being	人类	con người
	昔《むかし》	N	long time ago	很久以前	ngày xưa
2	ミイラ	N	mummy	木乃伊	xác ướp
	エジプト	N	Egypt	埃及	Ai Cập
	(～が)見《み》つかる	V	to be found	找到	tìm thấy
	世界《せかい》	N	world	世界	thế giới
3	HIV	N	HIV (human immunodeficiency virus)	艾滋病毒(人体免疫缺陷病毒)	HIV (Vi-rút làm suy giảm hệ thống miễn dịch ở con người)
	SARS	N	SARS (Severe Acute Respiratory Syndrome)	萨斯(严重急性呼吸系统综合征)	SARS (hội chứng hô hấp cấp tính nặng)
	鳥《とり》インフルエンザ	N	bird-flu	禽流感	cúm gà
4	新型《しんがた》コロナウイルス	N	COVID-19	新型冠状病毒感染	COVID-19
	世界中《せかいじゅう》	N	all over the world (世界＝world)	全世界(世界＝世界)	toàn thế giới (世界 ＝ thế giới)
	(～が)広《ひろ》がる	V	to be spread	扩散	lan rộng
6	ワクチン	N	vaccine	疫苗	vắc-xin
7	方法《ほうほう》	N	method	方法	phương pháp
8	熊本《くまもと》	N	Kumamoto (Prefecture)	熊本县	tỉnh Kumamoto
	(～が)生《う》まれる	V	to be born	出生	được sinh ra
9	卒業《そつぎょう》する	V	to graduate	毕业	tốt nghiệp
	内務省《ないむしょう》	N	ministry of home affairs	日本政府内政部门	Bộ Nội vụ
10	ドイツ	N	Germany	德国	Đức
	(～に)留学《りゅうがく》する	V	to study abroad	留学	du học
	破傷風《はしょうふう》	N	tetanus	破伤风	bệnh uốn ván
11	こわい	A-I	scary; frightening	可怕的，令人害怕的	sợ
	(～が)亡《な》くなる	V	to die	去世，死亡	chết
12	始《はじ》める	V	to start; to begin	开始	bắt đầu

	見《み》つける	V	to find	找到	tìm kiếm
13	(～に)驚《おどろ》く	V	to be surprised	吃惊，惊讶	bất ngờ
14	**一生懸命《いっしょうけんめい》**	Adv	do one's best	拼命地	cố gắng hết sức
16	研究所《けんきゅうじょ》	N	research institute	研究所	viện nghiên cứu
17	野口英世《のぐちひでよ》	N	*Noguchi Hideyo* (bacteriologist 1876-1928)	野口英世 (细菌学家 1876-1928)	Noguchi Hideyo (nhà vi khuẩn học 1876-1928)
	志賀潔《しがきよし》	N	*Shiga Kiyoshi* (physician 1871-1957)	志贺清 (医生 1871-1957)	Shiga Kiyoshi (nhà vật lý 1871-1957)
	研究者《けんきゅうしゃ》	N	researcher (研究 = research、者 = person)	研究者(研究 = 研究、者 = 者)	nhà nghiên cứu (研究 = nghiên cứu、者 = người)
18	香港《ホンコン》	N	Hong Kong	香港	Hồng Kông
	ペスト(菌《きん》)	N	plague (bacterium)	鼠疫(菌)	dịch hạch (vi khuẩn)
20	ネズミ	N	mouse; rat	老鼠	chuột
	広《ひろ》げる	V	to spread	扩散	làm lan rộng
	他《ほか》	N	other	其他	khác
21	抗生物質《こうせいぶっしつ》	N	antibiotics	抗生素	kháng sinh
22	**ほとんど**	Adv	almost all	几乎	hầu hết
24	**～について**	Phr	about	关于～	về
25	**また**	Conj	also; moreover	另外	hơn nữa
26	**続《つづ》ける**	V	to continue	继续	tiếp tục
	大切《たいせつ》(な)	A-Na	important	重要的	quan trọng

11：勉強《べんきょう》の神様《かみさま》(菅原道真《すがわらのみちざね》)

T	神様《かみさま》	N	god(様 = honorific form of さん)	神(様 = 敬称)	thần thánh(様 = kính ngữ của さん)
O	学者《がくしゃ》	N	scholar	学者	học giả
	政治《せいじ》家《か》	N	politician (政治 = politics、家 = professional)	政治家 (政治 = 政治，家 = 家)	chính trị gia (政治 = chính trị、家 = chuyên gia)
K	天神様《てんじんさま》	N	Name of deity (the deified spirit of *Michizane Sugawara*)	神的名称(菅原道真的神名)	Tên một vị thần (thánh linh của Michizane Sugawara)
	魂《たましい》	N	spirit	灵魂	linh hồn
	うらみ	N	grudge	恩怨	hận
	怨霊《おんりょう》	N	vengeful spirit	幽灵	hồn ma báo oán
1	**神社《じんじゃ》**	N	(*Shinto*) shrine	(神道)神社	đền thờ Thần đạo
2	湯島天神《ゆしまてんじん》	N	Name of a *Shinto* shrine	神社的名称	tên một đền thờ đạo Shinto
	九州《きゅうしゅう》	N	Name of region in Japan (the southernmost of Japan's main islands)	日本地区名称 (日本本州岛的最南端)	tên một vùng Nhật Bản (một đảo chính nằm ở phía Nam của Nhật Bản)
	太宰府天満宮《だざいふてんまんぐう》	N	Name of a *Shinto* shrine	神社的名称	tên một đền thờ đạo Shinto
5	**入学試験《にゅうがくしけん》**	N	entrance examination (入学 = enroll in a school, matriculate、試験 = examination)	入学考试 (入学 = 入学、試験 = 考试)	kỳ thi tuyển sinh (入学 = nhập học、試験 = kỳ thi)
	入《はい》れるように	Phr	so that one can enter	确保能入学	để đậu được
6	お願《ねが》い	N	wish; request	请求	cầu nguyện
	なぜ	Adv	why	为什么	tại sao
7	平安時代《へいあんじだい》	N	*Heian* Period (794-1185) (時代 = period; era)	平安时代(794-1185) (時代 = 时代)	thời đại Heian (năm 794-1185) (時代 = thời đại)
	(～が)生《う》まれる	V	to be born	出生	được sinh ra
8	大臣《だいじん》	N	minister	大臣	đại thần
9	**政治《せいじ》**	N	politics	政治	chính trị
	力《ちから》を持《も》つ	phr	to have power (力 = power)	有权力 (力 = 权力)	có quyền (力 = quyền lực)
10	娘婿《むすめむこ》	N	adopted son-in-law (娘 = daughter)	女婿 (娘 = 女儿)	con rể (娘 = con gái)
11	天皇《てんのう》	N	emperor	天皇	Thiên hoàng

	嘘《うそ》をつく	phr	to tell a lie (嘘 = lie)	说谎 (嘘 = 谎言)	nói dối (嘘 = lời nói dối)
	考《かんが》える	V	to think	想，思索	suy nghĩ
12	説明《せつめい》する	V	to explain	说明	giải thích
	信《しん》じる	V	to believe	相信	tin
13	罰《ばつ》を受《う》ける	phr	to receive punishment	受罚	chịu hình phạt
	都《みやこ》	N	capital	首都	thủ đô
	太宰府《だざいふ》	N	Name of a town in *Kyushu*	九州的一个城镇名称	tên một thành phố ở Kyushu
14	田舎《いなか》	N	countryside	乡村	quê
15	生活《せいかつ》	N	life; living	生活	cuộc sống
17	(～が)起《お》きる	V	to happen; to occur	发生	xảy ra
18	追《お》い出《だ》す	V	to expel	逐出	đuổi
19	雷《かみなり》	N	lightning	雷	sấm sét
	(～が)落《お》ちる	V	to strike (lightning); to fall	落下	(sấm sét) đánh trúng
	火事《かじ》	N	fire	火灾	hỏa hoạn
20	昔《むかし》	N	a long time ago	很久以前	ngày xưa
27	実《じつ》は	Adv	actually; in fact	事实上	thật ra
	他《ほか》	N	other	其他	khác
12：横綱《よこづな》の生《い》き方《かた》(大《たい》鵬《ほう》幸《こう》喜《き》)					
T	横綱《よこづな》	N	*Yokozuna* (the highest rank in sumo)	横纲(相扑冠军)	Yokozuna (vô địch sumo)
	生《い》き方《かた》	N	one's life style	生活方式	cuộc sống
O	力士《りきし》	N	*Sumo* wrestler	摔跤手	võ sĩ sumo
K	相撲《すもう》	N	*Sumo* wrestling	相扑	sumo
	流行語《りゅうこうご》	N	trendy words	流行语	từ thông dụng
	ロールモデル	N	role model	榜样	gương mẫu
	模範《もはん》	N	model; example	模范	mẫu
	慈善活動《じぜんかつどう》	N	charitable activities or events	慈善活动	hoạt động từ thiện
1	選手《せんしゅ》	N	athlete; player	选手	tuyển thủ
	人気《にんき》がある	phr	to be popular (人気 = popularity)	受欢迎的(人気 = 受欢迎)	được yêu thích (人気 =phổ biến)
	野球《やきゅう》	N	baseball	棒球	bóng chày
2	サッカー	N	soccer	足球	bóng đá
	前《まえ》	N	before; ago	在～之前	trước
3	特《とく》に	Adv	especially; particularly	特别是，尤其是	đặc biệt
	昭和《しょうわ》	N	*Showa* Era (1926-1989)	昭和时代(1926-1989)	thời đại Showa (năm 1926-1989)
4	巨人《きょじん》	N	pro baseball team	职业棒球队	tên đội bóng chày chuyên nghiệp
	卵焼《たまごや》き	N	Japanese rolled omelet	煎蛋卷	trứng rán; ốp lết
5	そのころ	N	at the time; in those days	在那时	khi đó
	～番目《ばんめ》	Ctr	ordinal number or position	序列中的位置	thứ; hạng
	プロ	N	professional (abbreviation for プロフェッショナル)	专业 (プロフェッショナル的缩写)	chuyên nghiệp (viết tắt của プロフェッショナル)
	読売《よみうり》ジャイアンツ	N	*Yomiuri* Giants (pro baseball team)	读卖巨人队 (职业棒球队)	*Yomiuri* Giants (tên đội bóng chày chuyên nghiệp)
8	ウクライナ人《じん》	N	Ukrainian	乌克兰人	người Ukraina
9	サハリン	N	Sakhalin	库页岛	Sakhalin
	(～が)生《う》まれる	V	to be born	出生	sinh ra
	戦争《せんそう》	N	war	战争	chiến tranh
	(～と)別《わか》れる	V	to separate	分别	chia cách
10	生活《せいかつ》	N	life; living	生活	cuộc sống

	始《はじ》める	V	to start; to begin	开始	bắt đầu
11	嘘《うそ》	N	lie	谎言	nói dối
	～やめなさい	Phr	stop doing something（command）	别这样了	Không được
	だます	V	to deceive	欺骗	lừa dối
12	厳《きび》しく	Adv	severely; strictly; rigidly（厳しい =A-I）	严格的（厳しい＝い形容词）	nghiêm khắc（厳しい = tính từ -i）
	育《そだ》てる	V	to train（a person）; to raise	养育	nuôi dưỡng
	世界《せかい》	N	world	世界	thế giới
13	(～が)太《ふと》る	V	to gain weight	胖，发福	mập
14	稽古《けいこ》	N	training; practice	练习	luyện tập
15	天才《てんさい》	N	genius	天才	thiên tài
16	努力《どりょく》	N	effort	努力	nỗ lực
17	忍《にん》	N	patience; endurance	忍耐力	nhẫn nại; kiên nhẫn
	我慢《がまん》する	V	to bear; to withstand	忍耐	chịu đựng
	夢《ゆめ》	N	dream	梦，梦想＋	mơ ước
	かなえる	V	to grant（a wish）; to make one's dream come true	实现	thực hiện
19	考《かんが》える	V	to think	想，思索	suy nghĩ
	ランク	N	rank	排行，等级	thứ hạng
21	浴衣《ゆかた》	N	*yukata*（thin, informal *kimono*）	浴衣（非正式的和服）	Yukata（trang phục kimono bằng chất liệu cotton mặc thường）
22	寄付《きふ》する	V	to donate	捐赠	trao tặng
	日本赤十字社《にほんせきじゅうじしゃ》	N	Japan Red Cross Society	日本红十字会	Hội Chữ Thập Đỏ
	～台《だい》	Ctr	counter for vehicles	台(数)	chiếc
	おくる	V	to give (a present)	赠送	tặng
24	心《こころ》	N	heart	心	trái tim
	広《ひろ》い	A-I	wide; open	宽广的	rộng lượng
	尊敬《そんけい》	N	respect	尊敬	tôn trọng

13：多様化《たようか》する日本《にほん》(大坂《おおさか》なおみ)

T	多様化《たようか》	N	diversification	多样化	đa dạng hóa
O	プロ	N	professional（abbreviation for プロフェッショナル）	专业（プロフェッショナル的缩写）	chuyên nghiệp（viết tắt của プロフェッショナル）
	選手《せんしゅ》	N	player	选手	tuyển thủ
K	オリンピック	N	Olympics	奥运会	Olympic
	人種《じんしゅ》	N	race	人种	chủng tộc
1	アメリカ	N	America	美国	Mỹ
2	(～が)生まれる	V	to be born	出生	được sinh ra
	始《はじ》める	V	to start; to begin	开始	bắt đầu
3	きっかけ	N	trigger	契机	căn nguyên; duyên cớ
	セリーナ・ウィリアムズ	N	Serena Williams（tennis player 1981-）	塞雷娜 - 威廉姆斯（网球运动员 1981-）	Serena Williams（tuyển thủ quần vợt 1981-）
4	(～に)引《ひ》っ越《こ》す	V	to move（to another place to live）	搬家到～	dọn đến（một nơi khác để sống）
	続《つづ》ける	V	to continue	继续	tiếp tục
6	四大大会《よんだいたいかい》	N	four major tournaments	四大赛事	bốn giải đấu lớn
	(～に)出る	V	to appear	出现	xuất hiện, tham dự
	ランキング	N	ranking	排名	xếp hạng
7	(～に)勝《か》つ	V	to win	取胜	thắng (～ ai)
8	優勝《ゆうしょう》する	V	to win first place	夺冠	vô địch
	アジア	N	Asia	亚洲	Châu Á

9	シングルス	N	singles	单打	hạng đơn
	世界《せかい》	N	world	世界	thế giới
	～位《い》	Suf	rank	～位	hạng ～
10	国籍《こくせき》	N	nationality	国际	quốc tịch
	しかし	Conj	however	但是	tuy nhiên
11	選《えら》ぶ	V	to choose	选择	chọn
12	文化《ぶんか》	N	culture	文化	văn hóa
	シャイ(な)	A-Na	shy	害羞的	xấu hổ
13	違和感《いわかん》	N	a sense that something is odd	感到不符合常理的	lạ
15	インタビュー	N	interview	采访	phỏng vấn
	応援《おうえん》する	V	to cheer; to root for	支持	cổ vũ
16	謙虚《けんきょ》(な)	A-Na	humble	谦虚的	khiêm tốn
17	ハイチ系	N	Haitian	海地裔	gốc Haiti
18	見《み》た目《め》	N	appearance	外貌	hình dạng
	(～が)違《ちが》う	V	to be different	不同的	khác
19	長く	Adv	long(長い＝A-I)	长的(長い＝い形容詞)	lâu(長い＝tính từ -i)
	上手に	Adv	well; skillfully(上手(な)＝A-Na)	擅长的(上手(な)＝な形容詞)	tốt, giỏi, hay(上手な＝tính từ -na)
20	彼女《かのじょ》	N	she	她	cô ấy
21	同じ	An	same; similar	同样，同样的	giống, tương tự
	考《かんが》える	V	to think	想，思索	suy nghĩ
22	アイデンティティ	N	identity	个性	nhận dạng
	差別《さべつ》	N	discrimination	歧视	phân biệt
26	シンボル	N	symbol	符号	biểu tượng
	聖火《せいか》ランナー	N	torchbearer	火炬手	người cầm đuốc
28	(～が)活躍《かつやく》する	V	to take an active part	活跃，活动	đóng vai trò quan trọng
	(～が)変《か》わる	V	to change	变化	thay đổi

14：私《わたし》が走《はし》る理由《りゆう》(人見絹枝《ひとみきぬえ》)

T	理由《りゆう》	N	reason	理由，缘由	lý do
O	陸上競技《りくじょうきょうぎ》	N	track and field	田径	môn điền kinh
	選手《せんしゅ》	N	athlete	选手	tuyển thủ
	ジャーナリスト	N	journalist	记者	phóng viên
K	運動《うんどう》	N	exercise	运动	vận động
	健康《けんこう》	N	health	健康	sức khỏe
	オリンピック	N	Olympic Games	奥运会	Olympic
3	走幅跳《はしりはばとび》	N	long jump	跳远	nhảy cao tại chỗ
	三段跳《さんだんとび》	N	triple jump	三级跳远	nhảy ba bước
	得意《とくい》(な)	A-Na	be good at	擅长的	giỏi
5	記録《きろく》	N	record	记录	kỷ lục
	悔《くや》しい	A-I	regrettable	不甘心的	đáng tiếc
7	ぜんぜん	Adv	never	完全不	chưa bao giờ
8	銀《ぎん》メダル	N	silver medal	银牌	huy chương bạc
10	考《かんが》える	V	to think	想，思索	suy nghĩ
12	試合《しあい》	N	game; match	比赛	cuộc thi
	ヨーロッパ	N	Europe	欧洲	Châu Âu
13	(～に)驚《おどろ》く	V	to be surprised	吃惊，惊讶	bất ngờ
14	新聞社《しんぶんしゃ》	N	newspaper company	报社	nhà báo

15	記事《きじ》	N	article	报导	ký sự; bài báo
	講演《こうえん》	N	lecture	演讲	diễn giảng
18	頑張《がんば》る	V	to do one's best; to make an effort	努力，尽力	nỗ lực
	変《か》える	V	to change	改变	thay đổi
20	続《つづ》ける	V	to continue	继续	tiếp tục
21	(〜が)亡《な》くなる	V	to die	去世，死亡	chết; mất
23	心配《しんぱい》する	V	to worry	担心	lo lắng
24	もちろん	Adv	of course	当然	tất nhiên
	(〜に)勝《か》つ	V	to win	取胜	thắng
27	興味《きょうみ》	N	interest	兴趣	hứng thú
28	楽《たの》しむ	V	to enjoy	享受乐趣	vui với

15：理想《りそう》のライフスタイルのために（小林一三《こばやしいちぞう》）

T	生活《せいかつ》	N	life; living	生活	cuộc sống
	変《か》える	V	to change	改变	thay đổi
	ビジネスモデル	N	business model	经营模式	mô hình kinh doanh
O	実業家《じつぎょうか》	N	business person （実業＝business、家＝professional）	实业家 （实业＝实业、家＝家）	doanh nhân （実業＝sự nghiệp、家 =chuyên gia）
K	鉄道《てつどう》	N	railroad	铁路	đường sắt
	理想《りそう》	N	ideal	理想	lý tưởng
	ライフスタイル	N	lifestyle	生活方式	lối sống
	アイデア	N	idea	创意	ý tưởng
2	(〜に)遅《おく》れる	V	to be late	迟到	trễ
3	また	Conj	also	另外	Hơn nữa
5	考《かんが》える	V	to think	想，思索	nghĩ ra
7	夢《ゆめ》	N	dream	梦，梦想	mơ ước
	小説家《しょうせつか》	N	novelist; writer （小説＝novel、家＝professional）	小说家 （小説＝小说、家＝家）	tiểu thuyết gia （小説 =tiểu thuyết、 家＝người, nhà）
	卒業《そつぎょう》する	V	to graduate	毕业	tốt nghiệp
8	箕面有馬電気軌道《みのおありまでんききどう》	N	*Minoo Arima* Electric Railway （Name of railroad company）	箕面有马电气轨道 （铁路公司名）	Tuyến đường sắt chạy bằng điện Minoo Arima （tên công ty đường sắt）
	阪急電鉄《はんきゅうでんてつ》	N	*Hankyuu* railway （Name of railroad company）	阪急电铁 （铁路公司名）	Đường sắt Hankyu （tên công ty đường sắt）
10	すばらしい	A-I	wonderful; excellent	出色，妙，赞	tuyệt vời
11	最初《さいしょ》	N	the first; the beginning	最初	lúc đầu
	田舎《いなか》	N	countryside; rural area	农村	miền quê
13	建《た》てる	V	to build	建造	xây
	(〜が)増《ふ》える	V	to increase	增加，增长	tăng lên
14	レジャー	N	leisure	空闲	đi chơi
15	遠《とお》く	Adv	far; distant（遠い＝A-I）	远的（遠い＝い形容词）	xa（遠い =tính từ -i）
	プール	N	swimming pool	泳池	hồ bơi
	劇場《げきじょう》	N	theater	剧院	nhà hát kịch
16	ミュージカル	N	musical	音乐剧	ca nhạc
	見《み》せる	V	to show	给…看	để cho mọi người xem
	宝塚少女歌劇《たからづかしょうじょかげき》	N	*Takarazuka* Girls Revue （Name of muscial theater company）	宝冢少女歌舞团 （歌剧院名）	Đoàn nhạc kịch nữ Takaraduka （tên đoàn nhạc kịch）
	宝塚歌劇団《たからづかかげきだん》	N	*Takarazuka* Revue （Name of muscial theater company）	宝冢歌剧团 （歌剧院名）	Đoàn nhạc kịch Takaraduka （tên đoàn nhạc kịch）
17	劇団《げきだん》	N	theatrical company	剧团	đoàn kịch

20	他《ほか》	N	other	其他	khác
	鉄道会社《てつどうがいしゃ》	N	railroad company	铁路公司	Công ty đường sắt
25	確《たし》かに	Adv	surely; certainly	确实，的确	Quả thật
	生《い》きる	V	to live	活着，生存	sống
27	(～が)亡くなる	V	to die	去世，死亡	mất, chết
28	理想的《りそうてき》(な)	A-Na	ideal	理想的	lý tưởng

16：家族《かぞく》で楽《たの》しめるビデオゲームを（宮本茂《みやもとしげる》）

T	楽《たの》しむ	V	to enjoy	享受乐趣	vui; chơi
	ビデオゲーム	N	video game	电子游戏	trò chơi điện tử
O	ゲームクリエーター	N	game creator	游戏制作者	nghề lập trình game
K	任天堂《にんてんどう》	N	Nintendo (Name of company)	任天堂(公司名)	Nintendo (tên công ty)
	教育《きょういく》	N	education	教育	giáo dục
	安心《あんしん》	N	relief	安心	an tâm
1	スーパーマリオ	N	*Super Mario* (Name of game)	超级马里奥(游戏名)	Super Mario (tên trò chơi)
	ドンキーコング	N	*Donkey Kong* (Name of game)	大金刚(游戏名)	Donkey Kong (tên trò chơi)
	ゼルダの伝説《でんせつ》	N	*The Legend of Zelda* (Name of game)	塞尔达的传说(游戏名)	Truyền thuyết Zelda (tên trò chơi)
	世界中《せかいじゅう》	N	all over the world (世界＝world)	全世界 (世界＝世界)	trên khắp thế giới (世界＝thế giới)
3	実《じつ》は	Adv	in fact; actually	事实上	thật ra
	おもちゃ	N	toy	玩具	đồ chơi
	トランプ	N	playing cards	纸牌	chơi bài
4	しかし	Conj	however	但是	tuy nhiên
	人気《にんき》がある	Phr	to be popular (人気＝popularity)	受欢迎的(人気＝人气)	phổ biến; nổi tiếng (人気 ＝phổ biến)
6	すごさ	N	greatness (nominalized form of すごい(A-I))	惊人 (すごい(い形容词)的名词化)	điều tuyệt hảo danh từ hóa của すごい (tính từ -i)
	認《みと》める	V	to recognize	认同	công nhận
7	TIME	N	TIME (magazine)	时代(杂志)	TIME (tên tạp chí)
	世界《せかい》	N	world	世界	thế giới
	影響力《えいきょうりょく》がある	Phr	to be influential	有影响力的	có sức ảnh hưởng
	選《えら》ぶ	V	to choose	选择	lựa chọn
8	ライバル	N	rival	竞争对手	đối thủ
	ウォルト・ディズニー	N	Walt Disney (animator 1901-1966)	华特・迪士尼 (动画制作人 1901-1966)	Walt Disney (họa sĩ hoạt hình 1901-1966)
9	ミッキーマウス	N	Mickey Mouse (Name of character)	米奇老鼠(角色名)	Chuột Mickey (tên nhân vật)
10	愛《あい》する	V	to love	爱，喜爱	yêu
11	ずっと	Adv	all along	一直	mãi
	(～が)残《のこ》る	V	to remain	留下	để lại
12	親《おや》	N	parent(s)	父母	cha mẹ
	教育《きょういく》	N	education	教育	giáo dục
13	安心《あんしん》する	V	to feel secure; to be worry-free; to be relieved	安心	an tâm
14	見《み》せる	V	to show	给…看	cho thấy
	夢《ゆめ》	N	dream	梦，梦想	mơ ước
16	始《はじ》める	V	to start; to begin	开始	bắt đầu
	簡単《かんたん》に	Adv	easily	简单地	đơn giản
	やめる	V	to quit	停下，放弃	ngừng chơi
17	困《こま》る	V	to have difficulty; to be troubled	困扰	khó khăn
18	当《あ》たり前《まえ》	N	naturally	理所当然	điều đương nhiên

19	気持《きも》ち	N	feeling	心情	cảm giác
20	考《かんが》える	V	to think	想，思索	cho là
	ゲーム機《き》	N	gaming console	游戏机	đồ chơi điện tử
21	リビング	N	living room	客厅，起居室	phòng khách
22	文化功労賞《ぶんかこうろうしょう》	N	award for cultural merit	文化功劳奖	giải thưởng cho người đóng góp cho lĩnh vực văn hoá
	賞《しょう》	N	award	奖	giải thưởng
	もらう	V	to receive	得到	nhận
23	文化《ぶんか》	N	culture	文化	văn hoá
	発展《はってん》	N	development	发展	phát triển
	手伝《てつだ》う	V	to help	帮助	đóng góp
	ジャンル	N	genre	种类，类型	thể loại
24	スピーチ	N	speech	演讲，演说	diễn văn
25	幸《しあわ》せ(な)	A-Na	happy	感到快乐的，幸福的	hạnh phúc
	これから	N	from now on	从今以后	từ nay về sau
26	作《つく》り続《つづ》ける	V	to continue to make	继续制作	tiếp tục tạo ra

17：みんなが仲良《なかよ》くなるビジネス（辻信太郎《つじしんたろう》）

T	仲《なか》(が)良《い》い	Phr	to get along well	和睦相处	trở nên thân thiết
	ビジネス	N	business	商业	công việc
O	実業家《じつぎょうか》	N	business person （実業＝business、家＝professional）	实业家 （实业＝实业、家＝家）	doanh nhân （実業 ＝ sự nghiệp, 家 ＝ chuyên gia）
K	文化《ぶんか》	N	culture	文化	văn hoá
	ハローキティ	N	Hello Kitty（Name of character）	凯蒂猫（角色名）	Hello Kitty（tên nhân vật）
	モットー	N	motto	理念，座右铭	khẩu hiệu
1	一度《いちど》は	Phr	at least once （～度＝time）	至少有一次 （～度＝次）	đã từng 1 lần （～度 ＝ lần）
2	呼《よ》ぶ	V	to call	叫做	gọi là
	サンリオ	N	Sanrio（Name of company）	三丽鸥（公司名）	Sanrio（tên công ty）
	キャラクター	N	character	角色	nhân vật
3	シンボル	N	symbol	标志	biểu tượng
5	(～が)生《う》まれる	V	to be born	出生	được sinh ra
	戦争《せんそう》	N	war	战争	chiến tranh
	経験《けいけん》する	V	to expreience	经验，经历	trải nghiệm, kinh qua
6	世界《せかい》	N	world	世界	thế giới
7	考《かんが》える	V	to think	想，思索	nghĩ
	プレゼント	N	present	礼物	món quà
9	オリジナル	N	original	原创的	riêng
	商品《しょうひん》	N	product	商品	sản phẩm
10	人気《にんき》になる	Phr	to become popular （人気＝popularity）	受欢迎的 （人気＝受欢迎）	trở nên nổi tiếng （人気＝phổ biến）
11	お金《かね》をかせぐ	Phr	to make money	赚钱	kiếm ra tiền
12	(～が)売《う》れる	V	to sell; to be in demand	卖的好的	bán chạy
13	ぜひ	Adv	by all means	一定	nhất định
14	ぜんぜん	Adv	not at all	完全	hoàn toàn ~ không
	お菓子《かし》	N	snack; sweet	小吃，点心	bánh kẹo
	パッケージ	N	packaging; package	包装	bao bì
15	(～と)コラボする	V	to collaborate （abbreviation for コラボレーション（collaboration））	合作，联名 （合作的缩写）	hợp tác （từ viết tắt của collaboration）
16	おもちゃ	N	toy	玩具	đồ chơi

17	全部《ぜんぶ》で	Phr	in total	全部，总共	tất cả
	～種類《しゅるい》	Ctr	kind; type	种，种类	loại
18	くわしい	A-I	detailed	详细的	chi tiết
	プロフィール	N	profile	个人简介	tiểu sử
19	出身《しゅっしん》	N	one's place of origin	籍贯	xuất thân
	ロンドン	N	London	伦敦	Luân Đôn
	趣味《しゅみ》	N	hobby	爱好	sở thích
20	ピアノ	N	piano	钢琴	đàn piano
	弾《ひ》く	V	to play (a string instument)	弹奏(弦乐器)	chơi (nhạc cụ)
	ところで	Conj	by the way	顺便说一下	tuy nhiên
22	伝《つた》える	V	to inform	传达，表达	truyền đạt
	行動《こうどう》する	V	to act	行动	hành động
	大切《たいせつ》(な)	A-Na	important	重要的	quan trọng
23	メッセージ	N	message	信息	thông điệp
24	やめる	V	to quit	停下	nghỉ
25	他《ほか》	N	other; others	其他	khác
26	有名人《ゆうめいじん》	N	famous person; celebrity	名人	người nổi tiếng
	積極的《せっきょくてき》に	Adv	actively	积极地	một cách tích cực
	活動《かつどう》する	V	to work; to be active	活动	hoạt động
18：ホラー小説《しょうせつ》を書《か》く主夫《しゅふ》(鈴木光司《すずきこうじ》)					
T	ホラー	N	horror	恐怖	kinh dị
	小説《しょうせつ》	N	novel	小说	tiểu thuyết
	主夫《しゅふ》	N	house husband	家庭主夫	chồng
O	作家《さっか》	N	writer	作家	tác giả
K	子育《こそだ》て	N	parenting; child-rearing	育儿	nuôi con
	家事《かじ》	N	housework	家务	việc nhà
2	彼《かれ》	N	he	他	anh ấy
	リング	N	"Ring" (Title of movie)	《午夜凶铃》(电影名)	phim "Ring" (tên phim)
3	髪《かみ》	N	hair	头发	tóc
	シーン	N	scene	场景	cảnh
5	ハリウッド	N	Hollywood	好莱坞	Hollywood
	リメイク	N	a remake	重制	làm lại
	呪怨《じゅおん》	N	"Ju-on" (Title of movie)	《咒怨》(电影名)	phim "Ju-on" (tên phim)
	海外《かいがい》	N	abroad	海外	nước ngoài
6	人気《にんき》がある	Phr	to be popular (人気＝popularity)	受欢迎的(人気＝受欢迎)	nổi tiếng (人気 ＝phổ biến)
	ブーム	N	trend; craze	趋势，热潮	cơn sốt
8	こわい	A-I	scary; frightening	可怕的，令人害怕的	đáng sợ
9	実《じつ》は	Adv	actually; in fact	事实上	thật ra
	特《とく》に	Adv	especially	特别是，尤其是	đặc biệt
10	夫《おっと》	N	husband	丈夫	chồng
14	保育園《ほいくえん》	N	nursery school	幼儿园	nhà trẻ
	送《おく》る	V	to see off; to send	送	đưa con đi học
15	ぜんぜん	Adv	never	完全	hoàn toàn không
18	周《まわ》り	N	surrounding	周围	xung quanh
19	値段《ねだん》	N	price	价格	giá cả
	また	Conj	also; moreover	另外	ngoài ra

	新幹線《しんかんせん》	N	bullet train	新干线	tàu Shinkansen
22	逃《に》げる	V	to escape	逃走	bỏ đi

19：映画《えいが》が伝《つた》えるメッセージ（新海誠《しんかいまこと》）

T	（～が）伝《つた》える	V	to inform; to convey	传达，传递	gửi đến
	メッセージ	N	message	讯息	thông điệp
O	アニメ	N	anime	动画，动漫	phim hoạt hình
	監督《かんとく》	N	director	导演	đạo diễn
K	リアル（な）	A-Na	real	真实的	thực tế
	エンターテインメント	N	entertainment	娱乐	giải trí
	社会《しゃかい》	N	society	社会	xã hội
	問題《もんだい》	N	problem; issue	问题	vấn đề
1	世界《せかい》	N	world	世界	thế giới
2	人気《にんき》がある	Phr	to be popular （人気＝popularity）	受欢迎的 （人気＝人气）	nổi tiếng （人気 ＝phổ biến）
	特徴《とくちょう》	N	characteristic	特征	đặc trưng
	まず	Conj	at first	首先	Đầu tiên
3	自然《しぜん》	N	nature	大自然	tự nhiên
	絵《え》	N	painting; drawing	画	bức họa
	中学生《ちゅうがくせい》	N	middle-school student	中学生	học sinh trung học
	宮崎駿《みやざきはやお》	N	*Miyazaki Hayao* （anime director 1941-）	宫崎骏 （动画导演 1941-）	Miyazaki Hayao （đạo diễn phim hoạt hình 1941- ）
4	天空《てんくう》の城《しろ》ラピュタ	N	"Castle in the Sky"（Title of movie）	《天空之城》（电影名）	"Lâu đài Laputa trên không"（tên phim）
	空《そら》	N	sky	天空	bầu trời
5	なあ	Prt	expressing speaker's admiration	表达赞叹的语气词	quá chừng （biểu thị cảm xúc người nói）
	感《かん》じる	V	to feel	感受	cảm thấy
6	描《か》く	V	to draw; to paint	画，描绘	vẽ
7	卒業《そつぎょう》する	V	to graduate	毕业	tốt nghiệp
	ファンタジー	N	fantasy	幻想，虚幻	giả tượng
	早《はや》く	Adv	early（早い＝A-I）	早（早い＝い形容詞）	sớm（早い＝tính từ -i）
8	遅《おそ》く	Adv	late（遅い＝A-I）	迟（遅い＝い形容詞）	trễ （遅い＝tính từ -i）
9	生活《せいかつ》	N	life	生活	cuộc sống
	ギャップ	N	gap	反差	khoảng cách
10	パソコン	N	personal computer	电脑	máy tính cá nhân
	～台《だい》	Ctr	counter for machines	台（数）	～ chiếc（từ đếm cho máy móc）
11	クオリティ	N	quality	质量	chất lượng
12	プロ	N	professional （abbreviation for プロフェッショナル）	专业 （プロフェッショナル的缩写）	chuyên nghiệp （viết tắt của プロフェッショナル）
13	また	Conj	also	另外	Hơn nữa
	幸《しあわ》せ（な）	A-Na	happy	感到快乐的，幸福的	hạnh phúc
	悲《かな》しい	A-I	sad	悲伤的	buồn
15	（～が）生《い》きる	V	to live	活着	còn sống
	経験《けいけん》	N	experience	经历	trải nghiệm
16	学《まな》ぶ	V	to learn	学习	học
	～おかげで	Phr	thanks to someone/thing	多亏了～	nhờ vào
19	テーマ	N	theme	主题	chủ đề
20	環境《かんきょう》	N	environment	环境	môi trường
	地震《じしん》	N	earthquake	地震	động đất

21	重《おも》い	A-I	heavy	重的	nặng nề
22	楽《たの》しむ	V	to enjoy	享受乐趣	giải trí
23	(～の／に)役《やく》に立《た》つ	Phr	to be useful	对～有帮助	có ích
24	信《しん》じる	V	to believe	相信	tin
25	気《き》持《も》ち	N	feeling	心情	tâm trạng
27	考《かんが》える	V	to think	想，思索	suy nghĩ

20：普通《ふつう》の女《おんな》の子《こ》に戻《もど》りたい(キャンディーズ)

T	普通《ふつう》	N	normal	普通	bình thường
	(～に)戻《もど》る	V	to return	回到	trở lại
O	アイドル	N	idol	偶像	thần tượng
	グループ	N	group	团体	nhóm
K	ファン	N	fan	粉丝	fan
	生活《せいかつ》	N	life; living	生活	cuộc sống
	自由《じゆう》	N	freedom	自由	tự do
1	女性《じょせい》	N	female	女性	phụ nữ
2	活動《かつどう》する	V	to be active	活动	hoạt động
	しかし	Conj	but	但是	nhưng
	春一番《はるいちばん》	N	"Summer Breeze"(1976)(Title of song)	《夏日微风》(1976)(歌名)	"Đầu xuân" (1976) (tên bài hát)
	年下《としした》の男《おとこ》の子《こ》	N	"My Young Boyfriend" (1975)(Title of song)	《比我小的男生》(1975)(歌名)	"Bạn trai nhỏ tuổi" (1975) (tên bài hát)
3	(～が)売《う》れる	V	to sell; to be in demand	卖的好	bán chạy
4	昔《むかし》	N	long time ago	很久以前	ngày xưa
	男性《だんせい》	N	male	男性	con trai
5	イメージ	N	image	印象	hình tượng
	変《か》える	V	to change	改变	thay đổi
6	子《こ》どもっぽい	A-I	childish; immature	孩子气	giống trẻ con
7	考《かんが》える	V	to think	想，思索	suy nghĩ
	大人《おとな》	N	adults	成年人	người lớn
10	解散《かいさん》する	V	to break up	解散	giải tán
11	言葉《ことば》	N	words; language	话，言辞	câu nói
12	人気《にんき》がある	Phr	to be popular(人気＝popularity)	受欢迎的(人気＝受欢迎)	nổi tiếng(人気 = phổ biến)
	けれど	Conj	but	但是	nhưng
13	やめる	V	to quit; to stop	停下，停止	nghỉ; giải nghệ
	急《きゅう》に	Adv	suddenly	突然	đột nhiên
	(～に)びっくりする	V	to be surprised	吃惊，吓一跳	bất ngờ
15	～について	Phr	about	关于～	về ～
	長《なが》い間《あいだ》	Adv	for a long time	长时间	thời gian dài
17	夜中《よなか》	N	midnight	深夜	nửa đêm
	メンバー	N	member	成员	thành viên
19	ほとんど	Adv	almost all	几乎	hầu như
	また	Conj	also; moreover	另外	tuy nhiên
	コンサート	N	concert	演唱会	sự kiện âm nhạc
	～年間《ねんかん》	Ctr	counter for years	年，期间	cách nói năm
	以上《いじょう》	N	more than	以上	trên; hơn
22	こわい	A-I	scary; frightening	可怕的，令人害怕的	sợ
23	～代《だい》	Ctr	counter for generations	年龄范围	lứa tuổi ～ (cách nói thế hệ)
24	デート	N	date	约会	hẹn hò